중급 활용

ICT 활용 교육을 위한 PASS2000 2.0의 실제

한국문화사

저 · 자 · 소 · 개

이철환

학력/이력   미 Pittsburgh 대학교 정보공학석사(MSIS)
                미 Pittsburgh 대학교 교육학박사(Ed.D)
                현)인천교육대학교 컴퓨터교육과 교수
                컴퓨터 관련 각종 대회 심사 및 강연활동
경력/저서   『컴퓨터교육과 정보화사회』
                『컴퓨터통신과 인터넷』
                『컴퓨터교육과 소프트웨어 응용』
                『교수-학습자료 제작을 위한 저작도구 PASS2000의 활용』 외 다수
                「ICCE 2002」 외 다수의 국제학회 논문 발표

현삼식

학력/이력   인천교육대학교 초등교육 학사
                인하대학교 전자계산교육학 석사
                인천교육대학교, 컴퓨터교육과 강사
                인천교육과학연구원 교원컴퓨터 연수과정 강사
                현)인천부평초등학교 교육정보부장 교사
경력/저서   전국교육용소프트웨어 공모전 금상(1등급) 수상 외 다수
                『초보자를 위한 컴퓨터교육』 공저

조덕형

학력/이력   인천교육대학교 초등교육 학사
                인천교육대학교 컴퓨터교육학 석사
                인천교육대학교, 컴퓨터교육과 강사
                인천교육과학연구원 교원컴퓨터 연수과정 강사
                현)인천화전초등학교 교육정보부장 교사
경력/저서   전국교육용소프트웨어 공모전 금상(1등급) 수상 외 다수
                삼성LNS 방과후 컴퓨터교재『푸르미의 컴퓨터 여행』공저
                영진출판사『초등학교컴퓨터인증시험교재』공저
                『교수-학습자료 제작을 위한 저작도구 PASS2000의 활용』 공저
                『초보자를 위한 컴퓨터교육』 공저

김윤식

학력/이력   인천교육대학교 초등교육 학사
                인천교육대학교 컴퓨터교육학 석사
                인천교육대학교, 컴퓨터교육과 강사
                인천교육과학연구원 교원컴퓨터 연수과정 강사
                현)인천안산초등학교 교육정보부장 교사
경력/저서   전국교육용소프트웨어 공모전 금상(1등급) 수상 외 다수
                『초보자를 위한 컴퓨터교육』 공저

윤효진

학력/이력   춘천교육대학교 초등교육학 학사
                현)인천효성서초등학교 학교홈페이지 운영 교사
경력/저서   전국교육용소프트웨어 공모전 금상(2등급) 수상 외 다수
                『초보자를 위한 컴퓨터교육』 공저

머·리·말

요즘 벤처밸리에서는 좋은 아이디어가 떠오르면 15일 이내에 승부를 걸어야 한다고 합니다. 15일이 지나면 다른 누군가가 그 아이디어를 상품화하기 때문입니다. 이처럼 격변의 시대에 살고 있습니다. 이 격변의 시대를 위한 교육의 내용이나 방법이 변해야 한다는 데에 이견이 없는 듯 합니다. 정보화를 위한 인재양성의 중요성이 강조되고 있습니다. 정보인력을 확보하여 세계에서 컴퓨터를 가장 잘 활용하는 국민을 양성하기 위한 다양한 청사진이 제시되고 있습니다. 이러한 새 천년의 정보화 열풍으로 초·중등학교 등 교육계에도 큰 영향을 주어 교사 1인당 1PC 보급, 정보화 교사 육성 등 다양한 정책이 개발되고 시행되고 있습니다. 아마도 가까운 시기에 모든 교사들은 적절한 교육자료를 컴퓨터를 통해 제작하고 활용하는 노력이 필요하게 될 것입니다. 따라서 우리 컴퓨터교육연구소에서는 이러한 문제를 해결하기 위한 방법을 찾고, 시도해 보고, 개선방안 등을 찾고자 노력하고 있습니다.

'컴퓨터를 잘 활용한다'는 의미에는 일반 시민교육으로서의 컴퓨터 소양교육에서부터 컴퓨터 및 통신 등 첨단기술(ICT)을 활용하여 부가가치가 높은 지식상품을 생산할 수 있는 전문가 교육까지 광범위한 영역을 포함하고 있습니다. 응용학문으로서의 컴퓨터 소양교육 정도로는 다가오는 무한경쟁 국제사회에서 한 개인, 기업, 국가의 경쟁력을 제고하기에는 뭔가 부족할 것이라 예상됩니다. 그렇다고 모든 학생들에게 컴퓨터 전문가 교육을 필수화시키는 데에도 문제가 있을 것입니다. 이에 대한 많은 토론 끝에 저자 일동은 다음과 같은 결론을 얻을 수 있었습니다.

◇ 컴퓨터 기초 학문으로서의 프로그래밍 교육은 필요하다.
◇ 그 방법은 알고리즘을 습득하기 위한 흥미 위주의 내용이어야 한다.
◇ 그 프로그래밍 도구는 초보자에게는 배우기 쉬워야 하고, 중·고급 사용자에게는 다양한 기능을 제공해 주어야 한다.
◇ 가능하면 국산 소프트웨어라야 한다.

이러한 결론에 따라 선택한 도구가 PASS2000이라는 저작도구입니다. 학생을 지도하기 위해 우선 교사 연수가 필수적이므로 교사들을 위한 PASS2000 안내서를 개발하게 되었습니다. 그 동안 PASS2000은 배우기 어렵고 명령어 체계가 기존 고급 프로그래밍 언어와 크게 다르지 않다는 지적이 있었기 때문에, 본 교재에서는 예제 중심으로 쉽게 접근할 수 있는 방안을 제공하는 데 주안점을 두었습니다. 실제 멀티미디어 교수-학습자료 제작 교사 연수에 교재로 활용한 후 연수에 참여하신 선생님들의 의견을 참고하여 개정한 후보다 많은 선생님들께 정보를 제공한다는 생각으로 출판을 추진하였습니다.

이에 본서의 구성은 다음과 같이 하였습니다.

제 1장에서는 한국산 저작도구의 대표적인 **PASS2000이 2.0으로 업그레이드된 내용**을 주로 소개하며 **PASS2000의 개괄적인 특징**을 안내하고 있습니다.

제 2장에서는 **[ICT 교수-학습과정안 만들기]**로 PASS2000으로 업그레이드되면서 제공하는 **에듀미 프로그램을 이용하여 ICT 교수-학습과정안을 쉽게 작성하는 방법**을 예제를 통하여 안내하고 있습니다.

제 3장에서는 **[PASS2000과 친해지기]**로 PASS2000에서 가장 많이 활용되는 명령어와 함수의 활용예제를 안내하며 교육용 프로그램의 기본 골격을 작성하는 예제로 구성되어 있습니다.

제 4장에서는 **[중급 활용예제 만들기]**로 일선학교 현장 등의 교실에서 흥미 있게 사용할만한 예제 및 교육용 S/W 공모전에서 이용할만한 **재미있는 중급 활용예제**로 구성되어 있습니다.

제 5장에서는 **[인터넷으로 연결하기]**로 PASS2000 저작도구로 만든 작품을 **인터넷으로 연결하는 방법을 안내**하고 인터넷 실전예제를 분석하여 보여주고 있습니다.

제 6장에서는 [공모전 입상작 분석하기]로 교육용 S/W 공모전에 입상한 작품을 초기 화면부터 각 학습 주요 로직 화면과 함께 형성평가 화면까지 **소스 전체를 자세히 분석**하여 설명하고 있습니다.

제 7장 마지막에는 PASS2000의 명령어의 종류, 명령어 인수일람표, 함수 일람표, 기능문자 인수일람표, 오류 코드일람표 등을 **부록**으로 제공하고 있습니다.

아무쪼록 본서가 교수-학습자료 제작을 위한 교육용 S/W 공모전 출품교사 및 프로그래밍을 통한 알고리즘 교육에 관심이 있는 모든 이들에게 도움이 되기를 바랍니다.

끝으로 본서의 출판을 기꺼이 허락해 주신 한국문화사의 김진수 사장님과 그리고 예쁜 책이 되도록 편집에 정성을 쏟아주신 최은경 선생님께 감사드립니다. 바쁜 중에도 교재 편찬을 위해 원고의 집필과 아이디어 제공에 적극적으로 참여해 주신 현삼식, 조덕형, 김윤식, 윤효진 선생님과 컴퓨터교육연구소의 연구진에게 감사드립니다.

2002년 7월
인천교육대학교 컴퓨터교육과
교수 이철환

C·O·N·T·E·N·T·S

I. PASS2000 2.0에 들어가며

PASS2000이란? ·· 10

II. ICT 교수-학습과정안 만들기

1. 에듀미 프로그램의 구성 ·· 22
2. 에듀미와 친해지기 ··· 27
3. ICT 활용자료 다운받아 응용하기 ··· 36
4. 과학과 ICT 교수용 자료 만들기 ··· 46
5. 음악과 ICT 교수용 자료 만들기 ··· 57

III. PASS2000과 친해지기

1. 변수와 활용하기 ·· 68
2. RSELECT 명령을 이용한 차례화면 만들기 ······························· 78
3. 버튼이미지 제작하기 ·· 87
4. SHAPELOAD를 이용한 버튼 출력하기 ··································· 106
5. IF~ENDIF 명령을 이용한 건강 진단하기 ······························· 116
6. CONTROL 명령을 이용한 모둠 소개하기 ······························· 125
7. 함수의 활용 – Set{ }, ButtonInfo{ } ····································· 135
8. 함수의 활용 – Ans{ }, Point{ } ·· 144
9. 함수의 활용 – Mxy{ }, Mchk{ }, Mpos{ } ······························ 153

IV. 활용예제 만들기

1. 타자 프로그램을 만들어 봅시다 ······································· 162
2. 그림판을 만들어 봅시다 ··· 172
3. 발표번호생성기 프로그램을 만들어 봅시다 ··························· 181
4. 버튼처리 서브루틴을 만들어 봅시다 ································· 190
5. 색칠하기 프로그램을 만들어 봅시다 ································· 200
6. 짝짓기 프로그램을 만들어 봅시다 ··································· 209
7. 물체 묶기 프로그램을 만들어 봅시다 ································ 219
8. 바둑알 옮기기 프로그램을 만들어 봅시다 ··························· 229
9. 온도계 프로그램을 만들어 봅시다 ··································· 239
10. 사다리 프로그램을 만들어 봅시다 ·································· 252

V. 인터넷으로 연결하기

1. 웹에서 소스 프로그램 실행하기 ······································ 264
2. HTML 문서로 소스 프로그램 실행하기 ······························· 278

VI. 공모전 입상작 분석해보기

교육용 s/w 공모전 프로그램 소스 분석 ·································· 290

VII. 부록

1. 명령어의 종류 ·· 334
2. 명령어 인수 일람표 ··· 343
3. 함수 인수 일람표 ··· 351
4. 기능문자 인수 일람표 ··· 357
5. 오류 코드 일람표 ··· 359

I. PASS 2000 2.0에 들어가며

◆ PASS2000이란?

PASS2000이란?

 1. PASS2000의 정의

PASS2000은 Professional Authoring System for School in 2000의 약자로서 교육분야에서 중추적인 저작도구가 될 수 있도록 미래 지향적으로 설계-개발되었다는 것을 의미한다.

저작도구(Authoring Tool)란 프로그래밍에 관한 전문적인 지식이 없더라도 일반적인 응용 프로그램을 만들 수 있도록 도와주는 전문 프로그램을 말한다. 즉, 표준화된 사용 방법과 손쉬운 사용자 인터페이스를 이용해서 프로그래밍 언어에 비해 쉽게 각종 응용 프로그램을 만들 수 있는 개발용 프로그램이다.

저작도구는 C나 C++처럼 코드로 프로그램을 작성하는 것이 아니라 아이콘이나 스크립트(Script)라는 고유의 프로그래밍 방법을 가지고 응용 프로그램을 개발한다. 또한 저작도구는 자체에 그래픽 툴과 같은 각종 자료 제작 도구를 내장하고 있기보다는 외부에서 제작된 각종 미디어 파일들을 불러들여 적절한 위치나 시점에서 재생하는데 초점을 맞추고 있다. 저작도구가 멀티미디어 타이틀 제작 시 많이 이용되는 이유는 타이틀 제작의 대부분이 화면에 텍스트나 그림 등을 표시하고 이에 대한 마우스나 키보드의 응답에 따라 다른 화면을 보여주거나 이동하는 것이므로 굳이 프로그램을 작성할 필요 없이 원하는 화면을 용이하게 구현할 수 있고 이 화면의 어디를 누르면 어떻게 된다는 것을 쉽게 정의할 수 있도록 도와주기 때문이다.

지금까지 저작도구가 변천되어 온 과정을 살펴보면 처음에는 텍스트 환경만 지원되는 스크립트 체제의 저작 언어 형식에서 점차 그래픽 유저 인터페이스(GUI)가 보강된 저작 환경과 저작 목적물의 특성에 따른 저작

방식을 갖는 저작도구로 발전되어 왔다. 이러한 과정에서 멀티미디어가 등장되고 OS가 윈도우로 발전됨에 따라 저작도구의 가치는 더욱 증대되고 저작 환경 또한 비약적인 발전을 갖게 되었다. 그런데, 이때까지만 해도 저작도구의 사용은 주로 독립 환경에서 운영되는 멀티미디어 CD 타이틀을 만드는데 집중되었다. 그러던 것이 통신기술의 발달로 컴퓨터 환경이 서버/클라이언트 방식으로 변하면서 최근에는 인터넷을 통한 웹 사이트의 활용이 일반화되고 있다. 이 같은 추세는 웹 사이트 운영에 필요한 방대한 양의 컨텐츠를 쉽게 만들게 하고 이를 효과적으로 표현할 수 있는 웹 지원 기술을 요구하게 되었으며 이러한 요구는 기존의 저작도구에 웹 지원 기능이 보강되는 양상으로 저작도구 환경의 변화를 가져왔다. 이제 저작도구의 성능은 과거와 달리 웹 지원 기능의 상대적 평가가 가장 크게 작용할 것이라고 보아도 과언이 아닐 것이다.

　PASS2000(Professional Authoring Systems for School in 2000) 저작도구는 멀티미디어 환경에서 다양한 유형의 교수-학습용 프로그램 개발 환경을 조성하고, 프로그램의 개발비용 절감과 제작기간을 단축시켜 질적으로 우수하고 다양한 교육용 프로그램 개발을 촉진함으로써 교육 정보화 추진의 효율성을 제고하기 위하여 개발되었다.

　교육용 저작도구란 일반적인 저작도구 기능을 바탕으로 하고 여기에 교수-학습에 필요한 객체와 이에 따른 사용자 인터페이스를 전략적으로 체계화시켜 교육용 프로그램 제작에 적합하도록 개발된 저작도구를 말한다. 따라서 교육용 프로그램을 만들려는 사람은 누구든지 프로그래밍 능력에 구애받지 않고 다양한 교수-학습 설계에 따른 교육적 의도를 쉽게 구현할 수 있게 되며, 컴퓨터와 멀티미디어의 특성이 반영된 교육용 프로그램을 만들 수 있게 된다. 또한 본 저작도구로 제작된 프로그램은 별도의 과정을 거치지 않더라도 웹 환경에서 동일하게 운영될 수 있으므로 현 시대에서 요구하는 기능을 충족시켜 줄 것이다.

PASS 2000의 특징

　PASS 2000은 프로그램 편집도구를 중심으로 하여 각종 기능이 유기적으로 결합된 저작 환경을 제공하고 있다. 프로그램 편집도구는 프로그램의 소스를 만드는 역할을 하며 스크립트 편집기, 흐름도 편집기, 화면 편집기로 구성된다. 프로그램을 작성하는 중심도구는 스크립트 편집기를 사용하지만 프로그래밍 개념이 부족한 초급자는 흐름도 편집기를 사용하게 된다. 화면 편집기는 스크립트 편집기와 흐름도 편집기로 프로그램을 작성하다가 화면에 출력될 내용을 만들 때에 사용한다. 작성된 프로그램은 저작도구에 내장된 실행 검사기를 통해 실행하여 오류를 검사하게 된다.

프로그램에서 사용되어지는 멀티미디어 파일은 외부의 자료 제작 도구를 사용하여 만들어야 하며, 만들어진 파일은 프로그램 편집도구에 의해 프로그램에 연결되어 실행된다.

저작 보조 편집도구는 작성되는 프로그램의 내용에 따라 필요한 데이터 파일을 생성, 관리하며 저작을 도와주는 보조적 기능을 제공한다. 라이브러리 관리기는 재활용될 수 있는 프로그램 모듈들을 라이브러리 파일로 만들어 두고 프로그램을 만들 때 언제든지 활용할 수 있게 한다. 데이터베이스 관리기와 문제은행 관리기는 프로그램에서 사용되는 데이터베이스 파일과 문제은행 파일을 생성, 관리한다.

저작환경 설정도구는 저작도구에 설정된 사용자 인터페이스 환경을 사용자 편의대로 재설정하거나 웹 실행환경을 설정하게 한다. PASS2000으로 제작한 프로그램은 독립실행기를 사용하여 CD-ROM 타이틀과 같이 독립적인 실행창에서 실행되게 하거나, 웹 실행기에 의해 웹 브라우저에서 실행된다.

3. PASS2000 2.0의 새로워진 기능

PASS2000 버전 2.0은 CD-ROM 타이틀 제작과 웹 서비스를 지원하는 웹 어플리케이션 저작도구로서의 새로운 환경을 제공하고 있다. 버전 2.0에서는 저작 환경 전반에 걸쳐 많은 부분이 개선되었으며 이러한 기능의 특징을 요약해 보면 다음과 같다.

- 웹 지원 기능의 확장
- 초보자의 사용에 적합한 슬라이드 저작 방식 제공
- 프레젠테이션을 위한 다양한 효과 내장
- 더욱 편리해진 인터페이스 환경
- 개선된 스크립트의 성능

실행 환경 부문

- 웹 실행기의 형식을 ActiveX 방식으로 변경
- 버전 1.0의 웹 실행기(NpKas.dll)는 네스케이프 기반의 플러그인 방식을 적용하였으나 현재 웹 브라우저의 사용 환경이 인터넷 익스플로러 중심으로 전환되었고 최근의 익스플로러 6.0부터는 플러그인 방식을 지원하지 않아 버전 2.0에서는 인터넷 익스플로러를 지원하는 ActiveX 방식의 웹 실행기(KasRun.ocx)를 제공한다. 이 방식을 사용하면 별도로 플러그인을 설치하는 절차가 필요 없고 프로그램이 실행될 때 웹 실행기가 자동으로 설치되므로 편리하다.
- 웹 실행프로그램의 시스템 보안을 위한 인증제 시행
- 프로그램이 온라인 환경에서 운영될 때 악의적인 의도로 제작된 프로그램이 실행되면 사용자 시스템의 손상이나 시스템 정보의 해킹 등의 중대한 문제가 발생할 수 있다. 따라서 버전 2.0부터는 반드시 인증키가 부여된 프로그램만이 온라인상에서 실행되도록 하고 있다.
- 작성된 프로그램이 오프라인 상에서만 운영될 때에는 인증키를 부여 받지 않아도 되지만 프로그램을 서버에 올려놓고 클라이언트에서 실행되도록 하려면 인증키가 등록된 PASS2000으로 프로그램을 만들어야 한다. 인증키는 PASS2000 사용자 지원실을 통해 등록 절차를 거쳐 사용자에게 부여되며 PASS2000 [도움말] 메뉴의 [웹 실행 인증]에서 인증키를 등록하면 된다.
- 실행창 속에서 웹 브라우저를 실행
- 버전 2.0에서는 프로그램 실행창 안에 웹 브라우저를 포함할 수 있다. 이러한 기능은 프로그램 화면의 특정한 영역에서 웹 자원을 활용

할 수 있으므로 CD-ROM 타이틀과 같은 독립적인 실행창에서 플래시의 애니메이션을 출력하거나 온라인으로 연결된 사이트를 보여 줄 수 있다.

❏ 다양한 출력효과와 이미지 변형 효과를 객체의 속성으로 반영

❏ 프레젠테이션의 효과를 충족하는 2,000여 가지의 출력 효과와 이미지를 360°로 자유롭게 회전하거나 변형하는 효과를 관련된 명령에서 사용될 수 있도록 속성으로 부여하고 있다.

이러한 효과가 적용되는 명령은 다음과 같다.

- 문자 관련 명령 : EDIT
- 이미지 관련 명령 : DSHAPE, SHAPE
- 영역 관련 명령 : PUT, CLS, EFFECT, SLIDESTART

❏ 또한 화면을 미려하게 구성할 수 있도록 다양한 모양의 그러데이션 칠하기 기능이 제공되고, 그림을 화면 배경과 투명 비율을 적용하여 출력하는 알파블랜드 효과와 텍스트의 그림자 및 외곽선 효과가 제공된다.

❏ 문자열 사용 길이 및 변수 영역 제한 해제

❏ 프로그램에서 문자열을 사용할 때 최대 길이가 255바이트로 제한되었던 것을 버전 2.0에서는 제한 없이 사용된다. 따라서 문자열 상수나 문자열 변수의 사용에서 임의의 길이의 문자열을 사용할 수 있고 LOCAL 명령으로 정의되는 지역변수에서도 문자열 배열변수를 사용할 수 있다. 또한 VARMEM 명령에 의해 설정되는 변수 전체 영역도 VARMEM 명령과 관련 없이 변수의 사용에 따라 자동으로 확보되어 실행된다. 버전 1.0에서 문자열을 사용할 때 a$="abc",80과 같이 문자열의 최대 길이를 지정하는 형식은 그대로 유지되며 실행도 이전처럼 지정된 길이만큼만 확보되어 실행된다. 프로그램을 작성할 때 이와 같이 문자열의 최대 길이를 확보하게 되면 실행 효율이 향상된다.

❏ 실행창의 다양한 표현

❏ 투명색을 사용한 이미지를 실행창 모양으로 사용되도록 함으로써 직사각형 모양으로만 사용했던 실행창을 개성 있는 모양으로 연출하는 그림 실행창을 만들 수 있다. 또한 실행창의 프레임 분할이 가

I. PASS2000 2.0에 들어가며

능하고 실행창 크기보다 더 큰 화면의 내용도 스크롤 막대가 출력되어 실행된다.
- ❏ 객체의 번호로 제어되는 속성의 포인터 변수 사용
- ❏ BUTTONSET, SHAPELOAD 등 같은 기능의 객체가 중복해서 사용되는 명령에서는 객체의 번호를 설정하여 제어하게 된다. 버전 1.0에서는 이러한 객체의 번호를 직접 지정하여 사용하였으나 버전 2.0에서는 숫자변수 앞에 *를 붙인 포인터 변수의 사용도 가능하다. 포인터 변수를 사용하게 되면 프로그램에서 사용되는 객체의 번호가 서로 중복되지 않도록 자동으로 부여되어 독립적인 프로그래밍이 가능하다.

🦉 인터페이스 부문

- ❏ 스크립트 편집기의 속도 개선
  - 소스의 출력 속도를 빠르게 개선하고 스크립트의 구분 색상 확장
- ❏ 흐름도 편집기에 슬라이드 객체 추가
  - 프레젠테이션 형식의 프로그램을 쉽게 작성하도록 하는 화면 단위의 저작방식
  - 슬라이드 등록정보 대화상자에 의해 화면 속성 및 제어 아이콘 설정
  - 생성되는 스크립트는 SLIDESTART~SLIDEEND문으로 만들어짐.
- ❏ 객체의 선택과 관련되어 분산된 도구를 객체 속성창으로 통합
  - [객체 선택창]과 [명령 분류 도구모음줄]의 기능을 객체 속성창 내부에 소속함으로써 스크립트 편집기에서도 객체를 선택하여 생성하도록 하고 흐름도 편집기와 화면 편집기의 구조를 단순화함.
- ❏ 함수의 속성 입력을 편리하게 하는 함수 속성창 추가
  - 객체 속성창과 같은 형식으로 사용됨.
  - 스크립트 편집기나 객체 속성창에서 [Alt]+[F1]키로 호출됨.
- ❏ 매크로 도움말 대화상자의 추가
  - 프로그램에서 사용되는 다양한 매크로의 형식 설명을 제공

❑ 화면편집 기능의 편리성 부여
- 편집화면 최대화 기능 추가
- 편집화면 배경에 격자 그리기 추가
- 표준 형식의 글을 화면에서 쉽게 편집하는 EDIT 객체 추가
- CELLBOX 객체에서 둥근 사각형 편집 방식 추가
- SHAPELOAD 객체의 편집창 개선
- 웹 브라우저 창을 만드는 BROWSER 객체 편집 기능 추가

❑ 서브루틴의 사용을 쉽게 하는 서브루틴 도움말 제작기 추가
- 객체 속성창에서 명령어의 속성을 입력하듯이 사용자가 작성한 서브루틴의 인수를 쉽게 사용할 수 있도록 서브루틴의 속성을 등록하는 도구
- 등록된 서브루틴의 속성은 SUB 객체와 서브루틴을 호출하는 CALL 객체의 객체 속성창에서 제공됨.

❑ 새로 추가되거나 개선된 속성 대화상자
- 출력 효과와 이미지 변형 효과에 대한 매크로를 생성하는 출력효과 대화상자 추가
- 악기의 소리를 듣고 속성을 입력하는 악기 대화상자 추가
- 계산기 대화상자에서 16진수의 값 계산 기능 추가
- 색 대화상자에서 화면의 색을 선택하는 스포이트 기능과 사용자 정의색 등록 기능 추가
- 무늬 대화상자에서 선택된 무늬보기 기능
- [OCX 등록]과 [OCX 보기] 기능을 통합한 OCX 대화상자 사용
- 제어창 대화상자에서 트리 컨트롤 추가
- 그러데이션으로 내부를 채우는 채우기 대화상자 추가

❑ 실행 압축파일(.pass)과 실행 프로그램의 제작 도구 개선
- 폴더 압축과 파일 압축방법을 선택적으로 사용하는 압축하기 도구상자 추가
- 프로그램에 연결된 자료파일을 특정한 폴더로 모아주는 파일 모으기 도구 개선
- 완성된 프로그램을 실행기와 연결하는 제작하기 도구 개선

I. PASS2000 2.0에 들어가며

🦉 스크립트 부문

- **SCREEN** : 화면에 출력할 창의 크기를 설정하는 속성 추가, 설정된 화면의 크기보다 창 크기가 더 작으면 자동으로 스크롤바가 출력됨.
- **SCRLRANGE** : 화면을 프레임으로 분할하는 속성과 스크롤시킬 프레임의 선택 속성 추가
- **SCROLL** : 스크롤 할 프레임의 가로와 세로 길이를 설정하는 속성 추가
- **SCROLLXY( )** : 스크롤된 화면의 크기를 구하는 함수 추가
- **BROWSER** : 실행창 속에 웹 브라우저 창을 만드는 명령 추가
- **PRINTSET** : 원점 이동과 배율에 따라 마우스의 위치를 설정하는 속성 추가
- **MOUSESET** : 실행창의 위치를 마우스로 이동할 영역의 설정 속성 추가
- **SLIDESTART** : 슬라이드를 생성하고 배경화면과 제어 단추를 설정하는 명령 추가
- **SLIDEEND** : 슬라이드의 실행을 종료하고 다음 진행 방향을 설정하는 명령 추가
- **PAUSE** : 키나 마우스의 해제 없이 무한 대기기능 추가(예전에는 WHILE문을 사용하여 무한 대기하였으나 PAUSE 기능을 사용하면 두 개 이상의 프로그램이 실행될 때 실행속도가 늦어지는 현상을 막을 수 있다).
- **SELECT, RSELECT** : 선택 표시모양이 추가되고 선다형 문제에 대한 정답처리 속성 추가
- **SEL( )** : 선다형 문제로 설정된 정답과 정답 판정 결과를 돌려주는 속성 추가
- **INPUT** : 단답형 문제에 대한 정답 처리 속성 추가
- **INPUTINFO( )** : 단답형 문제로 설정된 정답과 정답 판정 결과를 돌려주는 속성 추가
- **ANS( )** : 선다형과 단답형 문제로 설정된 정답과 정답 판정 결과를 돌

려주는 속성 추가

- BIT( ) : 값의 비트 조합을 구하는 함수 추가
- CONTROLON : 컨트롤의 포커스 설정 속성 추가
- CONTROLSET : 텍스트 파일의 읽기와 쓰기, 출력할 행과 열의 위치 지정, 한글/영어 시작 문자의 지정 속성 추가
- CONTROLINFO( ) : 포커스를 얻었을 때와 잃었을 때의 구분 값을 돌려주는 속성 추가
- FONTSET : 글꼴 번호에 대한 글꼴 이름을 변경하는 속성 추가
- EDIT : 문자열이나 텍스트 파일을 표준 형식으로 입력하거나 출력하는 명령 추가, 문자의 외곽선을 그리거나 문자 내부를 그러데이션으로 채우는 기능 추가
- ARROW : 양쪽 방향으로 화살촉을 그리는 모양 속성 추가
- BOX, ROUNDBOX : 사각형 내부를 그러데이션으로 칠하는 기능 추가
- CELLBOX : 둥근 사각형 모양을 그리는 속성 추가
- SOUND, MUSIC, PLAY : 전경음으로 출력하는 속성 추가
- SOUND : 소리파일의 부분 출력 속성 추가, 소리파일의 스트리밍 출력 가능
- ANIMATE : 배경과 색을 혼합하여 반투명 효과를 주는 알파블렌드 속성 추가
- VIDEOOPEN : 스트리밍 동영상 출력기능과 동영상을 제어하는 제어판의 자동 출력 속성 추가
- SHP( ) : 마지막으로 읽어 들인 그림의 그림 파일 번호를 돌려주는 속성 추가
- CALC( ) : 문자식을 계산하는 기능 추가
- WHAT( ) : 조건식의 참/거짓에 따른 결과를 돌려주는 함수 추가
- FINDFILE( ) : 파일을 찾는 함수 추가
- FILEINFO( ) : 파일의 등록 정보를 구하는 속성 추가

- MESSAGEON : 윈도우 메시지가 왔을 때 실행할 서브루틴을 설정하는 명령 추가
- SENDMESSAGE( ) : 윈도우 프로그램에 메시지를 전송하는 함수 추가
- GETMESSAGE( ) : 수신된 윈도우 메시지 정보를 구하는 함수 추가
- DLLMSG( ) : 적재한 DLL과 메시지 통신을 하는 함수 추가
- PROFILE : 프로파일(프로그램의 환경을 저장하는 파일) 내의 섹션 이름이나 키 이름, 키값을 돌려받는 함수 추가
- VERSION( ) : 시스템의 버전 정보를 구하는 함수 추가
- REGISTRY( ) : 윈도우의 레지스트리값을 처리하는 함수 추가

II. ICT 교수-학습과정안 만들기

1. 에듀미 프로그램의 구성
2. 에듀미와 친해지기
3. ICT 활용자료 다운받아 응용하기
4. 과학과 ICT 교수용 자료 만들기
5. 음악과 ICT 교수용 자료 만들기

1. 에듀미 프로그램의 구성

1. 에듀미의 전체 화면 구성

에듀미 프로그램은 http://www.edume4u.com 에서 무료 배포하고 있으며, 작업상의 문제도 이곳의 질문과 답을 통해 해결할 수 있다. 좀더 자세히 알고 싶다면 이 사이트에 방문해 보자.

에듀미는 *.kas, *.pass로 저장되지만 Powerpoint처럼 화면상에서 간단하게 작업하여 슬라이드를 실행할 수 있는 편리성을 가지고 있다. 물론 에듀미를 통해 편집한 파일을 PASS2000에서 불러올 수도 있다.

자! 이제 에듀미의 슬라이드 편집 기능을 이용하여 간단하게 ICT 활용 교수-학습 과정안을 만드는 방법을 배워보자.

먼저 작성하기 전에 에듀미 프로그램의 구성을 배워보고자 한다. 에듀미의 전체 화면은 아래 그림과 같다.

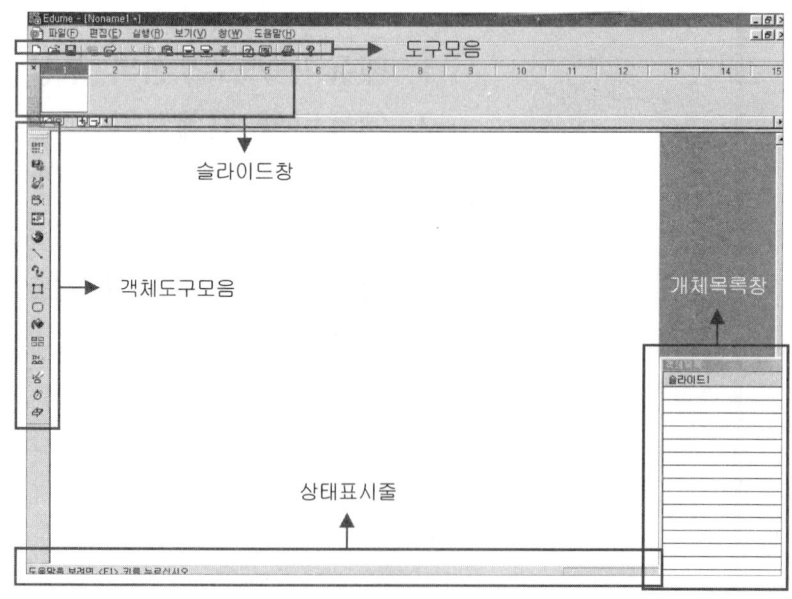

■ 에듀미 프로그램의 전체 화면 구성 ■

2. 도구 모음의 구성

 도구 모음은 에듀미의 기능 중에서 자주 사용되는 기능들을 모아놓은 곳이다. 기본 모음과 객체 도구 모음에 있는 아이콘을 이용하여 메뉴 표시줄에 해당 메뉴를 일일이 찾아가는 불편함을 줄일 수 있다.
 그럼 이제부터 기본 도구 모음과 객체 도구 모음을 알아보자.

기본 도구 모음

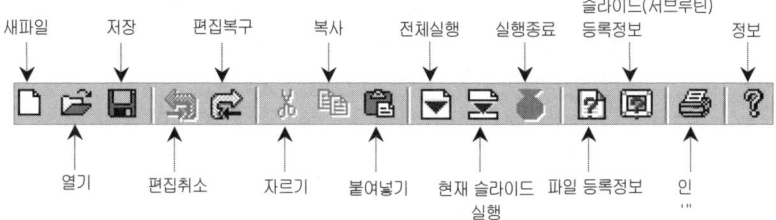

객체 도구 모음

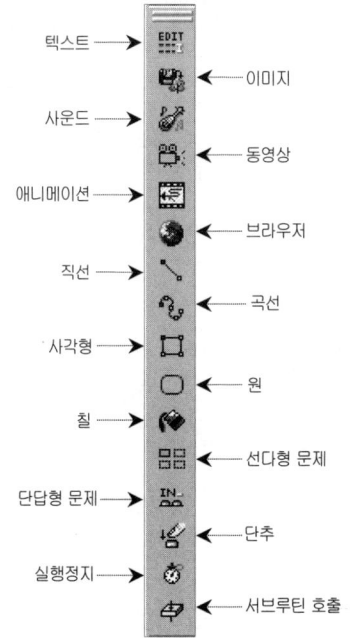

3. 메뉴의 기능

기본 도구 모음

항 목	기 능
새 파일	새로운 저작파일을 만들 수 있도록 한다.
열 기	저장된 저작파일을 불러온다.
저 장	현재 활성화된 저작파일을 저장한다.
편집 취소	최근에 작업한 편집 내용을 취소시키고 원래대로 환원시킨다.
편집 복구	편집 취소된 편집내용을 다시 복구한다.
자르기	블록으로 설정된 부분, 마우스로 선택한 객체를 잘라내어 지우고 클릭보드에 보관한다.
복 사	블록으로 설정된 부분, 미우스로 선택한 객체를 클립보드로 복사한다.
붙여넣기	클립보드에 복사된 내용을 현재 편집중인 위치에 붙여 넣는다.
전체 실행	저작파일을 처음부터 실행하도록 해준다.
현재 슬라이드 실행	현재 활성화되어 있는 슬라이드를 실행하도록 해준다.
실행 종료	현재 실행 중인 저작파일을 종료시킨다.
파일 등록정보	파일의 전체 등록정보를 담고 있다. 실행창 크기와 실행창 모양, 배경화면을 지정한다.
슬라이드 (서브루틴) 등록정보	현재 슬라이드의 등록정보를 담고 있다. 화면이름, 배경 모양, 출력효과, 버튼 등을 지정한다.
인 쇄	현재 활성화된 슬라이드를 프린터로 인쇄한다.

객체 도구 모음

항 목	기 능
텍스트	문서에 글자를 삽입한다.
이미지	문서에 그림을 삽입한다.
사운드	문서에 소리를 삽입한다.
동영상	문서에 동영상을 삽입한다.
애니메이션	문서에 애니메이션을 삽입한다.

II. ICT 교수-학습과정안 만들기

항 목	기 능
브라우저	문서에 브라우저를 삽입한다.
직 선	문서에 직선을 삽입한다.
곡 선	문서에 곡선을 삽입한다.
사각형	문서에 사각형을 삽입한다.
칠	블록으로 표시한 선택 영역 부분을 칠해준다.
단답형 문제	간단한 단답형 문제의 정답을 설정하여 답을 체크하게 해준다.
선다형 문제	간단한 선다형 문제의 정답을 설정하여 답을 체크하게 해준다.
단 추	단추의 모양, 눌렀을 때 결과값을 설정해준다.

4. 에듀미 다운 받아 설치하기

PASS2000 2.0 정품이 없는 경우

❑ 에듀미 공식 홈페이지(http://www.edume4u.com)에서 [에듀미 설치]
 - [다운로드]에서 edumesetup.exe 파일을 다운받는다.

ICT 활용 교육을 위한 PASS 2000 2.0의 실제

❑ 다운받은 edumesetup.exe 파일을 더블 클릭하여 실행하고, 순서에 맞게 설치한다.

PASS2000 2.0 정품이 있는 경우

❑ PASS2000 지원실(http://eduweb01.edunet4u.net/pass2000/)에서 PASS 2000 2.0 업데이트를 받아 에듀미를 자동으로 설치한다.

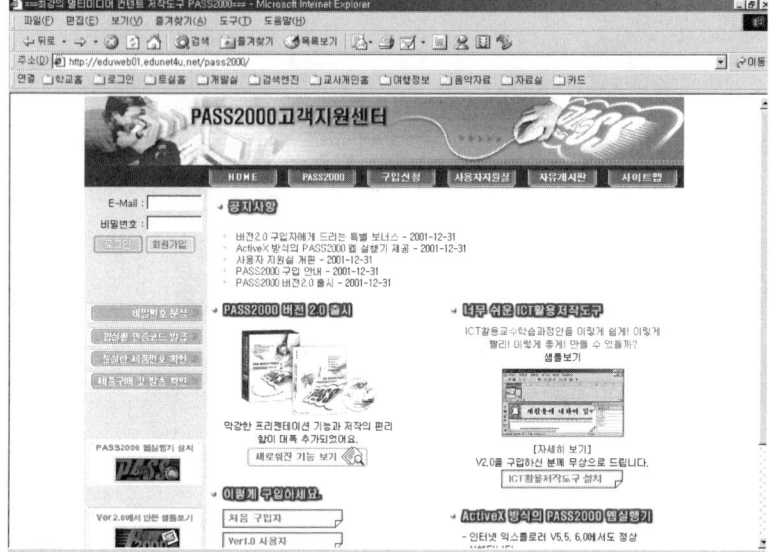

II. ICT 교수-학습과정안 만들기

2. 에듀미와 친해지기

1. 프로그램 개요

학습개요

현재 ICT활용 교육에 대한 관심이 많이 증가하고 있으며 이에 따라 교사들도 정보통신에 대한 소양이 요구되고 있다.
이 차시에서는 PASS2000 2.0버전과 호환이 가능한 에듀미를 이용하여 교수 자료 제작을 위한 슬라이드 작성 방법에 대하여 알아보고 이를 직접 수업에 활용할 수 있도록 해보려고 한다.
우선 에듀미의 간단하고 기본적인 기능으로 슬라이드를 제작하여 프로그램의 기본 기능을 배워보도록 한다.

학습내용

1. 슬라이드 등록정보 설정하기
2. 파일등록정보 설정하기
3. 텍스트 삽입하기
4. 도형 삽입하기
5. 그림 삽입하기

2. 프로그램 제작화면 알아보기

슬라이드 등록정보 이용

주요 기능(1)
슬라이드 등록정보를 이용하여 배경 화면, 단추 출력하기

텍스트, 도형, 그림 삽입

주요 기능(2)
텍스트, 도형, 그림 삽입하기

II. ICT 교수-학습과정안 만들기

3. 슬라이드 만들어 보기

파일 속성 설정하기

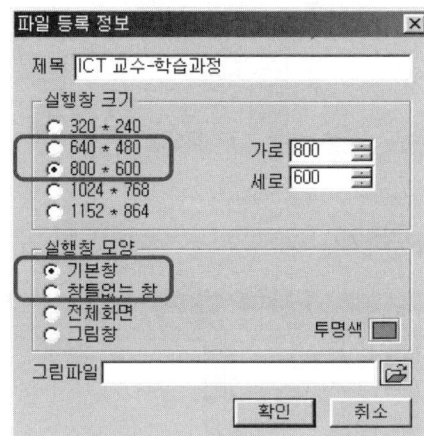

1. 에듀미를 실행시킨다.
2. 를 눌러 창의 크기와 실행창 모양을 조절한다.
3. 실행창의 크기는 640*480으로 하고, 실행창의 모양은 기본창으로 설정한다.

슬라이드 속성 설정하기

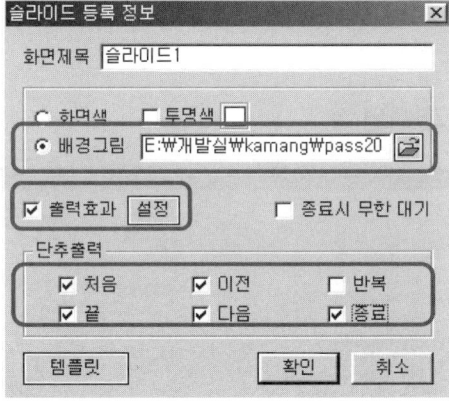

1. 를 눌러 슬라이드 등록 정보창을 띄운다.
2. 배경그림, 출력효과, 단추출력 등을 설정한다.
3. 배경그림과 단추를 넣고, 출력효과를 설정한다.

🦉 배경 그림 넣어보기

☐ 원하는 배경 그림을 찾아서 삽입한다.

1. [슬라이드 등록정보] 속성창에서 배경그림을 선택하고, 파일을 찾는다.
2. 원하는 그림을 찾아, 파일을 클릭하고, [열기] 버튼을 누른다.

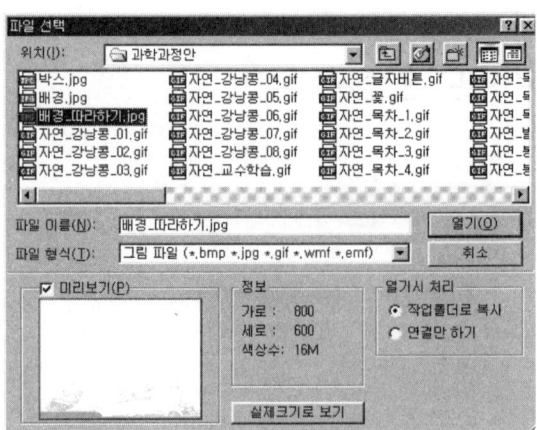

출력효과 설정하기

1. [출력효과]의 [설정] 버튼을 눌러 출력효과 속성창을 띄운다.
2. 원하는 출력효과를 [미리보기]를 보면서 결정한다.
3. Delay와 Grain의 값을 다르게 하여 출력효과 설정값의 변화를 줄 수 있다.

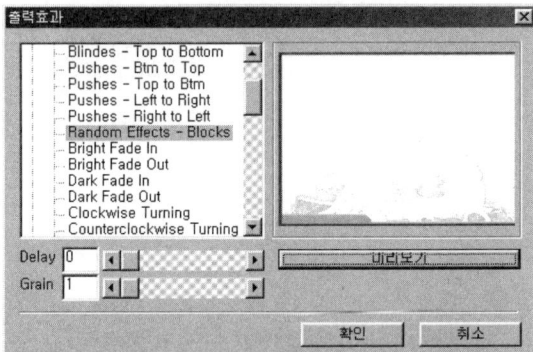

출력된 결과 화면

1. [현재 슬라이드 실행] 버튼을 클릭하여 출력된 결과물을 확인해볼 수 있다.

텍스트 삽입하기

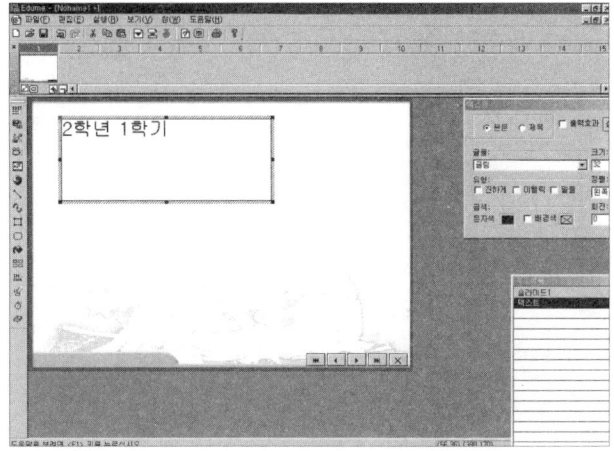

1. EDIT 를 클릭한다.
2. 화면에 마우스를 드래 그하여 원하는 크기의 박스를 만든다.
3. 만들어진 박스 안에 커서를 대고 글자를 쓴다.

텍스트 설정하기

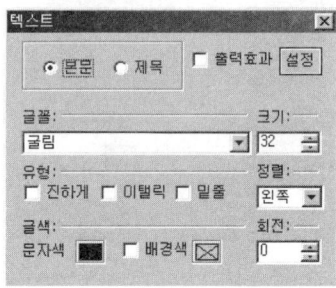

1. 텍스트 입력시 텍스트 설정 속성창이 뜨게 된다.
2. 글꼴, 크기, 정렬, 유형, 글자색을 바꿀 수 있으며, 출력효과를 설정하여 다양한 효과를 줄 수 있다.

텍스트 복사하기

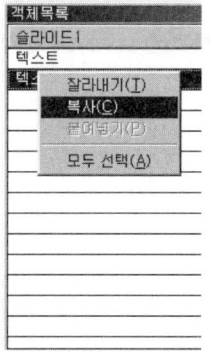

1. 손쉽게 텍스트를 복사하는 방법으로는 오른쪽 하단의 [객체목록] 창을 이용하는 방법이 있다.
2. 해당하는 부분을 클릭하고 오른쪽 마우스버튼을 이용하면 원하는 것을 복사하고 잘라낼 수 있다.

도형 삽입하기

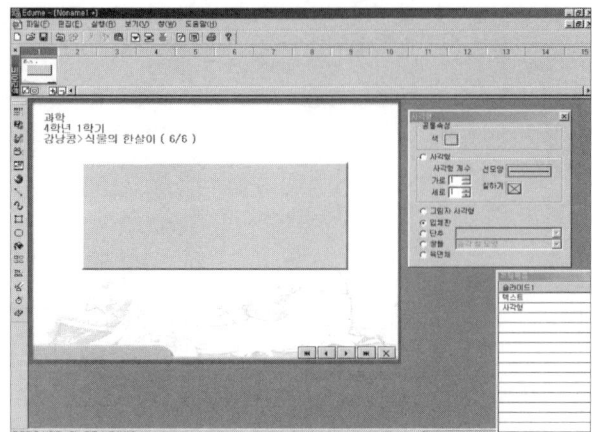

사각형 설정하기

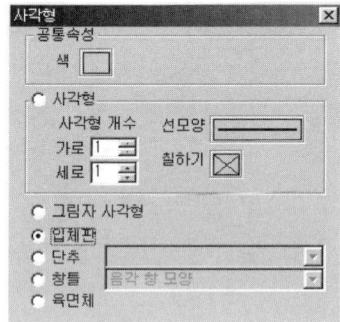

여러 가지 사각형

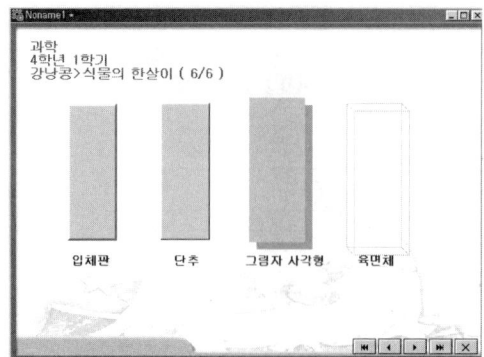

II. ICT 교수-학습과정안 만들기

🦉 원 설정하기

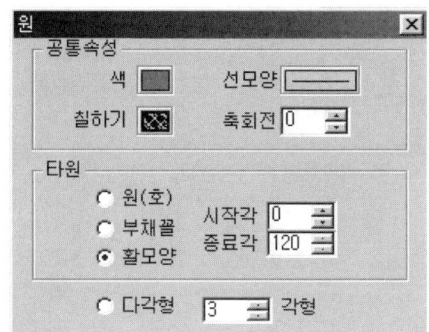

1. ⭕ 를 선택한다.
2. 슬라이드 화면에 마우스를 대고 드래그하여 원하는 크기의 원을 만든다.

🦉 여러 가지 도형

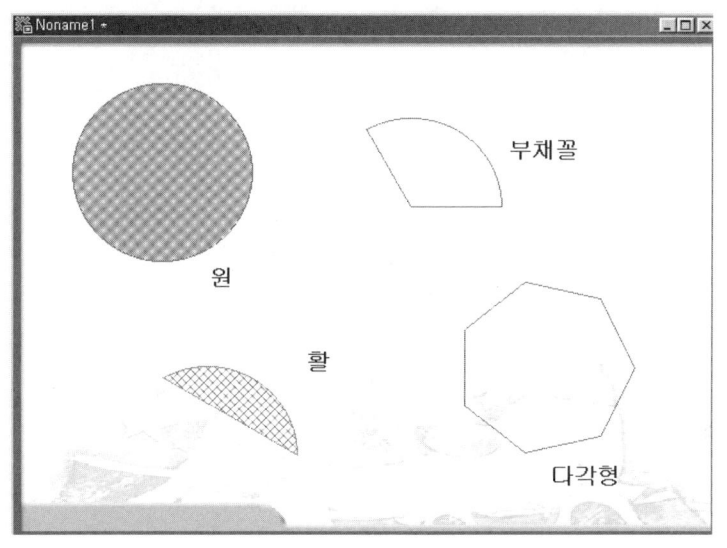

1. [사각형] 속성창에서 색, 선모양, 형태 등을 설정한다.

🦉 선 설정하기

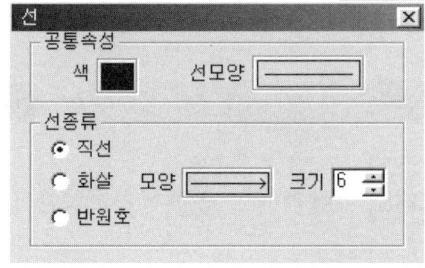

1. ✏️ 를 선택한다.
2. 슬라이드 화면에 마우스를 대고 드래그하여 원하는 크기의 선을 만든다.

ICT 활용 교육을 위한 PASS 2000 2.0의 실제

그림 삽입하기

1. 를 클릭한다.
2. 원하는 파일을 선택하고 [열기] 버튼을 클릭한다.
3. 그림을 마우스로 선택하여 원하는 위치에 옮긴다.

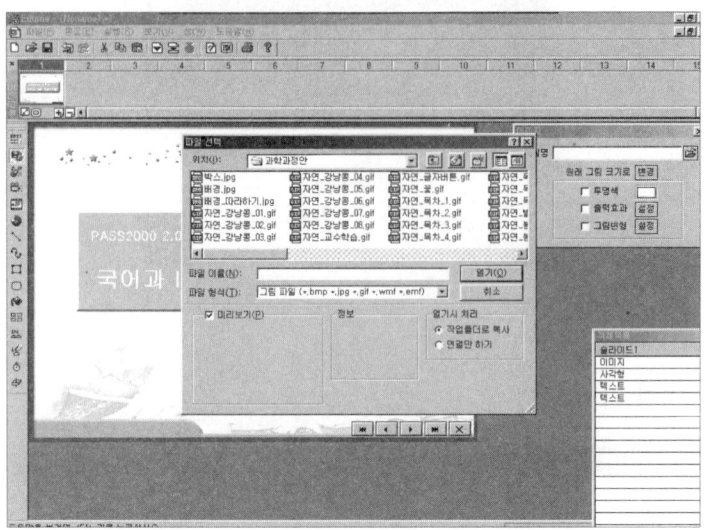

그림 설정하기

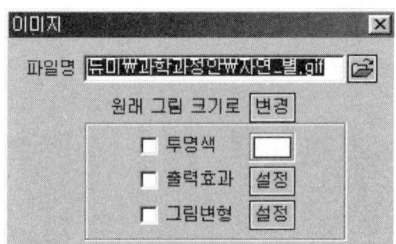

4. 실습 과제

기본 과제

□ 배운 것을 토대로 국어과 ICT 교수-학습과정안의 첫 화면을 만들어 보시오.

II. ICT 교수-학습과정안 만들기

조건

- 화면 크기는 800*600으로 맞춘다.
- 배경화면을 삽입하고, 출력효과를 준다.
- 단추는 처음, 다음, 끝, 종료를 넣는다.
- 도형, 텍스트, 그림을 삽입하고 출력효과를 준다.

발전 과제

□ 배운 것을 토대로 국어과 ICT 교수-학습 과정안(학술정보원에서 권장하는 ICT 지도안)의 1차시분 지도안을 만들어 보시오.

조건

- 화면 크기는 800*600으로 맞춘다.
- 배경화면을 삽입하고, 출력효과를 준다.
- 단추는 처음, 다음, 끝, 종료를 넣는다.
- 지도안에 필요한 박스는 사각형을 활용한다.
- 지도안에 들어가는 박스는 출력효과를 주지 않아도 된다.

3. ICT 활용자료 다운받아 응용하기

1. 프로그램 개요

학습개요

　현재 ICT활용 교육에 대한 관심이 많이 증가하고 있으며 이에 따라 교사들도 정보통신에 대한 소양이 요구되고 있다.
　이 차시에서는 ICT 교수 학습 자료들을 인터넷에서 다운받아 PASS2000 2.0 버전과 호환이 가능한 에듀미에 활용할 수 있는 방법에 대하여 알아보고 이를 직접 작성해 보려고 한다.
　이제 인터넷에서 그림, 소리, 동영상 자료, 웹 사이트를 다운받아 에듀미에 삽입하는 방법을 알아보자.

학습내용

　현재 ICT 활용 교육에 대한 관심이 많이 증가하고 있으며 이에 따라 교사들도 정보통신에 대한 소양이 요구되고 있다.
　이 차시에서는 ICT 교수학습 자료들을 인터넷에서 다운받아 PASS2000 버전 2.0과 호환이 가능한 에듀미에 활용할 수 있는 방법에 대하여 알아보고 이를 직접 작성해 보려고 한다.
　이제 인터넷에서 그림, 소리, 동영상 자료, 웹 사이트를 다운받아 에듀미에 삽입하는 방법을 알아보자.

II. ICT 교수-학습과정안 만들기

2. 프로그램 제작화면 알아보기

인터넷에서 자료 다운로드 받기

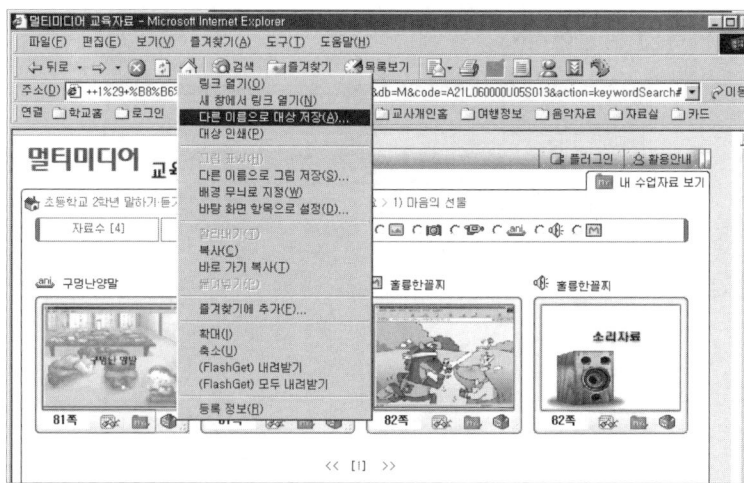

주요 기능(1)
인터넷에서 필요한 ICT 자료 찾아 다운받기

프로그램 내에서의 HTML 실행

주요 기능(2)
소리, 동영상, 브라우저 삽입, 단추를 연결하여 슬라이드 전체 실행하기

ICT 활용 교육을 위한 PASS 2000 2.0의 실제

3. 슬라이드 만들어 보기

ICT 자료 다운 받기

에듀넷 방문하기

1. 브라우저에서 에듀넷 (http://www.edunet4u.net) 검색하여 들어간다.
2. 선생님세상을 클릭한다.

자료 있는 찾아보기

1. 멀티미디어 교육자료와 수업자료 통합검색을 클릭 한다.
2. 로그인 한다.

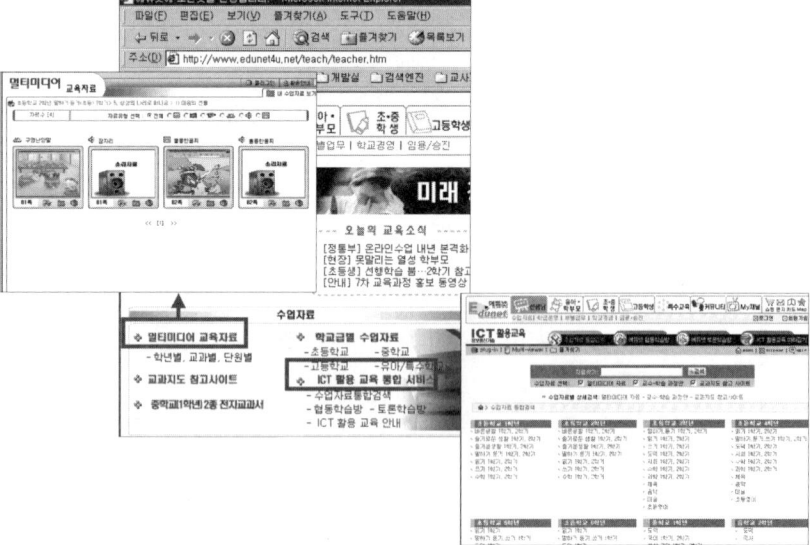

II. ICT 교수-학습과정안 만들기

자료 다운 받기-아이콘 클릭으로 다운이 되는 경우

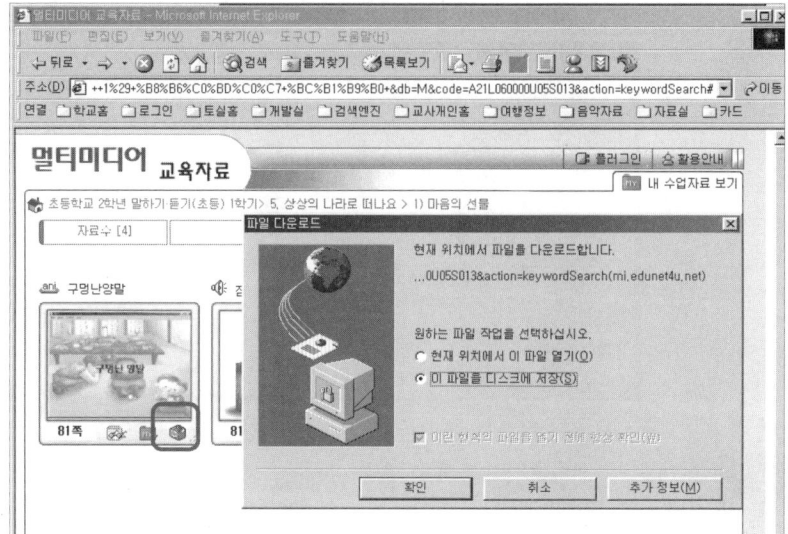

1. 원하는 학년 학기, 단원 차시로 들어가 자료의 [다운로드] 아이콘을 클릭한다.

	그림 자료
	사진 자료
	동영상 자료
ani	애니메이션 자료
	소리 자료
	모듈 자료

자료 다운 받기-아이콘 클릭으로 다운이 안 되는 경우

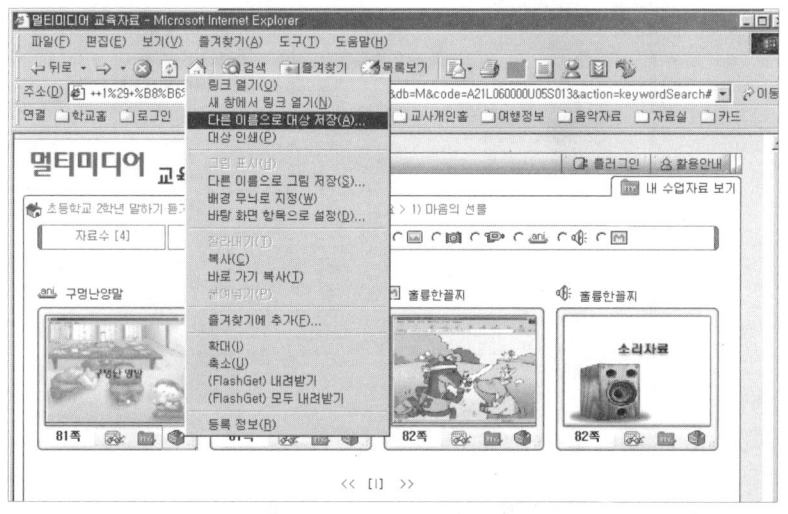

1. 아이콘에 마우스를 대고, 마우스 오른쪽 버튼을 눌러 빠른 속성창이 뜨게 한다.
2. [다른 이름으로 대상저장]하여 자료를 다운로드한다.

파일 열기

1. 에듀미를 실행한다.
2. [파일등록정보]에서 원하는 파일의 규격을 설정한다.
3. [슬라이드 등록정보]에서 배경과 단추(처음, 이전, 다음, 끝, 종료)를 삽입한다.

소리 삽입하기

1. 아이콘을 클릭하여 소리파일을 찾는다.
2. 글꼴, 크기, 정렬, 유형, 글자색을 바꿀 수 있으며, 출력효과를 설정하여 다양한 효과를 줄 수 있다.

사운드 등록정보

1. [사운드 등록정보]에서 출력방법을 설정할 수 있다.

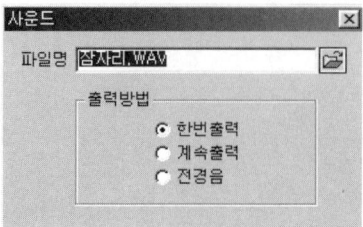

II. ICT 교수-학습과정안 만들기

슬라이드 삽입하기

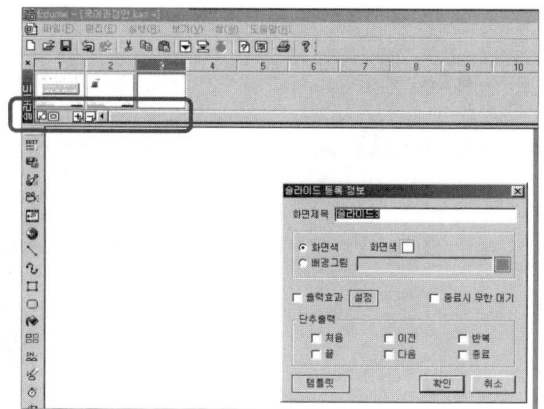

1. [+]버튼을 클릭하여 새 슬라이드를 추가한다.
2. [슬라이드 등록정보] 앞 장의 방식과 같은 방식으로 한다.

동영상 삽입하기

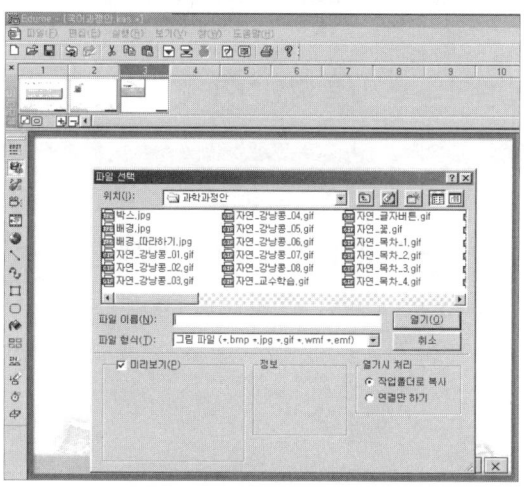

1. 을 선택한다.
2. 슬라이드 화면에 마우스를 대고 드래그하여 원하는 크기의 박스를 만든다.
3. 박스 크기에 따라 동영상 화면 크기가 정해진다.

비디오 등록정보

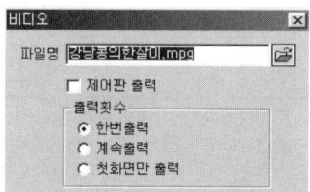

1. [비디오 등록정보]에서 출력방법을 설정할 수 있다.

ICT 활용 교육을 위한 PASS 2000 2.0의 실제 41

브라우저 삽입하기

1. 를 선택한다.
2. 슬라이드 화면에 마우스를 대고 드래그하여 원하는 크기의 브라우저 박스를 만든다.
3. 넣고자 하는 URL을 속성창에 입력한다.

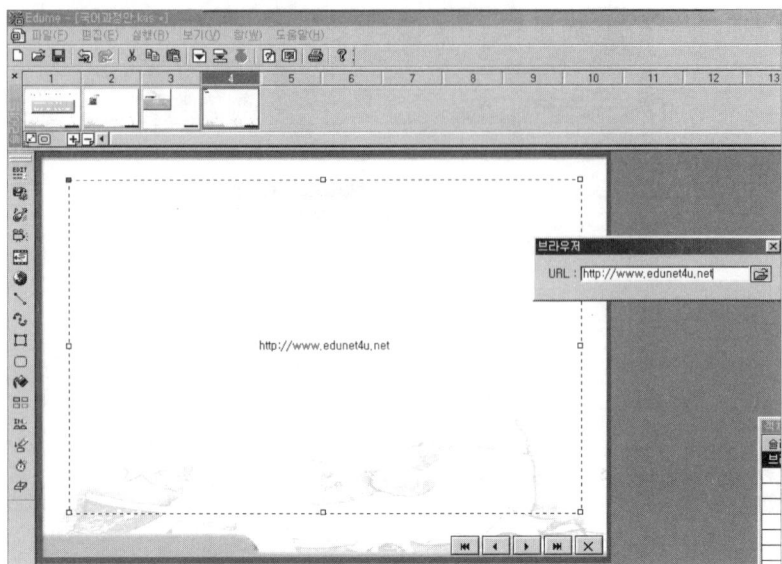

🦉 [현재 슬라이드 보기]로 확인하기

단추 연결하기

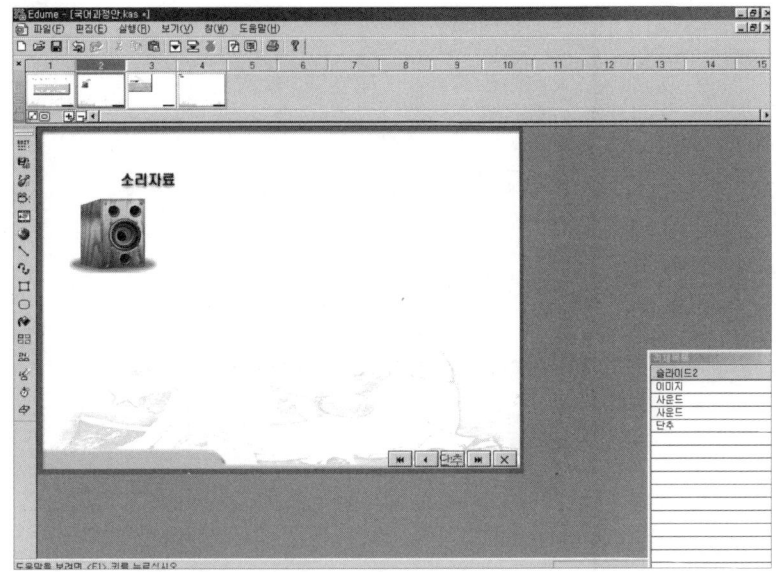

1. 를 클릭 한다.
2. 마우스를 원하는 단추에 놓고 한번 클릭 한다.

단추 등록정보

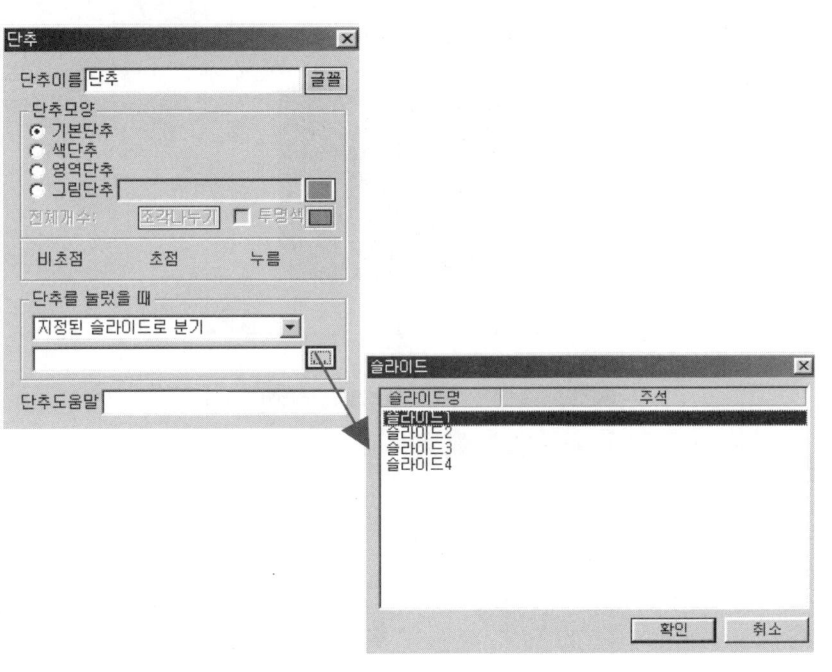

1. [단추 등록정보]창이 뜨면 단추의 글꼴, 그림단추, 단추를 눌렀을 때 옮겨지는 슬라이드를 지정한다.

1. 전체 슬라이드 보기를 실행하여 연결한 슬라이드를 확인하고, 수정 보완한다.

연결한 슬라이드 확인하기 ⑧

1. ▼ 전체 슬라이드 보기를 실행하여 연결한 슬라이드를 확인하고, 수정 보완한다.

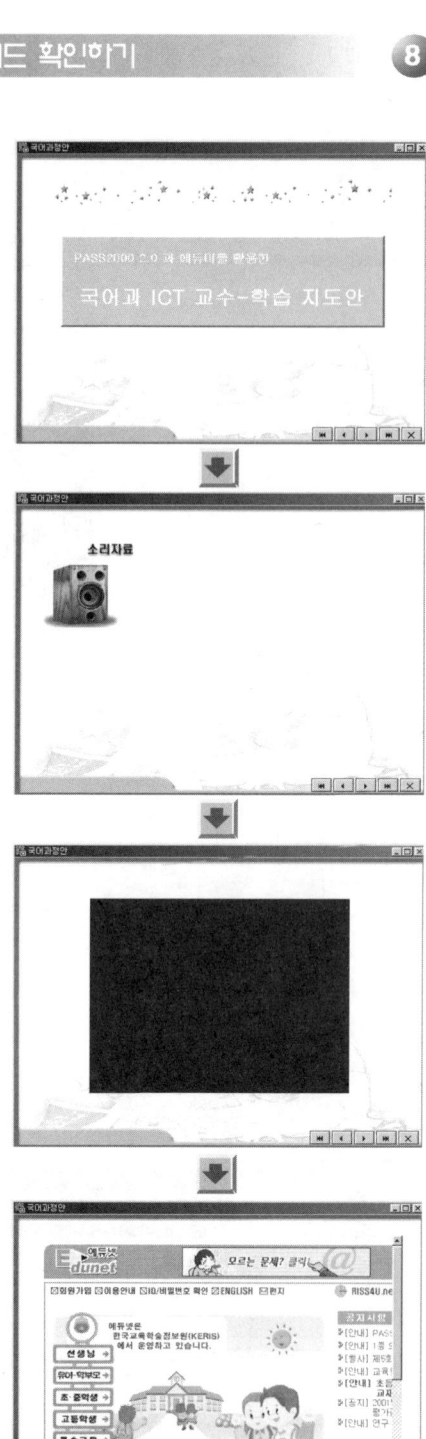

4. 실습 과제

❏ 배운 것을 토대로 국어과 ICT 교수-학습 과정안 중에서 학습활동 일부분을 만들어 보시오.

조건

- 화면 크기는 640*480으로 맞춘다.
- 배경화면을 삽입하고, 출력효과를 준다.
- 단추는 처음, 다음, 끝, 종료를 넣는다.
- 도형, 텍스트, 그림을 삽입하고 출력효과를 준다.
- 소리파일, 동영상, 브라우저를 삽입한다.
- 4장 이상의 슬라이드를 작성하고, 슬라이드를 단추로 서로 연결한다.

4. 과학과 ICT 교수용 자료 만들기

1. 프로그램 개요

학습개요

현재 ICT 활용 교육에 대한 관심이 많이 증가하고 있으며 이에 따라 교사들도 정보통신에 대한 소양이 요구되고 있다.

이 차시에서는 PASS2000 버전 2.0과 호환이 가능한 에듀미를 이용하여 교수 자료 제작을 위한 슬라이드 작성 방법에 대하여 알아보고 이를 직접 수업에 활용할 수 있도록 해 보려고 한다.

이제 과학과 ICT 활용 교수용 자료를 만들어 보면서 지금까지 배운 에듀미 프로그램을 다양하게 활용하는 방법을 배워보도록 한다.

미리보기

II. ICT 교수-학습과정안 만들기

 2. 전체 개요 알아보기

도입
- 동기 유발 
- 수업활동 안내 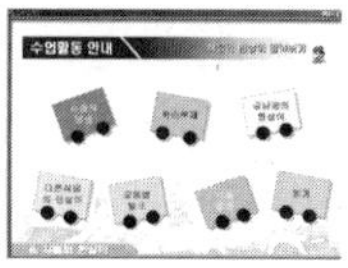

전개
- 학습문제 
- 학습내용1_차례 (강낭콩 한살이) 
- 강낭콩의 자람 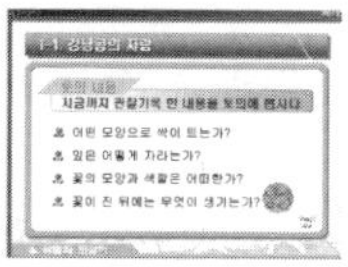
- 강낭콩 한살이 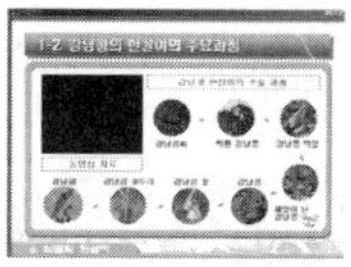
- 학습내용2_차례 (다른 식물 한살이) 
- 봉숭아의 한살이 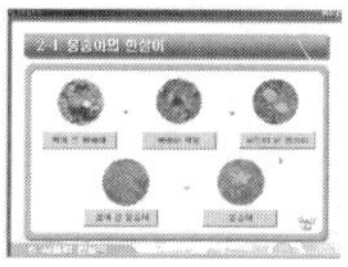
- 옥수수의 한살이 
- 인터넷 조사 

정리
- 식물의 한살이 발표 
- 공부한 내용 정리 

발전
- 게임1 (강낭콩의 한살이) 
- 게임2 (봉숭아의 한살이) 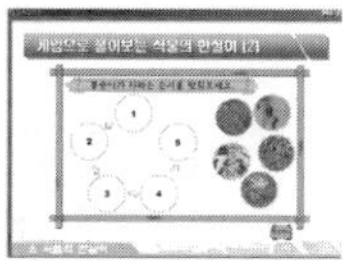

차시예고
- 다음 시간에 배울 내용은? 

ICT 지도안

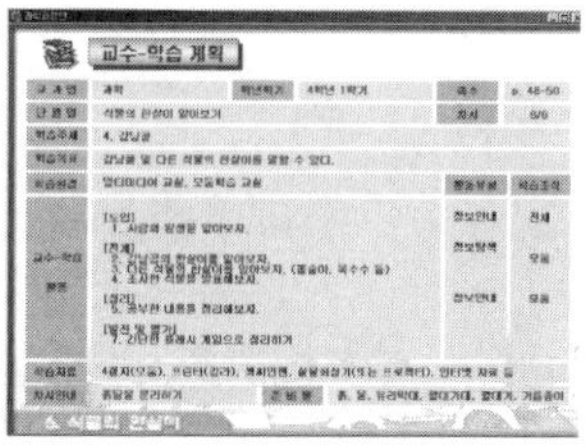

ICT 활용 교육을 위한 PASS 2000 2.0의 실제　47

3. 과학과 슬라이드 작성하기

화면(1) 교수-학습계획 작성하기
▪ 배경 화면 삽입 ▪ 교수-학습 계획 이미지 삽입 ▪ 사각형 박스 삽입 ▪ 텍스트 삽입

화면(2) 학습로고 작성하기
▪ 배경화면 삽입 ▪ 텍스트 삽입 ▪ 라운드 박스 삽입 ▪ 텍스트 삽입 ▪ 출력 효과주기

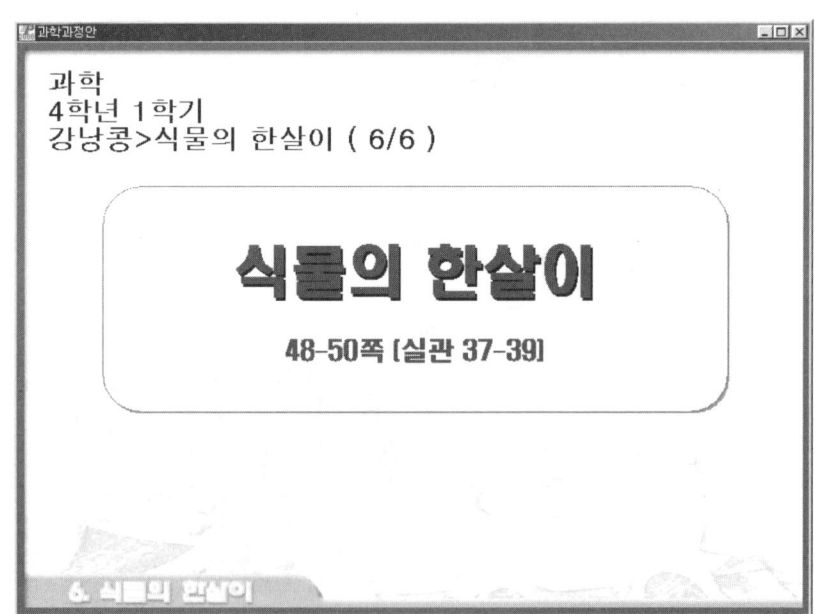

II. ICT 교수-학습과정안 만들기

화면(3)
수업안내 작성하기

- 배경화면 삽입
- 학습제목 이미지 삽입
- 안내 이미지 삽입
- 출력 효과주기

화면(4)
도입 작성하기

- 배경화면 삽입
- 학습제목 이미지 삽입
- 그림 삽입
- 글자 삽입
- 출력 효과주기

화면(5)
학습문제 작성하기

- 배경화면 삽입
- 학습제목 이미지 삽입
- 그림 삽입
- 출력 효과주기

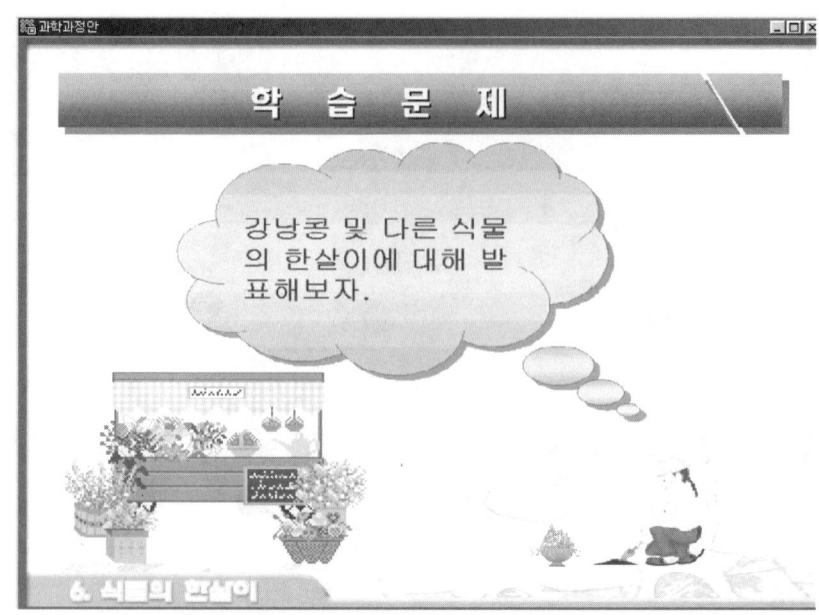

화면(6)
학습1_차례 작성하기

- 배경화면 삽입
- 학습제목 이미지 삽입
- 그림 삽입
- 출력 효과주기

II. ICT 교수-학습과정안 만들기

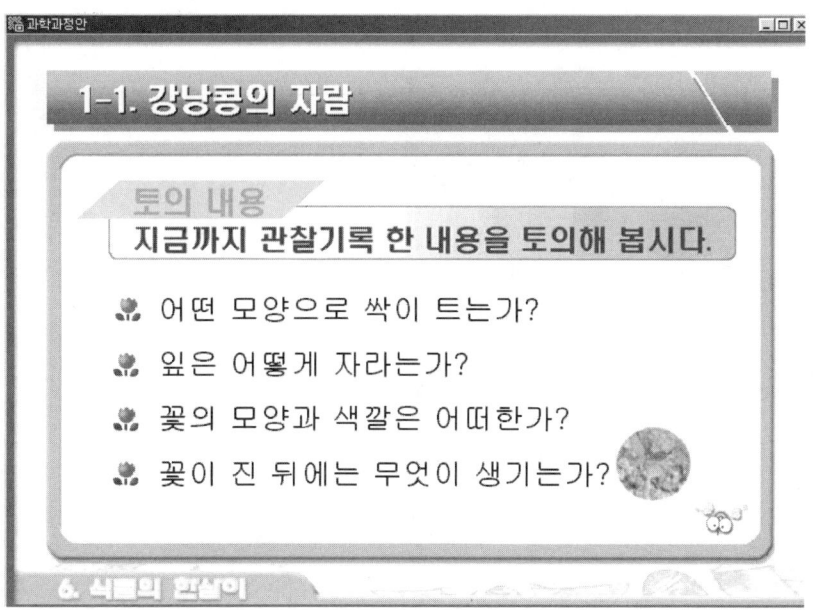

화면(7)
학습내용 작성하기

- 배경화면 삽입
- 학습제목 이미지 삽입
- 그림 삽입
- 글자 삽입
- 출력 효과주기

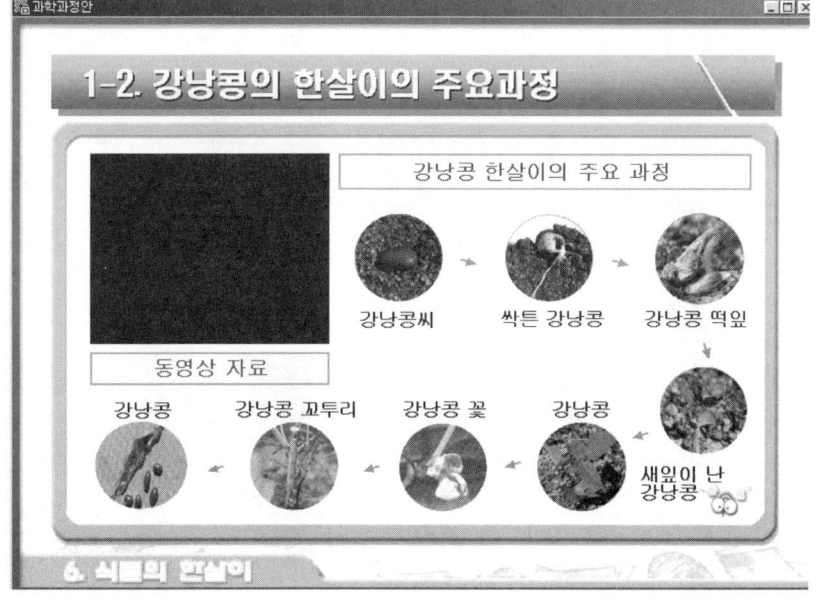

화면(8)
학습내용 작성하기

- 배경화면 삽입
- 학습제목 이미지 삽입
- 동영상 자료 삽입
- 사각형 박스 삽입
- 그림 삽입
- 글자 삽입
- 출력 효과주기

화면(9)
학습2_차례 작성하기

- 배경화면 삽입
- 학습제목 이미지 삽입
- 그림 삽입
- 출력 효과주기

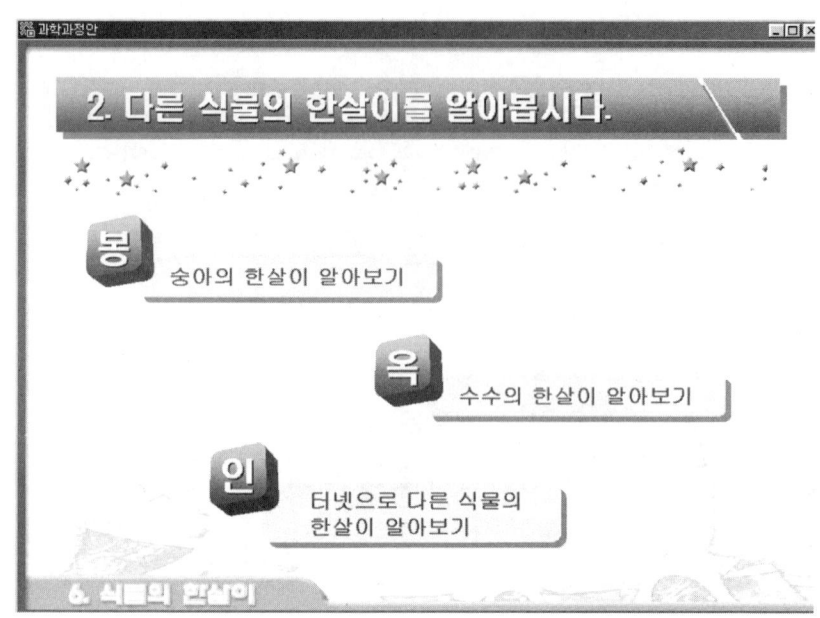

화면(10)
학습내용 작성하기

- 배경화면 삽입
- 학습제목 이미지 삽입
- 그림 삽입
- 사각형 박스 삽입
- 글자 삽입
- 출력 효과주기

II. ICT 교수-학습과정안 만들기

화면(11)
학습내용 작성하기

- 배경화면 삽입
- 학습제목 이미지 삽입
- 그림 삽입
- 동영상 자료 삽입
- 사각형 박스 삽입
- 글자 삽입
- 출력 효과주기

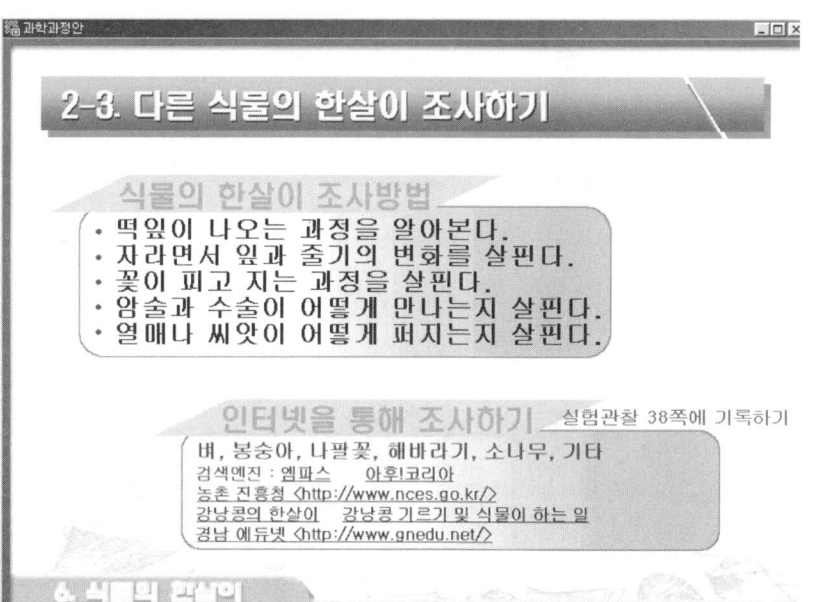

화면(12)
학습내용 작성하기

- 배경화면 삽입
- 학습제목 이미지 삽입
- 그림 삽입
- 글자 삽입
- 출력 효과주기

화면(13)
학습내용 작성하기

- 배경화면 삽입
- 학습제목 이미지 삽입
- 그림 삽입
- 출력 효과주기

화면(14)
학습정리 작성하기

- 배경화면 삽입
- 학습제목 이미지 삽입
- 그림 삽입
- 출력 효과주기

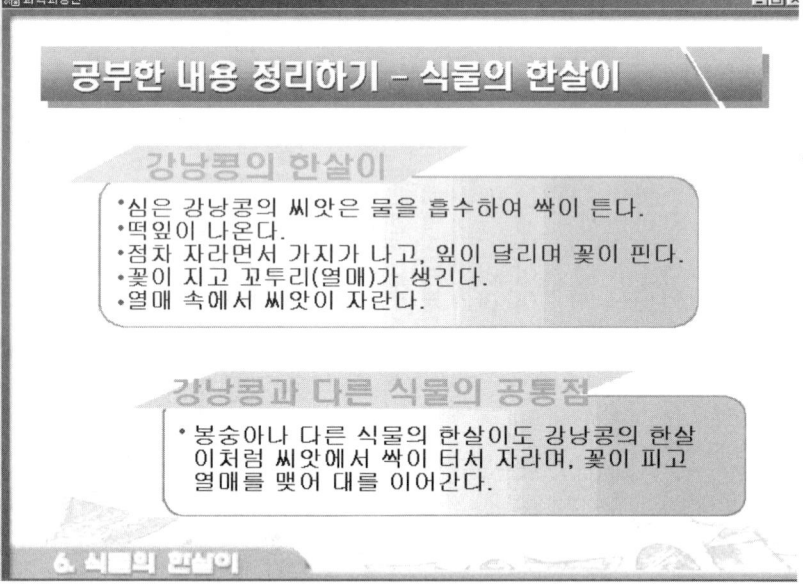

II. ICT 교수-학습과정안 만들기

화면(15) 발전평가 작성하기
• 배경화면 삽입 • 학습제목 이미지 삽입 • 플래시 게임 삽입 • 출력 효과주기

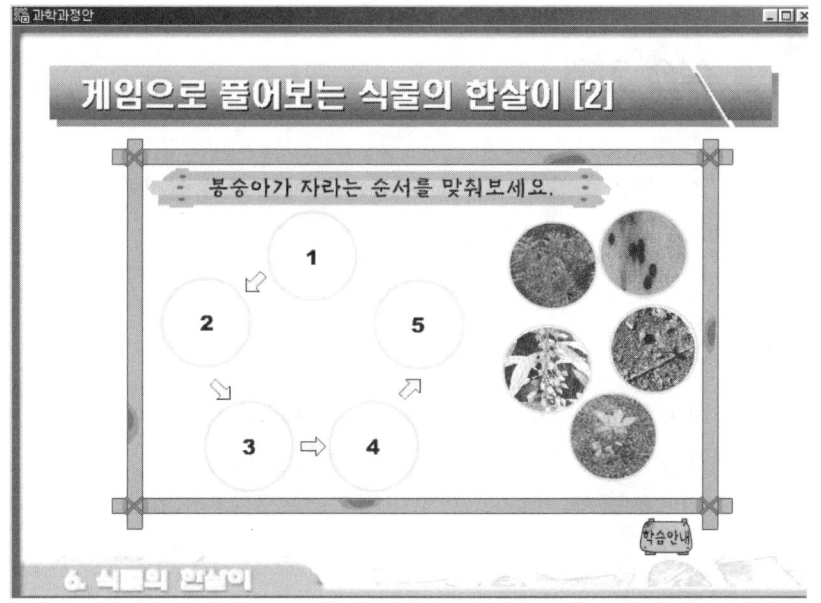

화면(16) 발전평가 작성하기
• 배경화면 삽입 • 학습제목 이미지 삽입 • 플래시 게임 삽입 • 출력 효과주기

화면(10) 차시예고 작성하기
• 배경화면 삽입 • 학습제목 이미지 삽입 • 그림 삽입 • 출력 효과주기

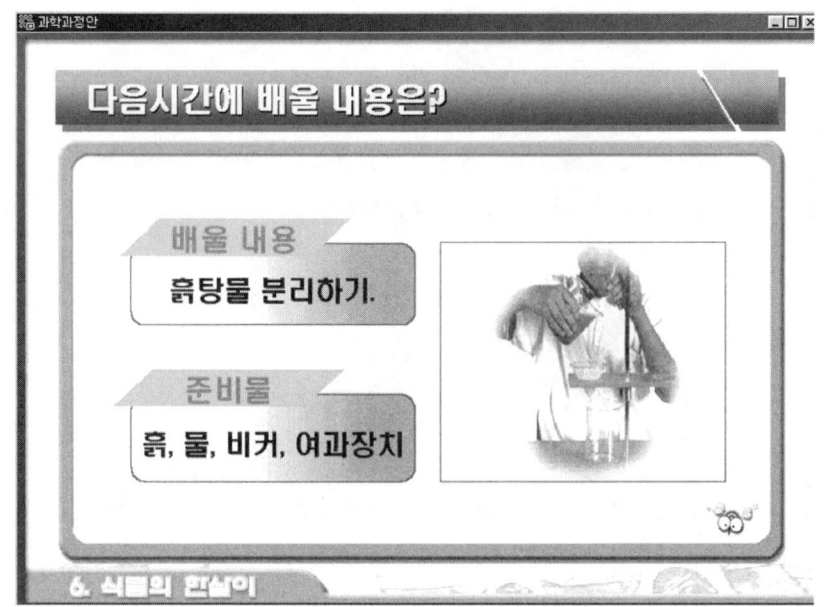

4. 실습 과제

　과학과 ICT 활용 수업에 적용될 수 있는 차시를 하나 선정하여 ICT 활용 교수-학습과정안을 짜보시오.

 조건

- 에듀넷의 ICT 활용 자료실에서 자료를 검색하여 찾는다.
- 플래시, 동영상, 소리, 그림파일을 반드시 삽입한다.

II. ICT 교수-학습과정안 만들기

5. 음악과 ICT 교수용 자료 만들기

 프로그램 개요

학습개요

현재 ICT 활용 교육에 대한 관심이 많이 증가하고 있으며 이에 따라 교사들도 정보통신에 대한 소양이 요구되고 있다.

이 차시에서는 PASS2000 2.0버전과 호환이 가능한 에듀미를 이용하여 교수 자료 제작을 위한 슬라이드 작성 방법에 대하여 알아보고 이를 직접 수업에 활용할 수 있도록 해보려고 한다.

이제 음악과 ICT 활용 교수용 자료를 만들어 보면서 지금까지 배운 에듀미 프로그램을 다양하게 활용하는 방법을 배워보도록 한다.

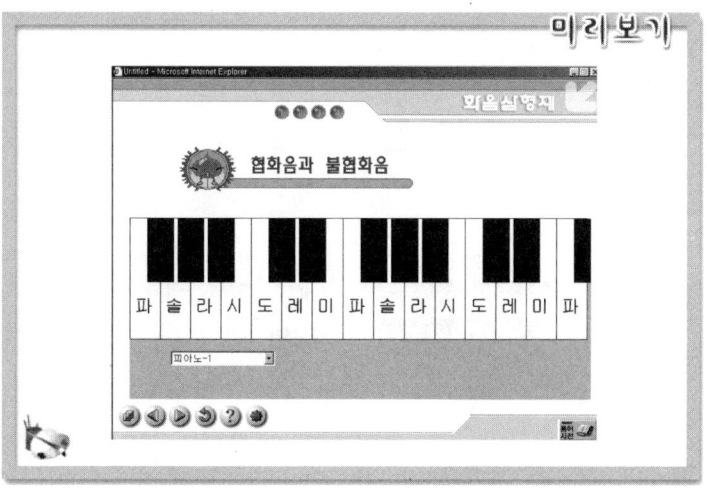

2. 전체 개요 알아보기

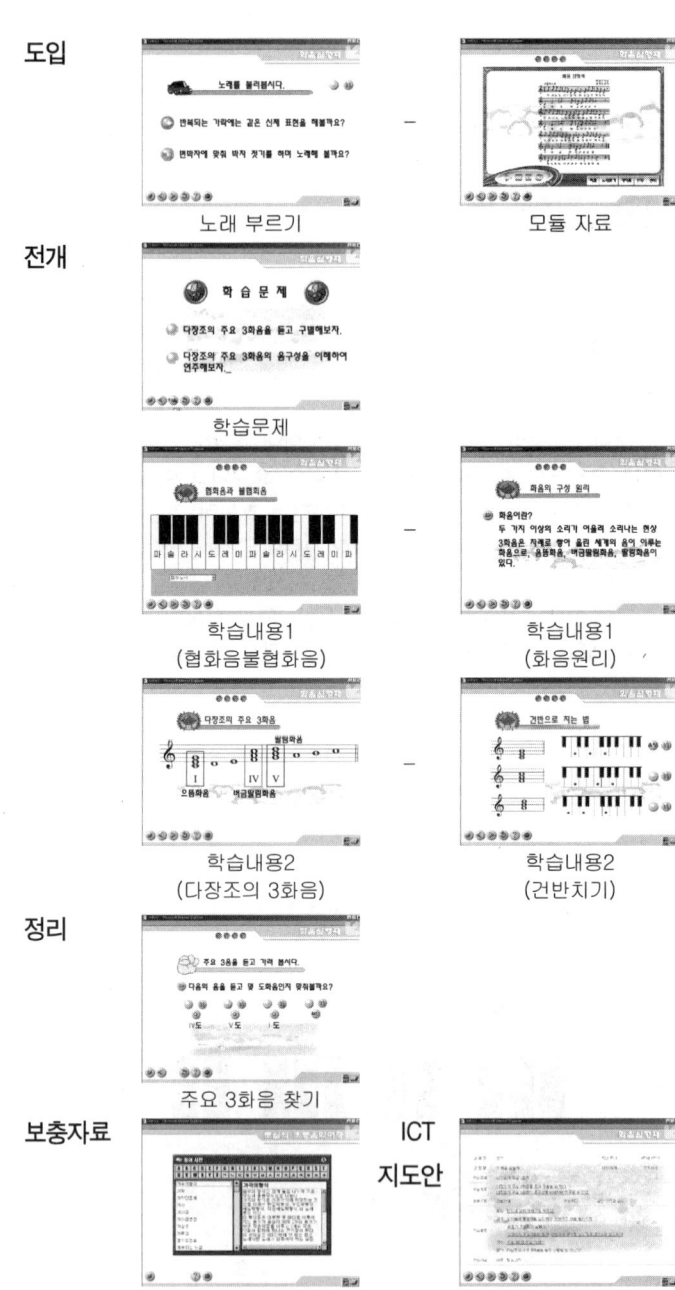

3. 음악과 슬라이드 작성하기

화면(1)
교수-학습계획 작성하기

- 배경화면 삽입
- 버튼 삽입
- 버튼 경로 설정
- 이미지 삽입
- 출력 효과주기

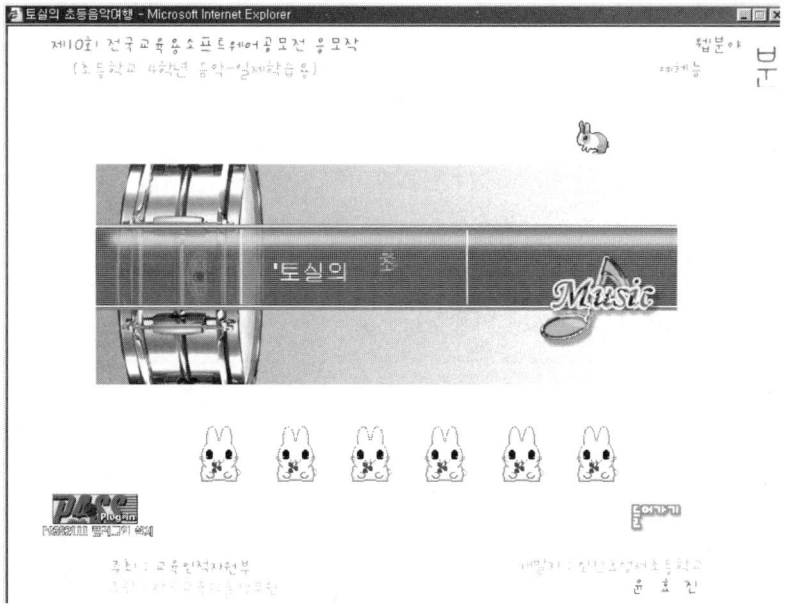

화면(2)
학습로고 작성하기

- 배경화면 삽입
- 버튼 삽입
- 버튼 경로 설정
- 이미지 삽입
- 플래시 자료 삽입
- 출력 효과주기

화면(3) 도입 작성하기

- 배경화면 삽입
- 버튼 삽입
- 버튼 경로 설정
- 이미지 삽입
- 플래시 자료 삽입
- 출력 효과주기

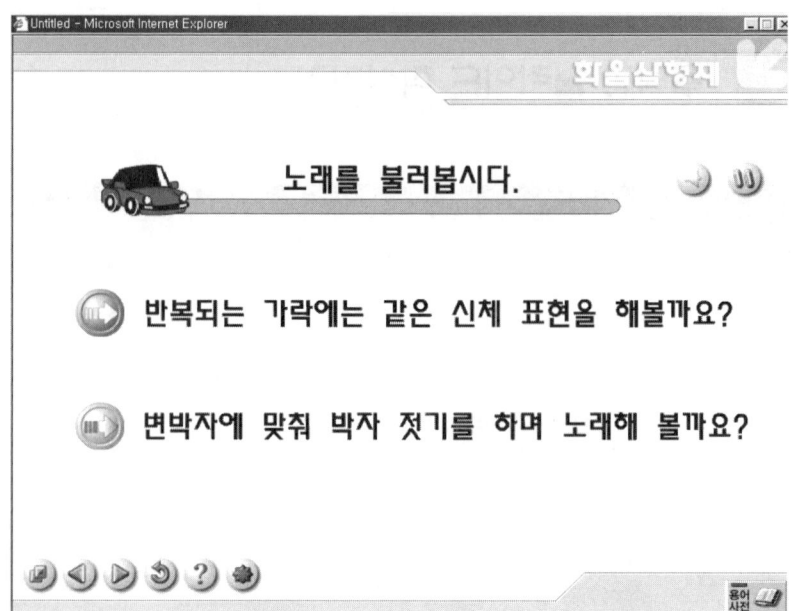

화면(4) 도입 작성하기

- 배경화면 삽입
- 버튼 삽입
- 버튼 경로 설정
- 이미지 삽입
- 플래시 자료 삽입
- 출력 효과주기

II. ICT 교수-학습과정안 만들기

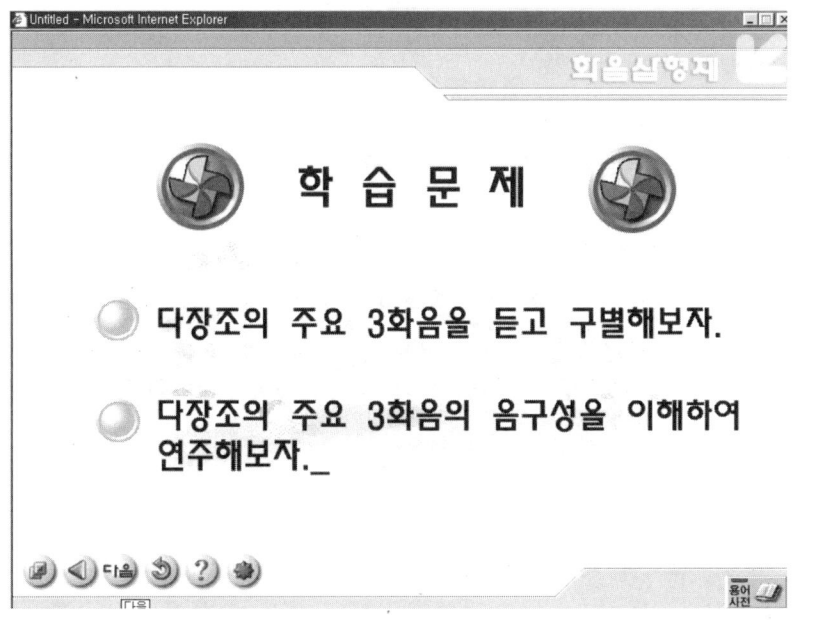

화면(5)
학습문제 작성하기

- 배경화면 삽입
- 버튼 삽입
- 버튼 경로 설정
- 이미지 삽입
- 플래시 자료 삽입
- 출력 효과주기

화면(6) 학습1 작성하기

- 배경화면 삽입
- 버튼 삽입
- 버튼 경로 설정
- 이미지 삽입
- 플래시 자료 삽입
- 출력 효과주기

화면(7) 학습2 작성하기

- 배경화면 삽입
- 버튼 삽입
- 버튼 경로 설정
- 이미지 삽입
- 플래시 자료 삽입
- 출력 효과주기

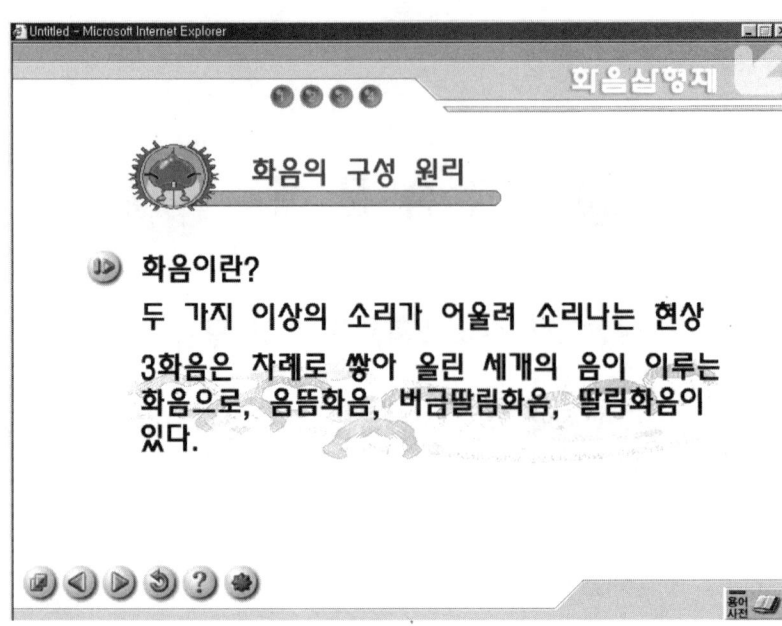

화면(8) 학습3 작성하기

- 배경화면 삽입
- 버튼 삽입
- 버튼 경로 설정
- 이미지 삽입
- 플래시 자료 삽입
- 출력 효과주기

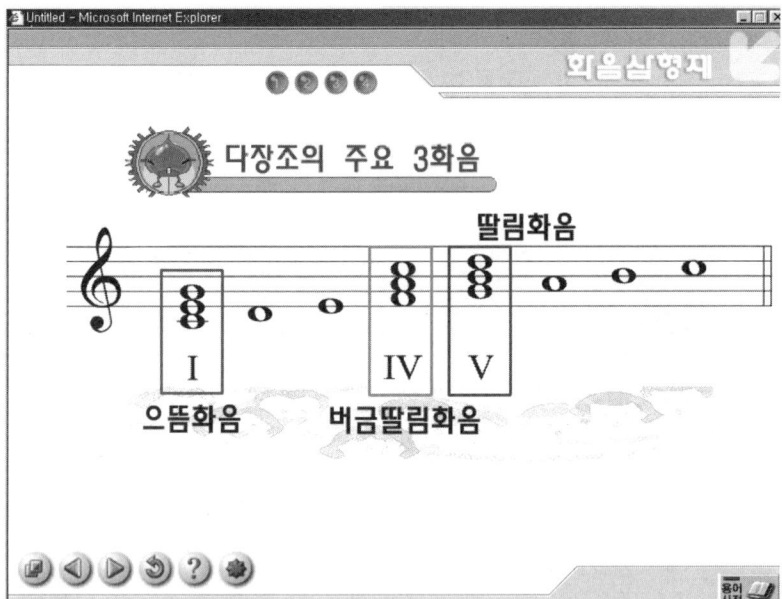

II. ICT 교수-학습과정안 만들기

화면(9)
학습4 작성하기

- 배경화면 삽입
- 버튼 삽입
- 버튼 경로 설정
- 이미지 삽입
- 플래시 자료 삽입
- 출력효과 주기

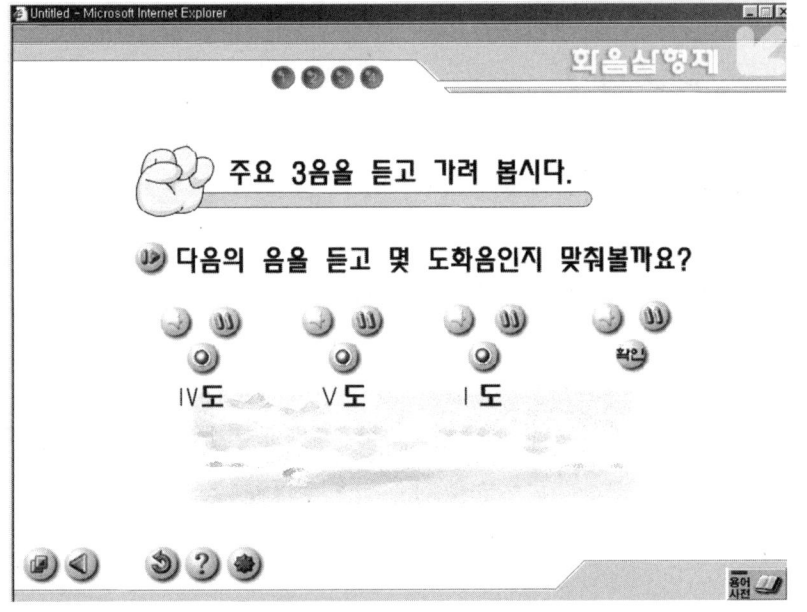

화면(10)
학습정리 작성하기

- 배경화면 삽입
- 버튼 삽입
- 버튼 경로 설정
- 이미지 삽입
- 플래시 자료 삽입
- 출력 효과주기

화면(11) 보충자료 작성하기
• 배경화면 삽입 • 버튼 삽입 • 버튼 경로 삽입 • 이미지 삽입 • PASS 자료 삽입 • 출력 효과주기

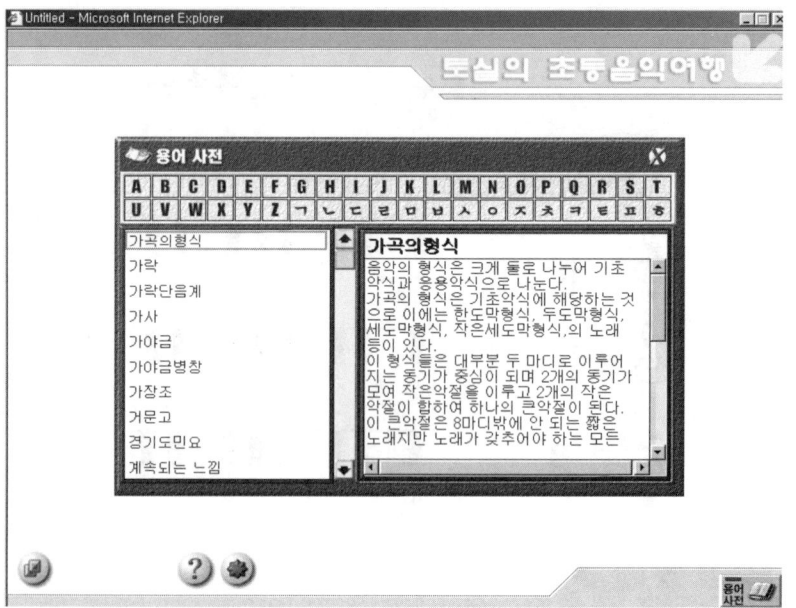

4. 실습과제

❏ 공개된 PASS 소스를 ICT 교수-학습 과정안에 붙여 넣어 봅시다.

- 국악과 관련된 ICT 교수-학습 과정안을 간략하게 만든다.
- '키보드 장구'를 ICT 교수-학습 과정안에 삽입한다.

아래 소스는 2001도 전국 교육용 소프트웨어 공모전에서 입상한 작품 '키보드 장구' 소스입니다.

```
SCREEN ,1,,,500,450
DIM DAN[12]
SHAPELOAD 11,urlinfo(5)+"jangdan.jpg",6,6,1,0,0,160,159,0,0

장구장단치기:
TEXT 55,47,"■ 장구장단에 맞춰 지은 노래를 불러 보세요.",,
        20,1,,0,0,0,0,7


DSHAPE urlinfo(5)+"key.bmp",62,290,386,66
TEXT 94,365,"덩",2,24,1,,0,0,0,0,7
TEXT 156,365,"쿵",2,24,1,,0,0,0,0,7
TEXT 347,365,"기",2,24,1,,0,0,0,0,7
TEXT 416,365,"덕",2,24,1,,0,0,0,0,7
TEXT 258,299,"키보드를 눌러서",2,14,1,,0,0,0,0,7
TEXT 258,320,"장단을 쳐 보세요",2,14,1,,0,0,0,0,7
SHAPE 11,1,175,108,160,159
준비:
READKEY KEY
SHAPE 11,1,175,108,160,159

IF KEY=68 | KEY=100
  SHAPE 11,2,175,108,160,159
  TEXT 94,365,"덩",2,24,1,,0,0,0,0,7
  SOUND urlinfo(5)+"deong.mp3"
  SWAPCOLOR 4,1,190,375,254,472
ENDIF
IF KEY=70 | KEY=102
  SHAPE 11,4,175,108,160,159
  TEXT 156,365,"쿵",2,24,1,,0,0,0,0,7
  SOUND urlinfo(5)+"kung.mp3"
ENDIF
IF KEY=74 | KEY=106
  SHAPE 11,3,175,108,160,159
  TEXT 347,365,"기",2,24,1,,0,0,0,0,7
  SOUND urlinfo(5)+"gi.mp3"
ENDIF
```

```
IF KEY=75 | KEY=107
  SHAPE 11,5,175,108,160,159
  TEXT 416,365,"덕",2,24,1,,0,0,0,7
  SOUND urlinfo(5)+"deok.mp3"
ENDIF
IFGOTO KEY=27,시작
GOTO 준비

WHILE 1
WEND
```

III. PASS2000과 친해지기

1. 변수와 활용하기
2. RSELECT 명령을 이용한 차례화면 만들기
3. 버튼이미지 제작하기
4. SHAPELOAD를 이용한 버튼 출력하기
5. IF~ENDIF 명령을 이용한 건강 진단하기
6. CONTROL 명령을 이용한 모둠 소개하기
7. 함수의 활용-Sel{}, Buttoninfo{}
8. 함수의 활용-Ans{}, Point{}
9. 함수의 활용-Mxy{}, Mchk{}, Mpos{}

1. 변수와 활용하기

1. 프로그램 개요

TIP

변수를 활용하여 프로그램을 만들면 소스가 간결해지고 수정이 쉬워진다.

학습개요

교육용 소프트웨어를 만들 때 반드시 제작하게 되는 시작화면은 일반적으로 종료화면과 공통적으로 쓰이게 된다.

이렇게 공통적으로 쓰이는 화면은 각 학습화면을 따로 만들지 않고 특정한 변수를 이용해서 조건을 주고 시작화면과 종료화면을 구분하면 한 개의 화면 디자인만 작성해서 2개의 화면으로 사용할 수 있게 된다.

이와 같이 PASS2000 프로그램은 같은 내용이 반복되면 변수를 이용하여 프로그램 소스의 길이도 줄이고 보다 능률적으로 프로그램을 제작할 수 있다.

미리보기

III. PASS2000과 친해지기

 2. 실행화면 알아보기

<시작화면>

 TIP

문자변수는 숫자변수와 달리 변수이름 앞에 "$" 기호를 붙여 사용한다.

시작화면을 한번 디자인하고 디자인한 화면에 "끝"자를 붙여 종료화면으로 반복하여 사용하기 위해 '끝'이라는 변수를 사용한다.

<종료 화면>

```
FOR I,1,5 '끝이라는 글자를 입체감 있게 겹쳐서 출력함.
SOUND "다음에 만나요.wav"
DSHAPE "end.bmp",397-5*I,380-3*I,60+3*I,50+3*I,1
NEXT
```

FOR-NEXT 문을 이용하여 "끝"이라는 글자를 5번 출력하는데 X좌표와 Y좌표를 오른쪽으로 이동하면서 출력하게 한다.

3.  프로그램 선수학습

변수(Variable)

PASS2000에서는 영문 대소문자의 변수이름이 구분되어 처리된다.

변수는 어떠한 값을 기억하는 기억장소의 이름으로 프로그램의 처리 내용에 따라 변하는 자료이다. 변수명은 임의의 길이를 가질 수 있으나 처음 12바이트(영문 12자, 한글 6자)만이 의미를 갖는다. 변수명으로 사용 가능한 문자는 한글, 한자, 영문자, 숫자, 밑줄(_), 점(.)이며 첫 문자는 한글이나 한자, 영문자 또는 밑줄(_)로 시작해야 한다. 영문 변수명은 대/소문자가 구분되어 처리된다. 변수명 사이에는 공백이 올 수 없으며, 명령어나 함수명, 레이블명과 같아도 상관없다.

변수(Variable)의 형식

변수를 사용하려면 먼저 대입문으로 변수에 초기값을 넣어 정의하여야 하며 정의하지 않은 변수는 사용할 수 없다. 변수는 값의 종류에 따라 숫자 변수(정수, 실수)와 문자열 변수로 분류된다. 숫자 변수와 문자열 변수로 분류된다. 정수변수는 아무런 식별자도 없으며, 실수 변수는 #을, 문자열 변수는 $를 붙여 사용한다.

변수형	형식식별분자	사용예
정수 변수	없음	변수 , ABC
실수 변수	#	변수#, ABC
문자열 변수	$	변수$, ABC

변수의 사용

프로그램에서 변수는 사용자가 입력시킨 값을 저장하거나 처리 과정에서 발생하는 중간 자료값 또는 최종결과값을 처리하기 위해 사용된다. 변수를 사용할 때 가장 먼저 생각해야 할 점은 처리할 자료를 숫자로 할 것인지 아니면 문자열로 할 것인지를 결정해야 하며 이것에 따라 변수의 형이 결정된다. 또한 자료가 숫자형으로 결정되었다면 이것을 정수로 사용할 것인지 실수로 사용할 것인지도 결정해야 한다. 변수의 형이 결정되면 자료를 처리할 변수명을 만들어야 하는데 가급적이면 프로그램에서 변수가 사용되어지는 의미와 용도를 쉽게 파악할 수 있는 상징적인 이름으로 작성하는 것이 바람직하다. 이렇게 프로그램 속에 쓰인 변수들은 실행될 때 자기 자신의 값을 기억하고 유지하기 위해 메모리를 할당받게 된다.

※ 문자열 변수의 메모리는 처음 실행되는 문자열 변수에서 할당한 길이만큼 확보된다.

TIP
문자열 변수는 숫자 변수와 구별하기 위해 반드시 변수명 양쪽 끝에 " "(큰따옴표)를 붙여준다.

예) A$ ="",80 → 80바이트 확보됨.
    A$ ="ABC" → 할당 길이가 생략되어 있으므로 문자열 길이(3바이트) 만큼 확보됨.

변수의 정의와 선언

변수의 정의는 변수는 만들고 값을 할당하는 것이고, 변수의 선언은 변수를 만들지만 값을 할당하지는 않는다. 일반변수는 대입문으로 정의하여야만 참조될 수 있다.

변수의 정의는 대입문에 의해 명시적으로 정의할 수 있고, 명령어 인수에서 묵시적으로 정의될 수도 있다.

```
* 명시적 정의
  A = 100
  A$ = "ABC"

* 묵시적 정의
  MESSAGEBOX "프로그램을 종료할까요?","질문",2,3,1,종료
  FOR i,0,10
  INPUT 10, 10, A$
```

MESSAGEBOX에서는 '종료'라는 결과변수가 묵시적 변수이며, FOR 문에서는 'i'가 묵시적 변수이고, INPUT문에서는 'A$'이 묵시적 변수로 사용되고 있다.

4. 프로그램 소스

> 실수형 변수는 #로 표시 하여 구분한다. 상태이다.

```
시작화면:
DSHAPE "back_logo.jpg",0,0,800,600,0,0,0 '배경 그림
PRINT 15,27,461,"ⓩⓒ9,,ⓖ15,1,1,ⓥ18, '교육용 소프트웨어 공모전 응모
       작"
PRINT 80,53,322,"ⓩⓒ9,,ⓖ15,1,1,ⓥ18, (초등학교 과학 3학년)"
PRINT 668,29,769,"ⓩⓒ9,,ⓖ15,1,1,ⓥ18, 개별 학습ⓨ8,ⓝ과학 분과"
PRINT 386,373,487,"ⓩⓒ0,,ⓖ15,1,1,ⓥ22, "
PRINT 17,500,496,"ⓩⓒ9,,ⓖ15,1,1,ⓥ18,'♣ 주 최 : ⓒ9,,ⓖ15,1,1,교육부"
PRINT 17,537,495,"ⓩⓒ9,,ⓖ15,1,1,ⓥ18,'♣ 주 관 : ⓒ9,,ⓖ15,1,1,멀티미디
       어교육지원센터"
PRINT 455,500,792,"ⓩⓒ9,,ⓖ15,1,1,ⓥ18,'♣ 개발자: ⓒ9,,ⓖ15,1,1,조덕형
       (인천화전초교)ⓝⓝⓞ100,,김윤식(인천안산초교)"
MUSIC "로고음악.mid",111,90 '로고 배경 음악
DSHAPE "game.bmp",77,142,427,70,1,0,0
              '게임이란 글자 그림
```

```
ANIMATE 12,1,1,0,1,0,25,50,3,772,555,327,458,400,290,,'개구리여행 움직
        임

IF 끝=1 '종료화면에 갔다가 오면 "끝"이란 변수값이 1이 되어 조건을 만
        족함
  FOR I,1,5 '끝이라는 글자를 입체감 있게 겹쳐서 출력함
    SOUND "다음에만나요.wav"
    DSHAPE "end.bmp",397-5*I,380-3*I,60+3*I,50+3*I,1
  NEXT
  PAUSE 5
  END
ENDIF

PRINT 569,396,691,"ⓩⓒ0,,ⓖ14,1,1,ⓥ18,아무키나..."
SOUND "안녕하세.WAV"
PAUSE 3 '3초 동안 화면 대기
PLAYOFF 0 '로고음악을 종료시킴

종료화면:
SOUND "프로종료.wav"
MESSAGEBOX "프로그램을 종료할까요?","질문",2,3,1,종료
IF 종료=1
  SOUND "예.wav"
  끝=1
  GOTO 시작화면
ENDIF
SOUND "아니요.wav"
```

PASS2000에서 사용되는 소리자료는 WAV, MP3, MID, SND, WMA, AIF, CDA 등의 확장자이다.

5. 주요 로직 다루기

변수의 정의

"끝=0"과 같이 변수값은 반드시 초기화시켜야 변수임을 지정할 수 있고 그 이후부터 그 변수의 저장 공간을 사용이 가능하다.

```
끝=0  '변수를 정의하면서 초기화 0으로 초기화시킴.

IF 끝=1  '종료화면에 갔다가 오면 "끝"이란 변수 값이 1이 되어 조건을 만족함
 FOR I,1,5  '끝이라는 글자를 입체감 있게 겹쳐서 출력함
   SOUND "다음에만나요.wav"
   DSHAPE "end.bmp",397-5*I,380-3*I,60+3*I,50+3*I,1
 NEXT
 PAUSE 5
 END
ENDIF
```

 시작화면과 초기화면을 구분하는 변수로 "끝"이라는 새로운 변수를 정의하며 그 변수값에 "0"이라는 값을 할당한다.

```
끝=0
```

이렇게 정의된 변수는 시작화면에서는 "IF 끝=1"이라는 조건을 만족하지 않으므로 "end.bmp"라는 끝이라는 그림글자를 출력하지 않고 시작화면이 출력되며 IF~ENDIF 사이의 소스를 실행하지 않고 뛰어넘어 지나가게 된다.

```
IF 끝=1
   ⋮
ENDIF
```

종료화면 표시

```
종료화면:
SOUND "프로종료.wav"
MESSAGEBOX "프로그램을 종료할까요?","질문",2,3,1,종료
IF 종료=1
  SOUND "예.wav"
  끝=1
  GOTO 시작화면
ENDIF
SOUND "아니요.wav"
```

MESSAGEBOX의 '종료' 라는 결과변수에서 [예]를 지정하면 종료변수값에 1이 저장되고 [아니오]를 지정하면 종료변수값에 2가 저장된다.

해설 MESSAGEBOX 명령의 속성값 중에서 결과변수를 "종료"라고 지정하면 [예]를 선택할 경우에는 종료라는 결과변수 값에 1값이 저장되고 [아니오]를 선택할 경우에는 결과변수값에 2값이 저장된다.

```
MESSAGEBOX "프로그램을 종료할까요?","질문",2,3,1,종료
```

따라서 MESSAGEBOX에서 저장된 결과변수값이 **"IF 종료=1"**이라는 조건에 만족하면 **"끝=1"**이라는 변수에 임의로 1값을 저장하고 "시작화면"이라는 레이블을 찾아가게 된다. 이렇게 찾아간 "끝=1"이라는 변수값은 시작화면 레이블의 **"IF 끝=1"**이라는 조건을 만족하게 되므로 끝이라는 그림글자를 출력하여 종료화면으로 사용하게 된다.

```
IF 종료=1
  SOUND "예.wav"
  끝=1
  GOTO 시작화면
ENDIF
```

6. 관련 명령어

MESSAGEBOX

MESSAGEBOX	[메시지], [제목], [단추표시], [아이콘표시], [초기단추번호], [결과변수]

MESSAGEBOX 속성값 중에서 메시지, 제목은 문자열이므로 반드시 " "(따옴표)를 표시하고 마지막 속성값인 결과변수는 그대로 지정한다.

기능 메시지 창을 출력한다.

인수
- 메시지(문자열) : 창에 출력시킬 메시지 내용
- 제목(문자열) : 창의 제목 표시줄에 출력시킬 제목
- 단추표시(코드) : 창에 출력시킬 단추의 종류. 생략하면 0
- 아이콘표시(코드) : 창에 출력시킬 아이콘의 종류. 생략하면 0
- 초기단추번호(코드) : 출력된 단추에서 처음에 선택 표시될 단추의 번호. 생략하면 1
- 결과변수(숫자변수) : 선택된 단추의 번호를 저장할 변수. 단추의 번호는 1부터 시작됨. 생략하면 선택된 단추번호를 돌려받지 않음.

설명 대화상자를 출력시켜 메시지를 표시하는 기능이다. 선택된 단추의 결과는 결과변수로 저장된다. 단추의 결과값은 출력된 단추의 순번(1부터 시작)이다. 메시지의 문자열에서 다음 줄로 줄바꿈을 하려면 CHR(13) 함수를 사용한다. 취소단추가 출력되었을 때 Esc 키를 누르면 취소 단추가 눌려진 것으로 처리된다.

보기
messagebox "A: 드라이브에 1번 디스켓을 삽입하십시오!",
"MESSAGEBOX(알림판) 연습",0,1
messagebox "프로그램을 종료할까요?",,2,3,2,종료
messagebox "변경된 프로그램을 저장할까요?",,3,3,1
messagebox "프린터에 문제가 발생했습니다."+chr(13)+chr(13)+
"재시도할까요?","프린터오류",5,4,2,재시도

7. 실습 과제

시작화면과 종료화면을 만들고 두 개의 화면을 중복해서 사용할 수 있도록 하고 종료화면에는 "수고하셨습니다"라는 글자가 나타나도록 프로그램을 만들어 봅시다.

🦉 프로그램을 해결하는 방법

① "끝"이라는 변수를 지정하고 0으로 초기화시킨다.
② 시작화면 화면편집기에서 디자인 한다.
③ IF 끝=1~ENDIF라는 조건 사이에 "수고하셨습니다"라는 글자가 출력되도록 설정한다.
④ 종료화면의 MESSAGEBOX 명령의 결과변수에 "종료"라는 변수명을 지정한다.
⑤ IF 종료=1 ENDIF라는 조건 사이에 "끝=1"이라는 임의의 변수값을 지정하고 GOTO 시작화면이라는 명령을 삽입한다.

교육용 프로그램을 저작할 때 일반적으로 시작화면과 종료화면은 중복하여 활용한다.

2. RSELECT 명령을 이용한 차례화면 만들기

1. 프로그램 개요

WINDOW-EWINDOW 명령을 이용하면 배경을 지우지 않고 깨끗하게 지우면서 내용을 출력하는 데 많이 사용한다.

학습개요

교육용 소프트웨어를 만들 때 반드시 제작되어야 하는 화면이 학습차례 화면이다. 이러한 학습차례화면은 다른 학습 화면보다 더 많이 찾아보는 화면이므로 학생들에게 동기유발이 될 수 있는 재미있는 화면으로 구성하는 것이 좋다.

일반적으로는 SELECT 명령을 이용하여 규칙적이며 정형화된 느낌의 학습차례 화면을 만드는 경우가 대부분이다. 하지만 RSELCET 명령의 투명 속성을 이용하면 재미있는 배경그림을 이용하여 보다 흥미로운 학습차례 화면을 구성할 수 있다.

미리보기

III. PASS2000과 친해지기

 ## 2. 실행화면 알아보기

왼쪽 배경에 있는 격자무늬는 포토샵의 EYECANDY라는 필터 중에서 WEAVE 기능을 이용하여 만든다.

 배경그림을 PHOTOSHOP 6.0이나 PAINTSHOP 7.0 등의 그래픽 프로그램의 필터 기능을 이용하여 디자인한다.
 8개의 선택그림에 투명 선택영역을 지정하여 각 선택을 지정했을 때 설명그림과 분홍색 물방울이 나타나 그 선택영역을 지정한 것을 확인한다.

```
RSELECT선택,3,0,1,15,보조,8,403,144,539,246.............
```

3. 프로그램 선수학습

 RSELECT의 8개의 좌표값을 지정하는 방법은 객체속성창의 항목영영1부터 8까지 4개의 좌표를 구분하여 위치를 확인한다. 이 위치값은 인수값을 따로 지정하지 않고 화면편집기의 RSELECT 메뉴를 지정하고 항목 추가 조절점인 녹색점을 드래그하여 항목 개수를 추가한다.

> **TIP**
> RSELECT 화면편집기에서 좌측 상단에 있는 녹색조절점으로 항목을 추가한다.

```
RSELECT 선택,3,0,1,15,보조,8,403,144,539,   ← 항목1
                       246,421,312,550,   ← 항목2
                       421,235,317,347,   ← 항목3
                       429,34,280,129,    ← 항목4
                       420,664,230,782,   ← 항목5
                       370,174,481,267,   ← 항목6
                       570,696,468,788,   ← 항목7
                       579,712,8,778,77   ← 항목8
```

 화면편집 화면

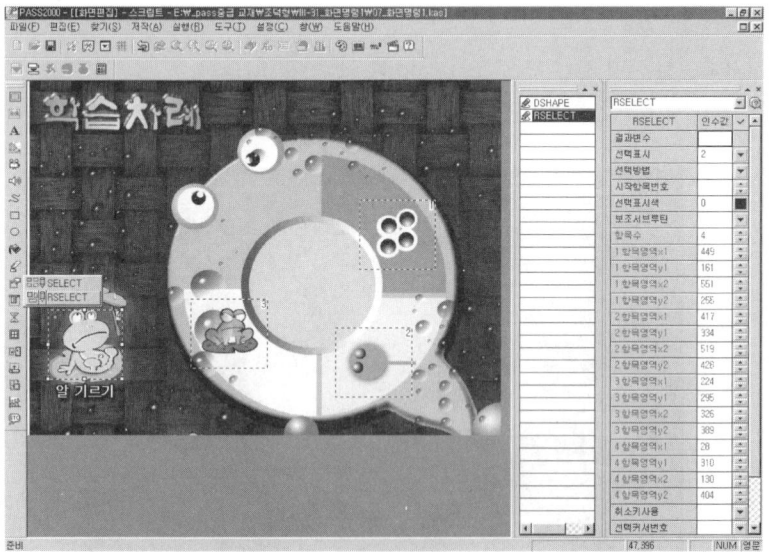

4. 프로그램 소스

PASS2000에서 사용되는 그림파일의 포맷은 BMP, JPG, GIF, WMF 등이다.

```
SCREEN 0,1,0,0,800,600,,2,0
FONTSET "굴림"  '글꼴을 굴림체로 지정

차례화면:
DSHAPE "back_menu.jpg",0,0,800,600,0,0,0  '배경그림
RSELECT선택,3,0,1,15,보조,8,403,144,539,246,421,312,550,421,235,317,
        347,429,34,280,129,420,664,230,782,370,174,481,267,570,696,468,
        788, 579, 712, 8,778,77
ONGOTO 선택,학습1-1,학습2-1,학습3-1,학습4-1,학습5-1,게임공부,게임
        문제,차례종료


SUB 보조  '선택될 설명이 나타나는 보조루틴
   EWINDOW
   WINDOW 21,15,782,553,0
   SOUND "frog.wav"
   IF SEL{}=1  '메뉴 중 첫 번째 항목을 선택하면..
      DSHAPE "frog_1.bmp",395,143  '개구리알 그림글자 출력
      PRINT 310,230,456,"ⓏⒸ0,,Ⓥ15,Ⓨ10,☞ 개구리알의 붙어있는 모
         양, 크기, 색깔 등 생김새에 대하여 공부합니다."
   ENDIF
   IF SEL{}=2
      DSHAPE "frog_2.bmp",467,316  '올챙이 그림글자 출력
      PRINT 310,230,456,"ⓏⒸ0,,Ⓥ15,Ⓨ10,☞ 올챙이의 생김새, 헤엄치
         는 모양, 먹이를 먹는 모양에 대하여 공부합니다."
   ENDIF
   IF SEL{}=3
      DSHAPE "frog_3.bmp",282,379  '개구리 그림글자 출력
      PRINT 310,230,456,"ⓏⒸ0,,Ⓥ15,Ⓨ10,☞ 개구리의 생김새와 개구리
         와 올챙이의 다른 점에 대하여 공부합니다."
   ENDIF
   IF SEL{}=4
```

```
    DSHAPE "drop.bmp",54,230,,,1  '분홍색 물방울 출력
    PRINT 310,230,456,"ⓩⓒ0,,ⓥ15,ⓨ10,☞ 개구리알이 올챙이로 변하
      는 과정에 대하여 공부합니다."
ENDIF
IF SEL{}=5
    DSHAPE "drop.bmp",640,217,,,1
    PRINT 310,230,456,"ⓩⓒ0,,ⓥ15,ⓨ10,☞ 올챙이가 개구리로 변하는
      과정에 대하여 공부합니다."
ENDIF
IF SEL{}=6
    DSHAPE "drop.bmp",160,488,,,1
    PRINT 310,230,456,"ⓩⓒ0,,ⓥ15,ⓨ10,☞ 화살 맞추기 게임을 하면
      서 개구리에 관한 사진을 공부합니다."
ENDIF
IF SEL{}=7
    DSHAPE "drop.bmp",680,431,,,1
    PRINT 310,230,456,"ⓩⓒ0,,ⓥ15,ⓨ10,☞ 폭탄격추 5지 선다객관식,
      떨어지는 주관식문제, 낱말퍼즐 문제,두더지 게임"
ENDIF
IF SEL{}=8
    DSHAPE "drop.bmp",646,19,,,1
    PRINT 310,230,456,"ⓩⓒ0,,ⓥ15,ⓨ10,☞ 학습을 마치고 프로그램을
      끝냅니다."
ENDIF
ENDSUB
```

… III. PASS2000과 친해지기

5. 주요 로직 다루기

ONGOTO 분기문

```
차례화면:
DSHAPE "back_menu.jpg",0,0,800,600,0,0,0 '배경그림
RSELECT 선택,3,0,1,15,보조,8,403,144,539,246,421,312,550,421,235,317,
        347,429,34,280,129,420,664,230,782,370,174,481,267,570,696, 468,
        788, 579, 712, 8, 778, 77
```

SELECT, RSELECT 명령 등에서 보조루틴은 레이블로 분기할 수 없고 반드시 SUB문을 이용한다.

해설 RSELECT 명령의 첫 번째 인수인 "선택"이라는 변수는 8개의 항목 개수를 선택했을 때 몇 번째를 선택했는지 저장되어진다.

```
ONGOTO 선택,학습1-1,학습2-1,학습3-1,학습4-1,학습5-1,게임공부,게임
       문제,차례종료

'분기할 학습 레이블 8개
학습1-1 :
학습2-1 :
학습3-1 :
학습4-1 :
학습5-1 :
게임공부 :
게임문제 :
차례종료 :
```

해설 ONGOTO 명령은 RSELECT 명령에서 저장된 선택변수가 첫 번째 항목이면 "학습 1-1" 레이블로 분기하고 두 번째 항목이면 "학습 2-1" 레이블로 분기하는 다중 분기문을 나타낸다.

SEL{ } 함수

```
SUB 보조  '선택될 설명이 나타나는 보조루틴
    EWINDOW
    WINDOW 21,15,782,553,0
    SOUND "frog.wav"
    IF SEL{}=1  '메뉴 중 첫 번째 항목을 선택하면..
        DSHAPE "frog_1.bmp",395,143  '개구리알 그림 출력
        PRINT 310,230,456,"ⓩⓒ0,,ⓥ15,ⓨ10,☞ 개구리알의 붙어 있는
            양, 크기, 색깔 등 생김새에 대하여 공부합니다."
    ENDIF
         ⋮
    IF SEL{}=8
        DSHAPE "drop.bmp",646,19,,,1
        PRINT 310,230,456,"ⓩⓒ0,,ⓥ15,ⓨ10,☞ 학습을 마치고 프로그램을
            끝냅니다."
    ENDIF
ENDSUB
```

보조루틴에서 WINDOW 명령보다 EWINDOW를 먼저 지정하는 이유는 이전 윈도우를 모두 초기화하기 위해서이다.

해설 SEL{ } 함수는 SELECT, RSELECT 명령의 선택문의 정보를 구해주는 역할을 하며 아래 조건은 첫 번째 항목을 선택했으면이라는 조건을 만족할 경우 IF~ENDIF 안의 내용을 실행하게 된다. SEL{}은 SEL{0}처럼 정보 종류의 인수값 중에서 '0'이 생략된 것으로 현재 선택된 항목번호를 나타내며 첫 항목의 시작번호는 1부터 시작된다.

```
IF SEL{}=1  '메뉴 중 첫 번째 항목을 선택하면...
    ⋮
ENDIF
```

6. 관련 함수

SEL{ }

| SEL | { 문자열 } |

기능 선택문의 정보를 구한다.

인수 ● 정보 종류   0 현재 선택된 항목번호
　　　　　　　　　　(첫 항목번호는 1부터 시작)
　　　　　　　　1 현재 선택된 항목의 x좌표
　　　　　　　　2 현재 선택된 항목의 y좌표
　　　　　　　　3 현재 선택된 항목의 가로위치 (0부터 시작)
　　　　　　　　4 현재 선택된 항목의 세로위치 (0부터 시작)
　　　　　　　　5 입력값 : 사용자가 선택한 항목번호
　　　　　　　　　체크박스 단추일 경우에는 선택된 항목번호가
　　　　　　　　　비트조합된 값이 돌려진다.
　　　　　　　　　체크박스 단추가 아니면 SEL(0)과 같다.
　　　　　　　　6 정답
　　　　　　　　7 정오답 판정결과
　　　　　　　　　오답이면 0을, 정답이면 1을 돌려준다.

설명 불규칙하게 나열되어 있는 항목을 마우스나 방향키로 선택하게 하는 명령이다. 항목을 이동시키는 키는 방향키와 Home, End, PgUp, PgDn 키가 사용될 수 있으며, Enter 키나 마우스 왼쪽 단추를 눌렀을 때 선택된 항목의 번호가 결과변수에 저장된다. 취소키를 사용 가능하게 한 상태에서 Esc 키를 누르면 선택을 취소시키고 결과변수에 -1이 저장된다. 보조서브루틴에서 현재 선택된 항목에 대한 정보는 SEL( )함수를 사용하면 된다.
　문제 제시와 같이 사용자의 선택에 대한 정오답을 처리하려면 정답과 관련된 인수를 사용하여 정오답 처리를 바로 할 수가 있다.

SEL{ }함수는 SELECT 명령과 RSELECT 명령에서 선택변수를 이용할 때 주로 사용된다.

더 자세한 피드백을 처리하려면 피드백서브루틴에서 SEL()함수를 사용하면 된다.

실습 과제

RSELECT 명령과 SEL{ }함수를 이용하여 사람의 얼굴의 눈, 코, 입, 귀, 눈썹을 마우스로 클릭했을 때 그 각각의 기관이 하는 일을 설명으로 나타나도록 프로그램을 만들어 봅시다.

 **프로그램을 해결하는 방법**

① 화면편집기에서 사람의 얼굴을 그래픽 명령어를 이용하여 간단하게 그린다.
　(BOX, CIRCLE, ROUNDBOX, POLYGON)
② RSELECT명령을 이용하여 얼굴의 각 기관의 위치를 지정한다.
③ RSELECT 명령의 선택이라는 변수를 지정한다.
④ RSELECT 명령의 "보조" 루틴을 지정한다.
⑤ SUB 보조 안에 EWINDOW-WINDOW를 지정하여 설명 배경을 깨끗하게 지울 수 있게 지정한다.
⑥ 보조 SUB 명령 안에 SEL{}함수를 지정하여 각각의 선택영역을 지정하면 얼굴의 각 기관의 설명을 PRINT 명령으로 출력한다.

> **TIP**
> PASS2000에서 사용 가능한 동영상파일 포맷은 AVI, MPG, ASF, WMV, GIF, FLI, FLC 등이다.

III. PASS2000과 친해지기

3. 버튼이미지 제작하기

 프로그램 개요

학습개요

여러 다양한 프로그램을 사용하여 자료를 제작할 때 우선 사람들 눈에 들어오는 것은 디자인이다. 아무리 잘 짜여진 작품도 겉포장이 잘되어 있지 않으면 다른 사람들의 눈에 호감이 오지 않는 것은 사실이다.

이 차시에서는 이미지 프로그램을 사용하여 간단하게 그래픽 편집 및 제작에 대한 방법을 알아보고자 한다. 이 차시를 통해 웹 상에서 자료를 다운 받는 방법과 화면을 캡쳐하는 방법, 이미지를 합성하여 새로운 버튼 이미지를 생성하는 방법을 알아보고자 한다.

학습내용

1. 웹 상에서 필요한 이미지 다운받아 활용하기
2. 다운받을 수 없는 이미지 캡쳐하기
3. 캡쳐한 이미지 편집하여 활용하기
4. 여러 이미지 합성하기
5. 포토샵으로 간단한 버튼 만들어보기

ICT 활용 교육을 위한 PASS 2000 2.0의 실제

2. 주요 화면 알아보기

이미지 캡쳐하여 활용하기

주요기능(1)

페인트샵으로 이미지 캡쳐하기

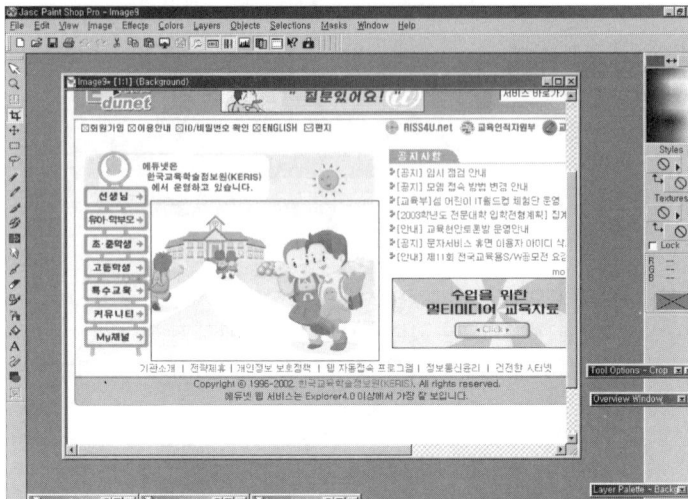

직접 버튼 제작하기

주요기능(2)

포토샵으로 버튼 만들기

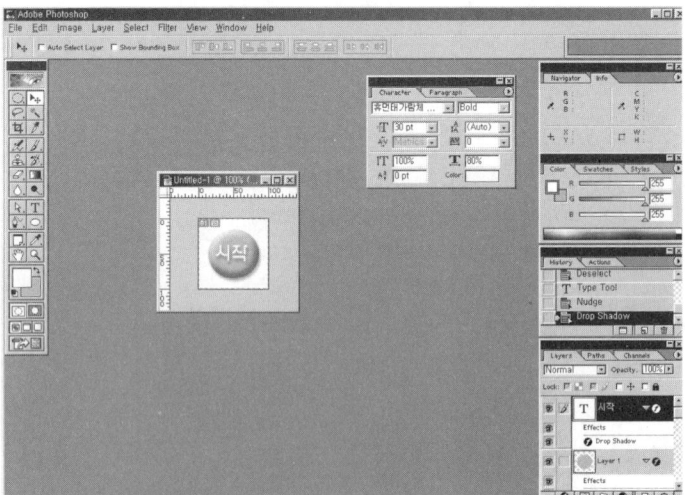

III. PASS2000과 친해지기

3. 웹 상에서 이미지 다운 받기

아이콘 사이트에서 다운 받기

아이콘 사이트 방문하기

1. 검색엔진에서 아이콘을 클릭하여 원하는 아이콘 사이트에 들어간다.

※ 유용한 아이콘 사이트
http://iconnara.pe.kr/(아이콘 나라)
http://supericon.superboard.com/main.php(3돌이 아이콘 뱅크)
http://home.kosha.net/~icongage/(아이콘 가게)
http://icon4u.new21.org/(착한이네 아이콘나라)
http://koreacartoon.hihome.com/(아이콘 사랑나라)

원하는 아이콘 다운 받기

1. 원하는 아이콘을 선택한다.
2. 오른쪽 마우스 버튼을 누르고 [다른 이름으로 그림 저장]을 클릭한다.
3. 원하는 위치에 아이콘을 저장하여 [확인]버튼을 누른다.

ICT 활용 교육을 위한 PASS 2000 2.0의 실제

일반 사이트에서 다운 받기

➡ 일반 웹 사이트를 방문한다.

평소에 마음에 들었던 아이콘으로 꾸며진 일반 사이트를 방문한다.

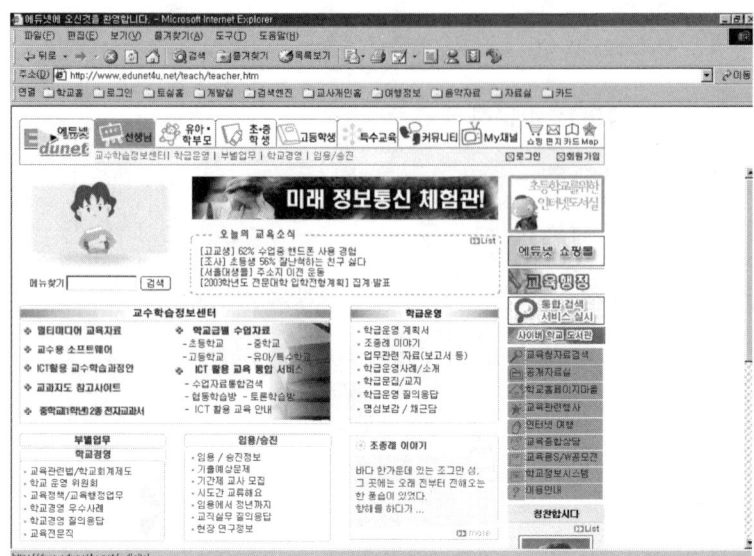

➡ 위의 방법과 마찬가지로 원하는 아이콘을 다운 받는다.

1. 원하는 아이콘을 선택한다.
2. 오른쪽 마우스 버튼을 누르고 [다른 이름으로 그림 저장]을 클릭한다.
3. 원하는 위치에 아이콘을 저장하여 [확인]버튼을 누른다.

※ 단 확장자명이 swf 등의 일반 그림이 아닌 경우 이미지를 다운 받을 수가 없다.

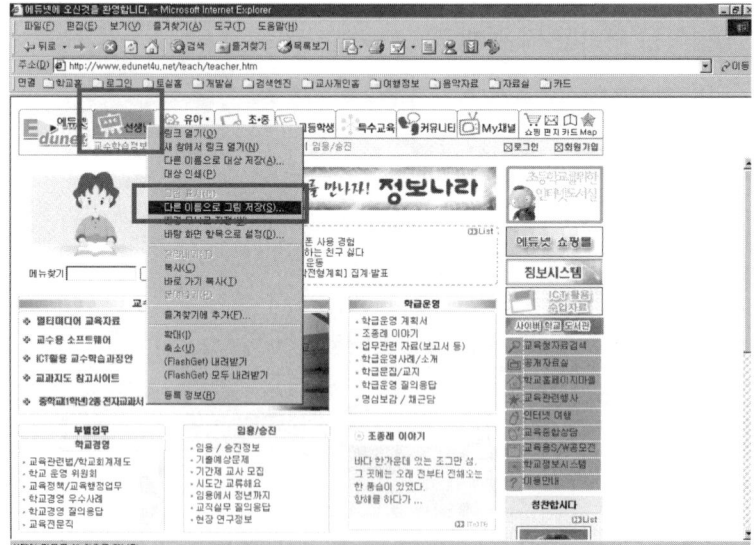

III. PASS2000과 친해지기

4. 이미지 캡쳐하기

캡쳐 프로그램 환경 설정

▶ PaintShop Pro에서 Screen Capture를 실행한다.

1. Paintshop Pro 를 실행한다.
2. [File]-[Import]-[Screen Capture]-[Setup]을 클릭한다.

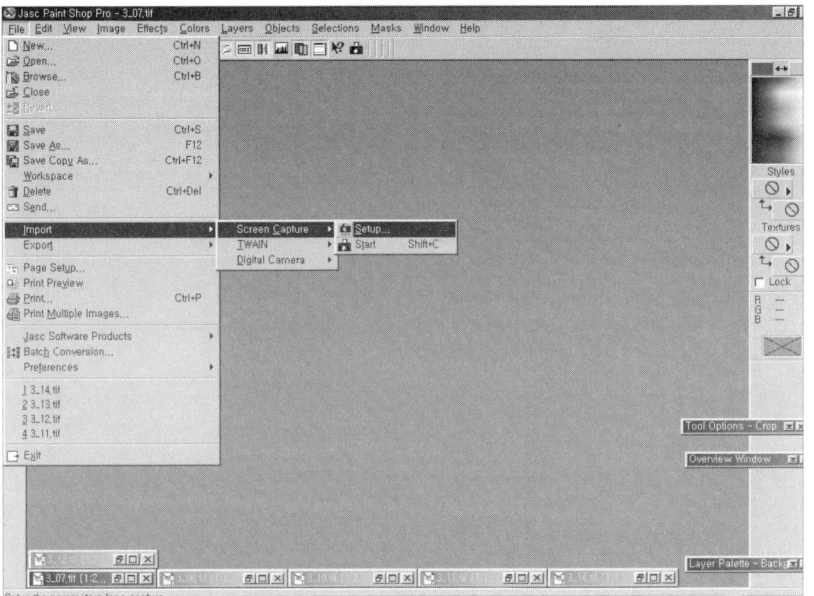

▶ Screen Capture의 환경을 설정하고 캡쳐를 시작한다.

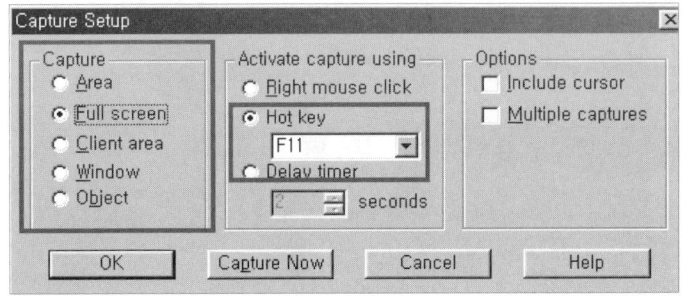

1. [Capture Setup]에서 Capture의 방법과, 캡쳐버튼(F11키)을 선택한다.
2. [OK] 또는 [Capture Now]를 클릭한다.

Capture	
Area	원하는 영역 마우스로 드래그하여 선택
Full screen	전체 화면
Client area	현재 활성화되어 있는 영역
Window	현재 활성화되어 있는 창
Object	마우스로 선택한 서브 메뉴

ICT 활용 교육을 위한 PASS 2000 2.0의 실제

캡쳐하기

1. 캡쳐하고자 하는 화면을 활성창으로 만든다.
2. F11키를 눌러 캡쳐하면 자동으로 캡쳐한 화면이 Paintshop Pro로 넘어간다.

➡ 원하는 화면을 활성창으로 만든다.

➡ 캡쳐해 온 화면을 원하는 부위만 잘라낸다.

1. 아이콘 을 선택한다.
2. 그림에 마우스를 대고 드래그하여 원하는 그림의 영역을 선택한다.
3. 선택한 후에는 마우스를 더블클릭하거나, Crop을 눌러 원하는 그림만 남기고 잘라낸다.

※ 원하지 않게 잘라진 경우 되돌리기 버튼 을 눌러 앞으로 진행하여 수정한다.

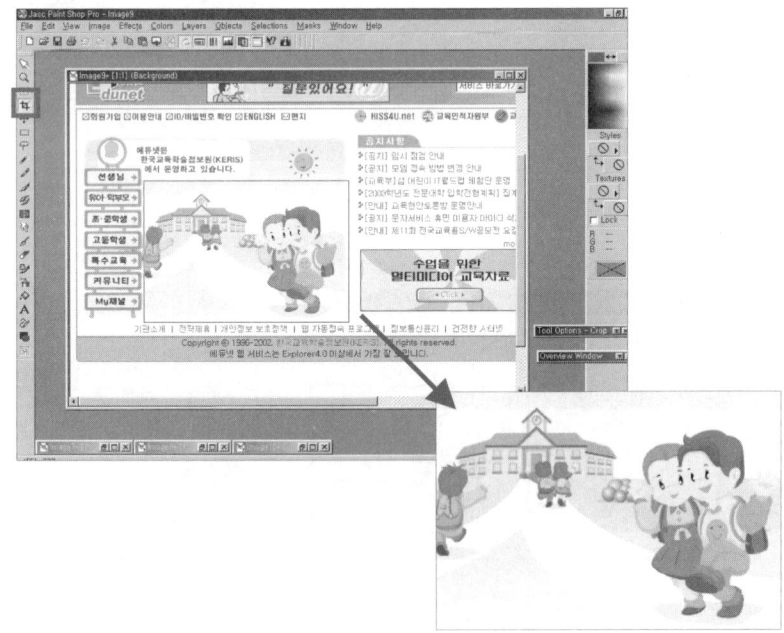

다른 이름으로 저장하기

➡ 다른 이름으로 저장한다.

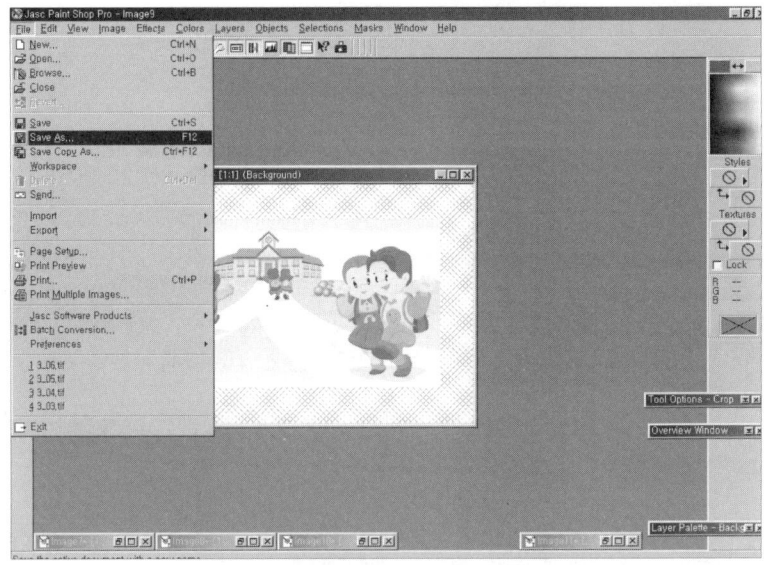

1. [File]-[Save] 버튼이나 [Save as]를 클릭하여 저장한다.

➡ 저장할 때 용도를 생각하며 확장자명을 선택한다.

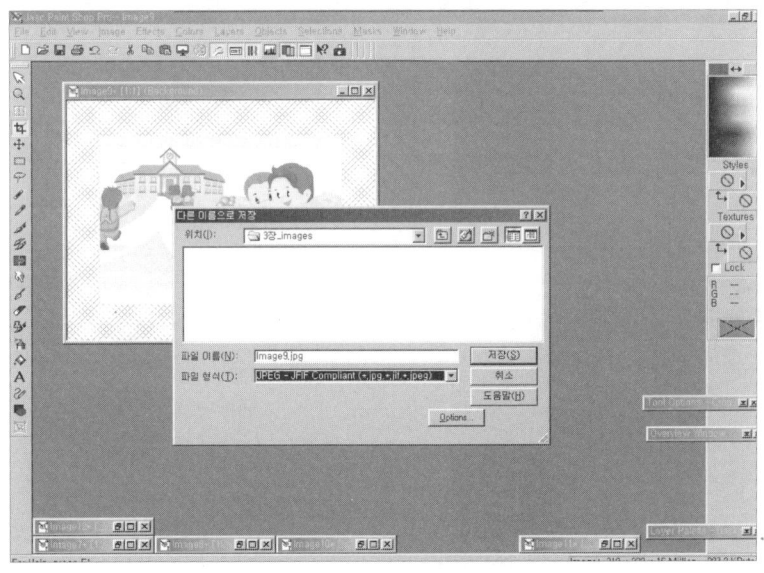

1. 저장시 확장자명에 유의한다.

※ 가장 많이 사용하는 확장자명 gif-단색의 작은 아이콘류 jpg-그림의 색이 많고 다양하지만 용량을 압축하고 싶은 경우

5. 이미지 캡쳐하여 편집하기

포토샵 실행하기

1. 바탕화면이나 [시작]-[프로그램]에서 Photoshop 을 클릭한다.

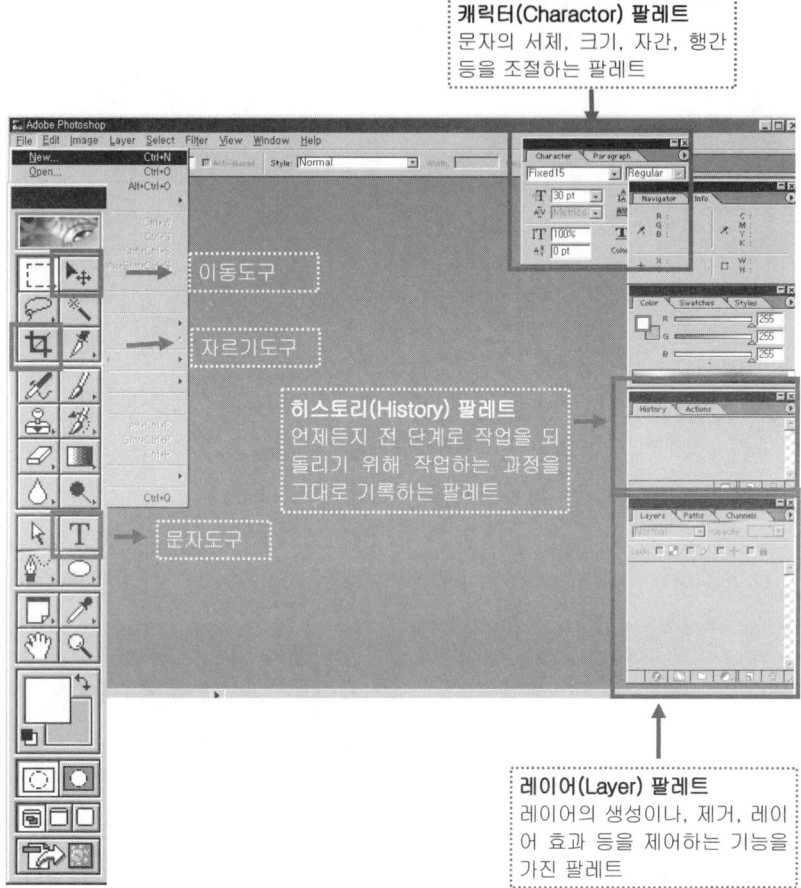

캐릭터(Charactor) 팔레트
문자의 서체, 크기, 자간, 행간 등을 조절하는 팔레트

히스토리(History) 팔레트
언제든지 전 단계로 작업을 되돌리기 위해 작업하는 과정을 그대로 기록하는 팔레트

레이어(Layer) 팔레트
레이어의 생성이나, 제거, 레이어 효과 등을 제어하는 기능을 가진 팔레트

이동도구
자르기도구
문자도구

III. PASS2000과 친해지기

새로운 화면(New) 열기 ②

➡ 새로운 작업 화면을 꺼내기 위한 속성을 지정한다.

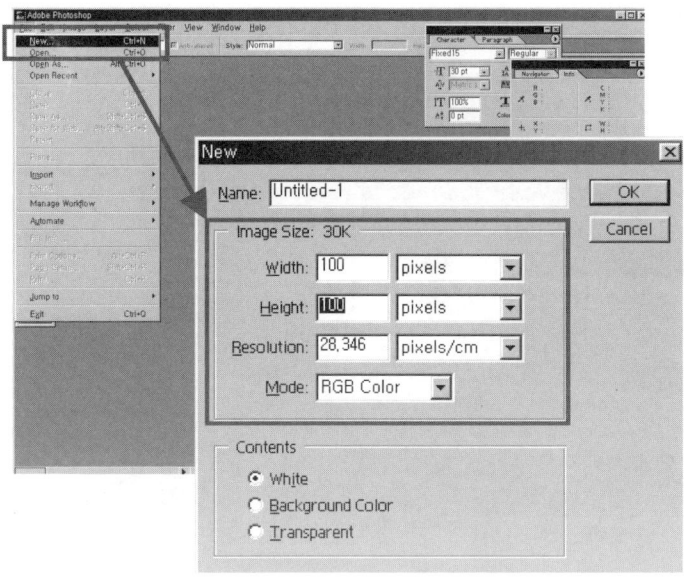

1. New를 클릭하여 새로운 작업화면을 꺼낸다.
2. [New] 대화상자에서 파일명과 가로 세로의 크기, 해상도, 이미지 모드, 바탕을 설정한 다음 [OK]버튼을 클릭한다.

New 대화상자	
Name	파일명 지정
Width	파일의 가로 크기
Height	파일의 세로 크기
Resolution	이미지의 해상도 설정
Mode	이미지의 컬러 모드 설정, 처음 설정은 RGB 모드로 지정해야 원활히 작업이 이루어짐
White	새로운 파일의 배경을 흰색으로 설정
Background color	새로운 파일의 배경색이 도구 상자의 배경색으로 설정
Transparent	새로운 파일의 배경을 투명으로 설정

➡ 새로운 작업 화면을 꺼낸다.

ICT 활용 교육을 위한 PASS 2000 2.0의 실제

기존 이미지 열기

▶ 새로운 작업 화면이 열려진 상태에서 일반 이미지를 꺼낸다.

1. 새로운 작업화면이 열려져 있는 상태에서 일반 이미지를 꺼낸다.
2. 포토샵 내에는 2개의 파일이 존재한다.

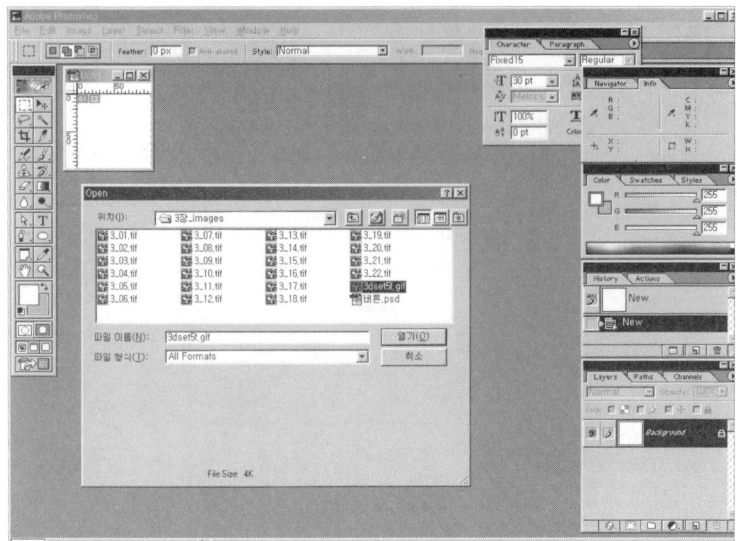

▶ 일반 이미지가 GIF 로 저장되어 있을 경우, 모드를 index에서 RGB 모드로 전환시켜준다.

1. [Images]-[Mode]-[RGB color]로 전환시킨다.
2. gif로 저장된 이미지의 경우, index 모드로 저장된다. 이 모드는 포토샵에서 편집이 불가능하기 때문에 편집이 가능한 RGB모드로 전환하여야 한다.

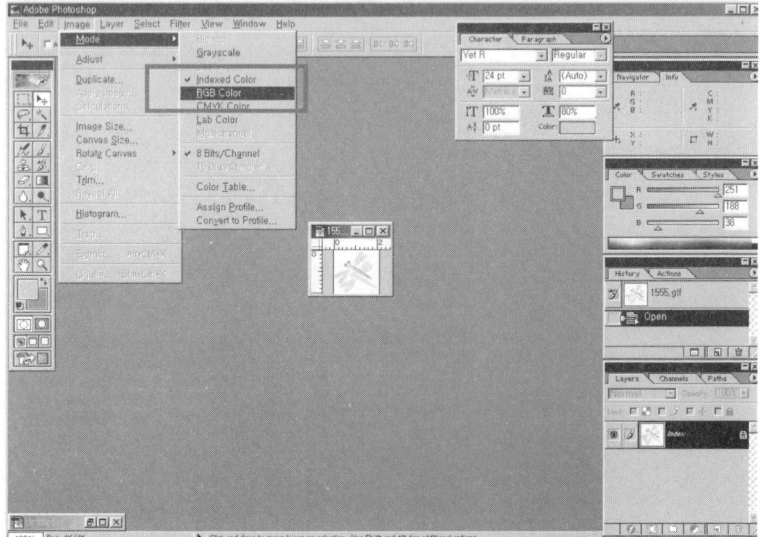

Ⅲ. PASS2000과 친해지기

이미지를 새 문서에 삽입하기

➡ 기존의 이미지를 새 문서에 드래그하여 넣는다.

> 1. 기존의 이미지를 드래그하여 새 문서로 넣는다.
> 2. 레이어 팔레트를 통해 다른 파일이 새 문서에 삽입되었는지를 확인한다.

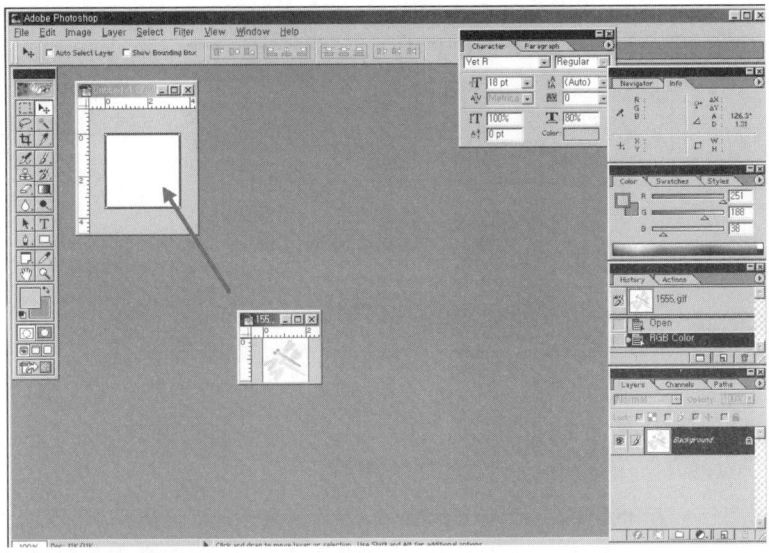

➡ 다른 파일이 새 문서에 삽입된 것을 확인한다.

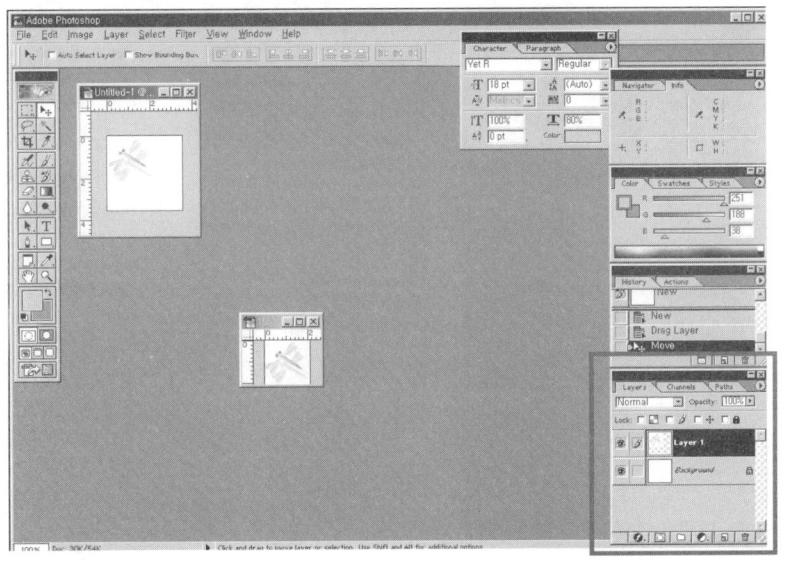

레이어 팔레트 기능	
	레이어 스타일 적용하는 기능
	레이어 마스크나 조정레이어가 선택되어 있음을 표시
	레이어 세트를 만들어 주는 기능
	조정 레이어를 만드는 기능
	새로운 레이어를 만들거나 선택하는 레이어를 복사하는 기능
	레이어를 삭제하는 기능

ICT 활용 교육을 위한 PASS 2000 2.0의 실제

▶ 캐릭터 팔레트 이해하기

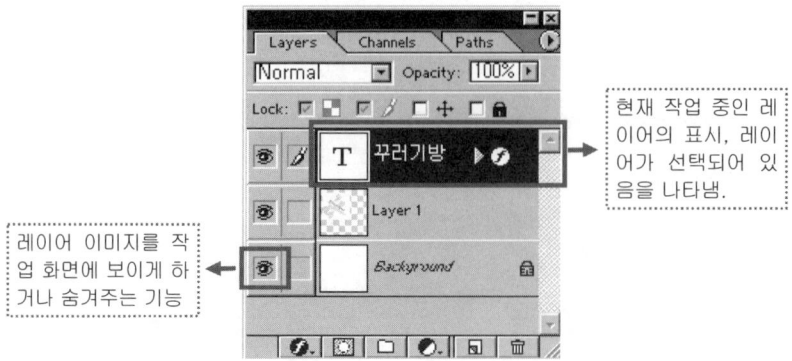

현재 작업 중인 레이어의 표시, 레이어가 선택되어 있음을 나타냄.

레이어 이미지를 작업 화면에 보이게 하거나 숨겨주는 기능

글자 삽입하기 ⑤

▶ 문자도구를 클릭 후 원하는 문서에 다시 한번 클릭한다.

1. 문자도구 를 클릭한다.
2. 글자를 삽입하고 싶은 곳에 마우스 커서를 댄다.
3. 레이어 팔레트에 글자 레이어가 삽입되었는지를 확인한다.

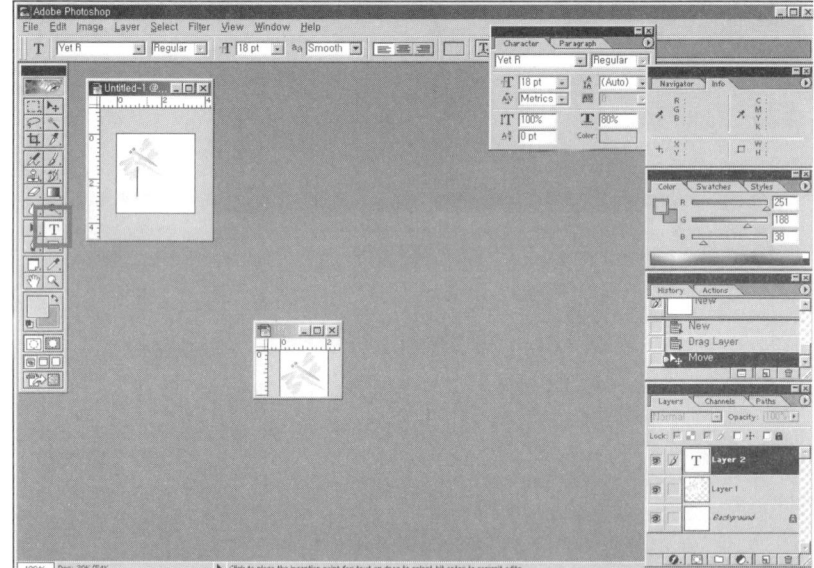

III. PASS2000과 친해지기

▶ 커서가 깜빡일 때 글자를 쓴다.

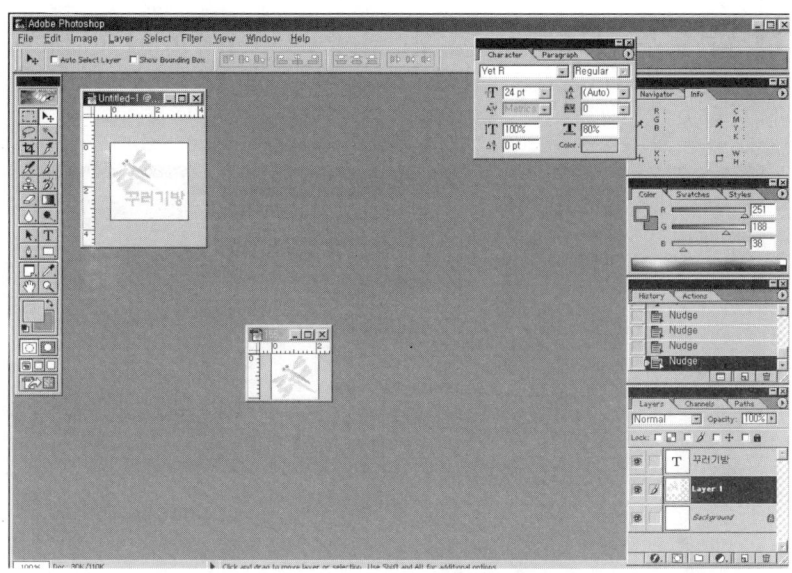

1. 커서가 깜빡일 때 글자를 삽입한다.
2. [캐릭터 팔레트]를 이용하면 글자의 색, 글꼴, 장평 등 글자를 다양하게 변화시킬 수 있다.
3. 글자와 그림의 위치를 수정할 때는 [레이어 팔레트]에서 수정해야 할 글자나 그림을 선택하고 ![버튼] 버튼을 클릭하여 키보드의 방향키로 조정한다.

▶ 캐릭터 팔레트 이해하기

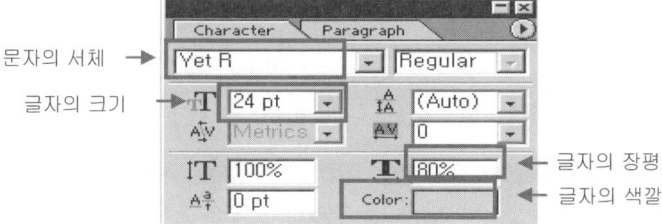

문자의 서체
글자의 크기
글자의 장평
글자의 색깔

Effect 효과 주기

1. New를 클릭하여 새로운 작업화면을 꺼낸다.
2. [New] 대화상자에서 파일명과 가로 세로의 크기, 해상도, 이미지 모드, 바탕을 설정한 다음 [OK] 버튼을 클릭한다.

▶ 효과를 주고 싶은 레이어를 활성화시키고, [Layer]-[Layer style]-[Drop shadow]를 클릭한다.

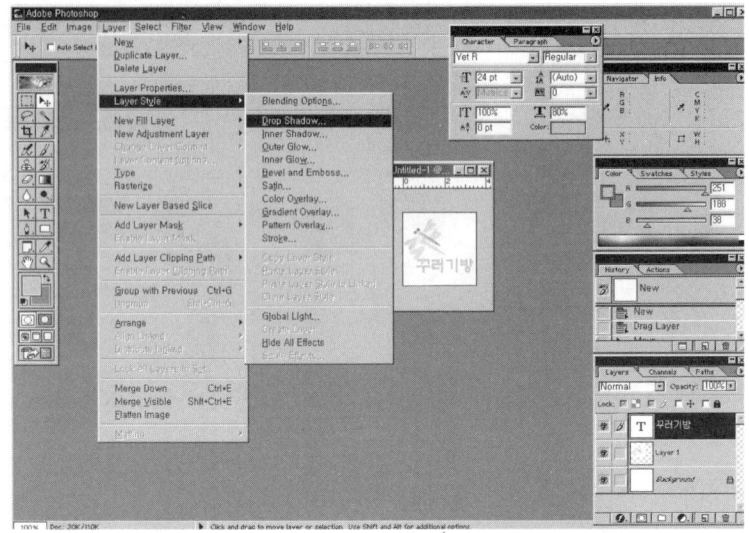

▶ [Layer style] 대화상자가 뜨면 그림자의 값을 수정하여 [OK]버튼을 클릭한다.

1. [Layer style]대화상자가 뜨면 Angle, Distance, Size 등의 그림자의 값을 설정한다.
2. 설정값이 끝나면 [OK] 버튼을 클릭한다.
3. 수정하고자 할 때는 해당 레이어를 더블 클릭한다.

Layer style 종류
Drop Shadow
Inner Shadow
Outer Glow
Inner Glow
Bevel and Emboss
Satin
Color Overlay

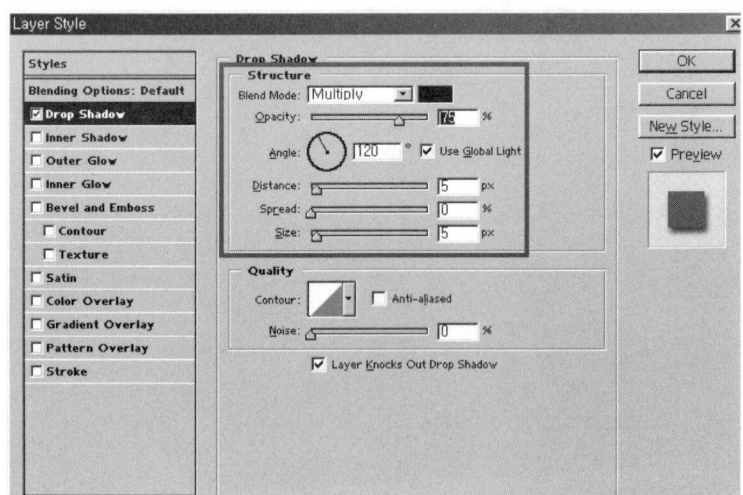

저장하기

▶ GIF로 그림을 저장한다.

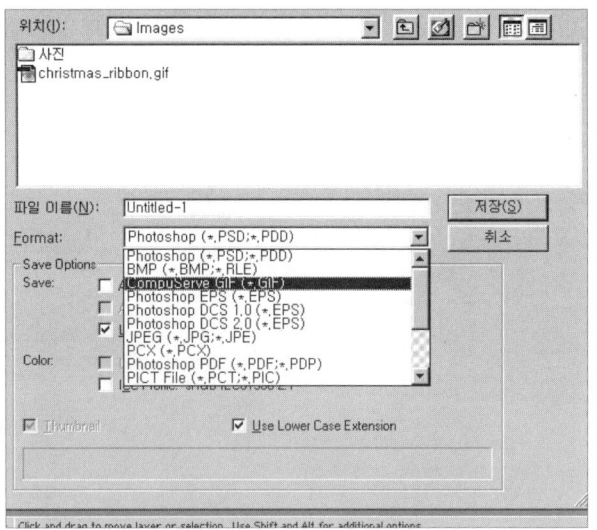

1. [File]에서 [Save]나 [Save As]를 클릭하여 그림이름과 확장자 명을 선택한다.
2. GIF의 경우 [Flatten Layer]를 [OK]하고, [Indexed color]를 [OK]하고 [GIF option]을 normal로 체크한다.

※ 각 파일마다 저장하는 방식이 조금씩 다르다.

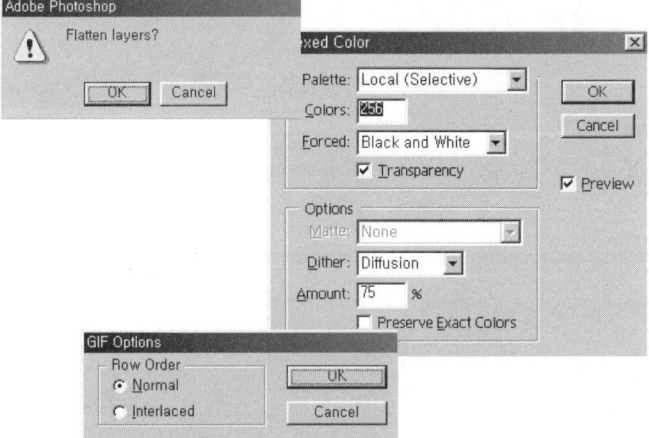

▶ 완성 이미지

6. 직접 버튼 제작하기

원 그리고 색 입히기

➡ 원형 선택도구로 원을 그린다.

1. [File]-[New]를 선택하여 새로운 작업화면을 꺼낸다.
2. 창 사이즈는 원하는 크기로 설정한다.
3. 아이콘에 마우스를 오래 클릭하여 원형 선택도구로 바꾸어준다.
4. 작업화면에 마우스를 찍고 드래그하여 원을 만든다.

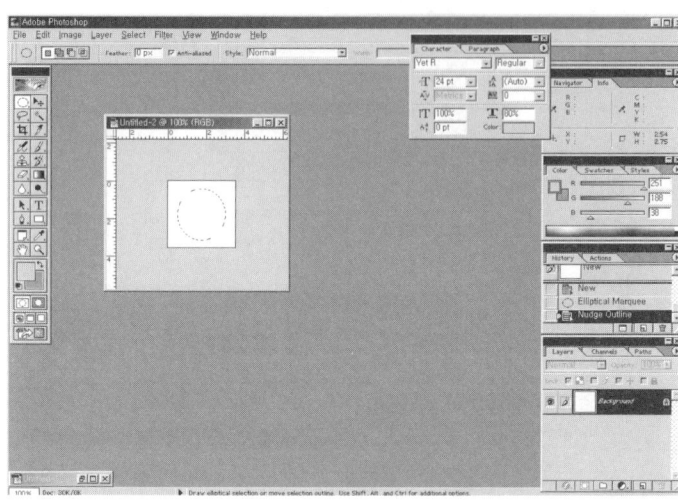

➡ 그린 원에 Ctrl+Delete로 색을 입힌다.

1. 먼저 Background에 새 레이어를 추가한다.
   (추가방법:[레이어 팔레트]에서 레이어 추가 버튼을 누른다.)
2. Ctrl+Delete을 눌러 원에 색을 입힌다.

Ⅲ. PASS2000과 친해지기

Layer Style 효과 넣기 ②

▶ [Layer Style]에서 Emboss 효과를 넣는다.

1. [Layer Style]에서 Emboss 효과를 넣는다.

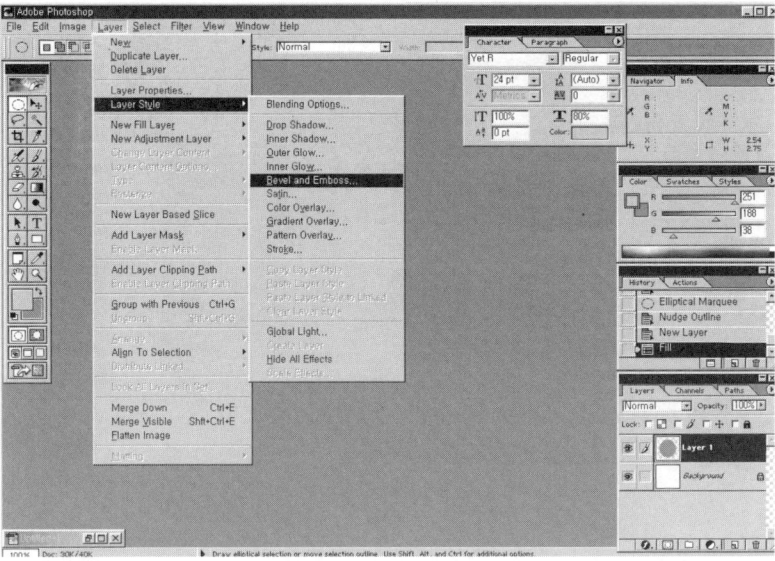

▶ [Layer Style]에서 Drop Shadow 효과를 넣는다.

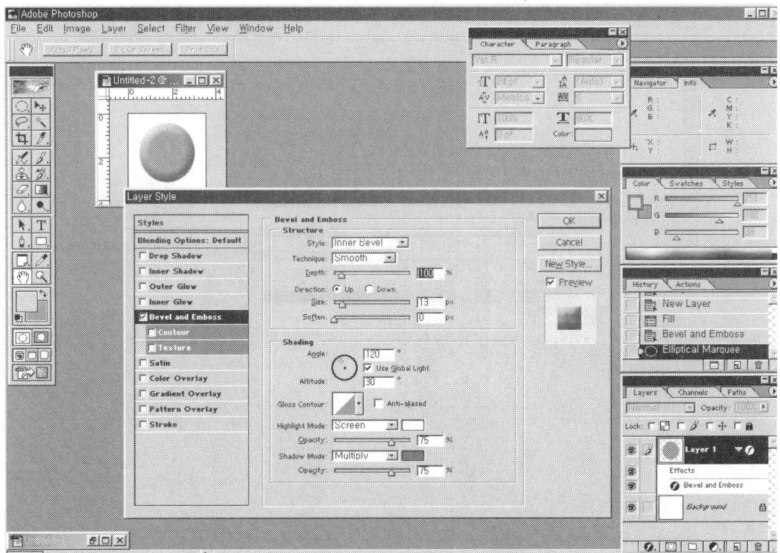

ICT 활용 교육을 위한 PASS 2000 2.0의 실제

글자 넣고 저장하기

1. 문자도구를 선택하여 글자를 넣는다.
2. 글자에 다른 Layer Style을 다양하게 효과를 넣는다.

➡ 버튼 안에 글자를 넣는다.

➡ 원하는 확장자명과 파일이름으로 저장한다.

1. [File]에서 [Save]나 [Save As]를 클릭하여 그림이름과 확장자명을 선택한다.
2. GIF의 경우 [Flatten Layer]를 [OK]하고, [Indexed color]를 OK 하고 [GIF option]을 normal로 체크한다.

※ 각 파일마다 저장하는 방식이 조금씩 다르다.

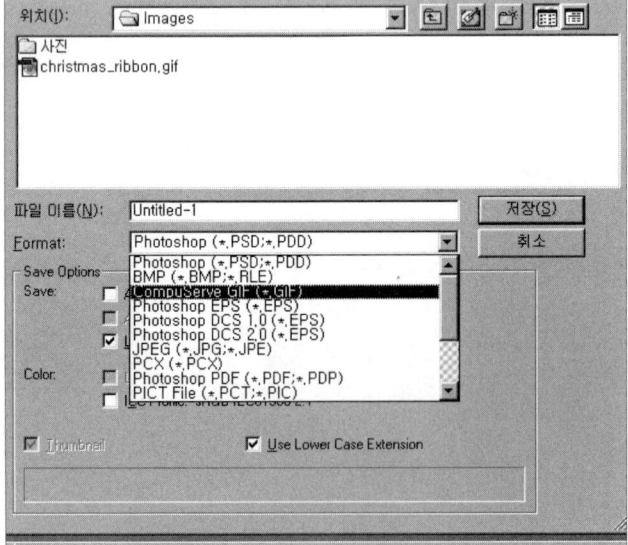

7. 실습 과제

❑ 배운 것을 토대로 프로그램에 활용될 버튼을 만들어 보시오.

조건

- 글자는 emboss 효과와 Drop shadow를 준다.
- 이미지는 인터넷에서 빈 버튼을 다운받아 활용한다.
- 다 만든 작품은 gif로 저장한다.

4. SHAPELOAD를 이용한 버튼 출력하기

 프로그램 개요

버튼그림을 일반적으로 여러 개의 조각을 그래픽 프로그램을 이용하여 붙여서 만들고 SHAPELOAD 명령으로 읽어 들인다.

학습개요

교육용 소프트웨어의 각 학습화면은 다른 화면으로 분기할 수 있는 버튼이 반드시 존재해야 한다. 이러한 버튼은 일반적으로 각 화면에서 매번 볼 수 있게 되므로 그래픽 프로그램으로 깔끔하게 디자인하여 버튼의 배경그림으로 사용한다.

또한 각 버튼은 모두 한꺼번에 붙여서 디자인하는 방식으로 만들어 SHAPELOAD라는 명령으로 메모리에 읽어 들인 후 BUTTONSET에서 버튼의 위치 및 기능을 설정하고 각각의 화면에서 BUTTONON이라는 명령으로 필요한 버튼을 출력하여 사용한다.

미리보기

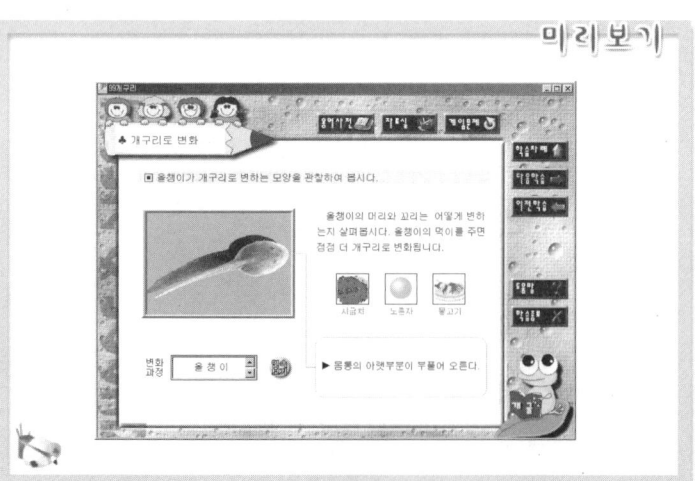

III. PASS2000과 친해지기

2. 실행화면 알아보기

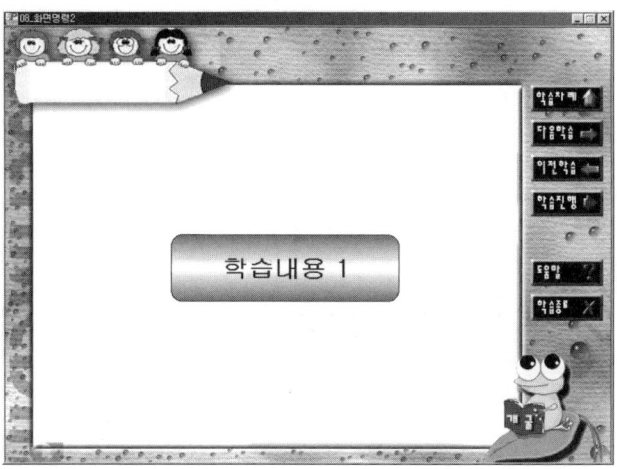

 **TIP**

일반적으로 버튼은 오른쪽 실행화면처럼 그래픽 프로그램을 이용하여 묶어서 사용한다.

SHAPELEAD 명령어로 미리 만들어 놓은 버튼을 BUTTONSET 명령어로 버튼의 위치를 지정하고 BUTTONON 명령에 의해서 출력된 화면이다.

SHAPELOAD 7,"mainbutton.bmp",22,2,11,0,0,95,35,0,0

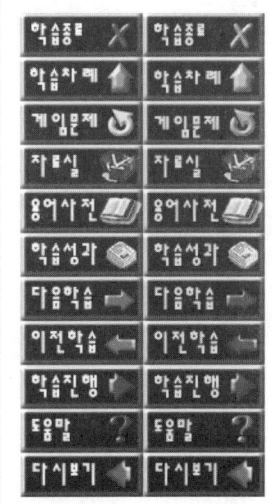

왼쪽과 같은 버튼이미지 제작은 PHOTOSHOP이나 PAINTSHOP에서 1개의 버튼을 제작한 후 가운데 있는 내용글씨와 아이콘만 수정하여 붙이기 하여 만든다.

이렇게 버튼을 한꺼번에 붙여서 만드는 이유는 PASS2000에서 모든 버튼을 한꺼번에 SHAPELOAD에서 읽어 메모리에 저장하기 위해서이다.

이렇게 저장된 그림은 SHAPE, ANIMATE, BUTTONSET 등의 명령 등으로 반복하여 화면에 출력할 수 있다.

3. 프로그램 선수학습

화면편집기에서 SHAPELOAD 그림 읽기 ①

SHAPELOAD의 화면편집 화면

SHAPELOAD 화면편집 1

1. 프로그램 편집기에서 화면편집기를 실행한다.
2. 화면 편집기의 왼쪽 메뉴 중 SHAPELOAD 아이콘을 클릭한다.
3. 임의의 그림번호를 지정한다.
4. 그림파일을 지정할 때 버튼그림을 불러온다.

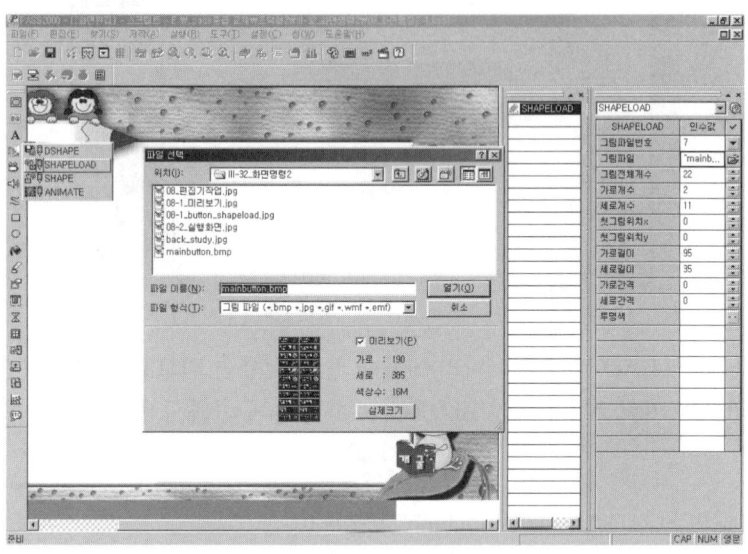

SHAPELOAD 화면편집 2

1. 가로 2개, 세로 11개의 그림개수를 지정한다.
2. 그림파일 시작 XY 위치를 (0,0)을 지정한다.
3. 그림 1개의 가로 세로의 길이를 지정한다.
4. 그림 사이의 가로 세로 간격을 지정한다.

III. PASS2000과 친해지기

화면편집기에서 BUTTONSET으로 버튼 위치 지정하기

BUTTONSET의 화면편집 화면

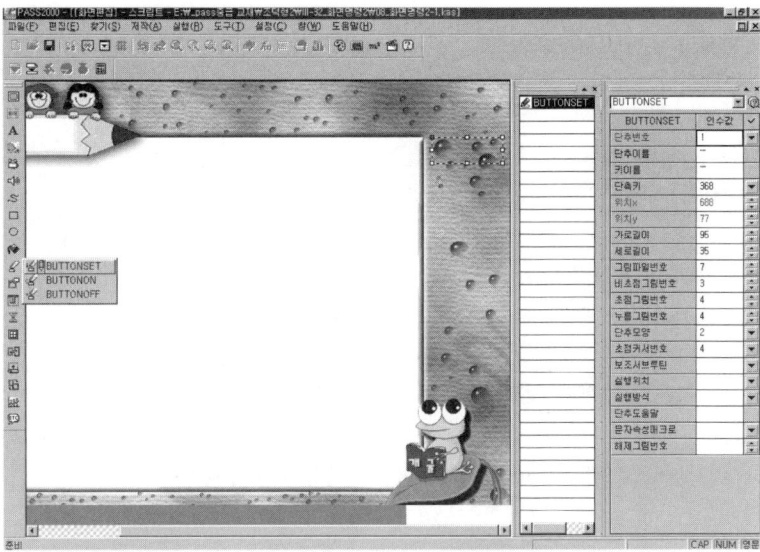

BUTTONSET 화면편집1

1. 프로그램 편집기에서 화면편집기를 실행한다.
2. 화면 편집기의 왼쪽 메뉴 중 BUTTONSET 아이콘을 클릭한다.
3. 단추번호를 1부터 지정한다.
4. 그림파일 번호는 SHAPELOAD로 지정한 7번을 반드시 지정해야 한다.

그림번호는 좌측 상단부터 1로 시작하며 우측 하단이 그 마지막 번호가 된다.

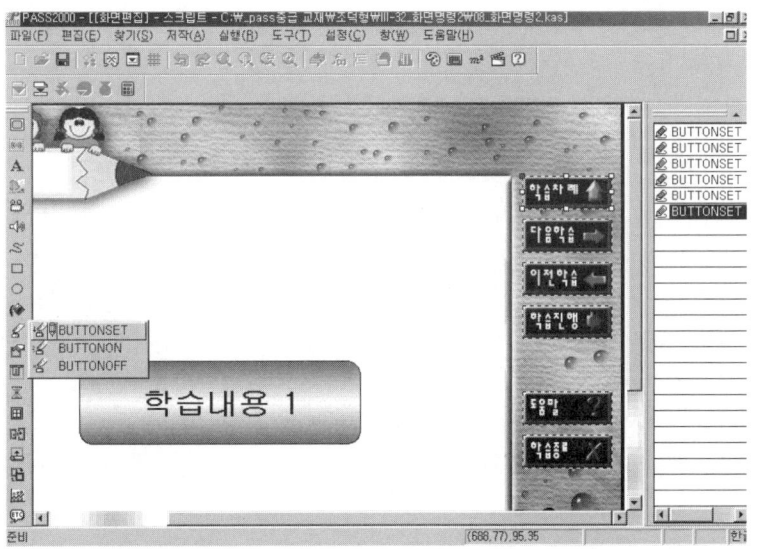

BUTTONSET 화면편집2

1. 단추의 가로, 세로길이를 일정하게 지정한다.
2. 단추그림 중 비초점그림, 초점그림, 누름그림을 각각 그림번호로 지정한다.
3. 초점커서 번호를 지정한다.
※ 일반적으로 그림번호는 좌측 상단이 1번으로 시작된다.

ICT 활용 교육을 위한 PASS 2000 2.0의 실제

4. 프로그램 소스

아래 그림번호는 좌측상단이 1번부터 시작되면 우측하단이 가장 마지막 번호가 된다.

※ 그림번호 배정

1	2
3	4
5	6
7	8
9	10
11	12
13	14
15	16
17	18
19	20
21	22

SCREEN 0,1,0,0,800,600,,1,0
FONTSET "굴림" '글꼴을 굴림체로 지정

'버튼그림 읽어 저장하기
SHAPELOAD 7,"mainbutton.bmp",22,2,11,0,0,95,35,0,0

'버튼 크기 및 위치 정하기
BUTTONSET 1,"","",368,688,77,95,35,7,3,4,4,2,4
'차례
BUTTONSET 2,"","",368,688,77+46*2,95,35,7,15,16,16,2,4
'이전
BUTTONSET 3,"","",368,688,77+46*1,95,35,7,13,14,14,2,4
'다음
BUTTONSET 4,"","",368,688,77+46*3,95,35,7,17,18,18,2,4
'진행
BUTTONSET 5,"","",368,688,77+46*5,95,35,7,19,20,20,2,4
'도움
BUTTONSET 7,"","",,688,77+46*6,95,35,7,1,2,2,2,4
'종료
학습화면:
DSHAPE "back_study.jpg",-3,-3,800,600,0,0,0 '배경그림
BUTTONOFF
BUTTONON 1,차례,0   '버튼 출력
BUTTONON 2,학습2,0
BUTTONON 3,게임문제,0
BUTTONON 4,진행,0
BUTTONON 5,도움,0
BUTTONON 7,종료,0
ROUNDBOX 218,274,516,362,30,30,0,"^G10,9,15,256",15,1,0
EDIT 286,303,544,357,1,"학습내용1",,"^F7,^S33,^B1,^C1,","E0x2328,0,1,"

```
차례:
PAUSE ,1
학습2:
PAUSE ,1
게임문제:
PAUSE ,1
진행:
PAUSE ,1
도움:
PAUSE ,1
다시:
PAUSE ,1
종료:
PAUSE ,1
```

단추번호는 임의로 지정하며 BUTTONSET 번호와 BUTTONON 번호가 일치하면 된다.

5. 주요 로직 다루기

BUTTONSET 설정

```
'버튼 크기 및 위치 정하기
'차례
BUTTONSET 1,"","",368,688,77,95,35,7,3,4,4,2,4
'이전
BUTTONSET 2,"","",368,688,77+46*2,95,35,7,15,16,16,2,4
'다음
BUTTONSET 3,"","",368,688,77+46*1,95,35,7,13,14,14,2,4
'진행
BUTTONSET 4,"","",368,688,77+46*3,95,35,7,17,18,18,2,4
'도움
BUTTONSET 5,"","",368,688,77+46*5,95,35,7,19,20,20,2,4
'종료
BUTTONSET 7,"","",,688,77+46*6,95,35,7,1,2,2,2,4
```

※그림번호 배정

비초점그림	초점 그림 누름 그림
1	2
3	4
5	6
7	8
9	10
11	12
13	14
15	16
17	18
19	20
21	22

BUTTONON 명령에서 SUB문을 지정할 경우에는 실행형식 속성값을 반드시 '1'로 지정해야 한다.

해설 BUTTONSET으로 설정된 각 버튼의 위치는 Y좌표값의 위치는 46만큼 아래로 일정 간격으로 내려가므로 [77+46*1]부터 [77+46*5]까지 위치값을 일정하게 지정하여 출력한다.

또한 각 비초점그림, 초점그림, 누름그림은 버튼의 출력그림을 보면서 그림번호를 일정하게 부여하게 된다.

초점커서 모양은 4로 지정하여 그 버튼 위에 마우스가 올려지면 손가락 모양으로 변하게 된다.

BUTTONON 설정

```
BUTTONON 1,차례,0    '버튼 출력
BUTTONON 2,학습2,0
BUTTONON 3,게임문제,0
BUTTONON 4,진행,0    '실행방식 0은 레이블로 지정할 경우
BUTTONON 5,도움,1    '실행방식 1은 SUB문으로 지정할 경우
BUTTONON 7,종료,1
ENDSUB
```

해설 BUTTONON 명령의 첫 번째 속성값 1,2,3,4,5,7 값은 단추번호로 지정된 값을 똑같이 사용하고 뒤에 있는 레이블은 같은 프로그램 안에 반드시 존재해야 하며 도움, 종료는 보통 SUB문으로 만들고 이렇게 SUB 문으로 만들면 실행방식을 1로 지정한다.

<그림번호>

버튼 종류	비초점그림	초점 및 누름 그림
종료	1	2
차례	3	4
게임	5	6
자료	7	8
사전	9	10
성과	11	12
다음	13	14
이전	15	16
진행	17	18
도움	19	20
다시	21	22

BUTTONSET에서 지정하는 비초점, 초점, 누름 그림은 위 그림과 같이 왼쪽과 같은 그림 번호를 지정하면 된다.

6. 관련 명령어

SHAPELOAD

SHAPELOAD	[그림파일번호], [그림파일], [그림전체개수], [가로개수], [세로개수], [첫그림위치x], [첫그림위치y], [가로길이], [세로길이], [가로간격], [세로간격], [투명색]문자열

기능 그림파일을 메모리에 읽어 들인다.

인수
- 그림파일번호(정수) : 읽어 들일 그림파일의 번호. 유효범위는 임의의 정수.
- 그림파일(문자열) : 읽어 들일 그림파일명(.BMP, .GIF, .JPG). 생략하면 정의된 그림파일번호의 그림을 재설정함.
- 그림 전체 개수(정수) : 그림 파일에서 사용할 그림의 총 개수.

SHAPELOAD의 그림번호는 중복 사용할 수 없으며 중복하면 이전에 읽어 들인 그림파일은 사라지게 된다.

생략하면 1.
- 가로 개수, 세로 개수(정수) : 그림파일에 가로와 세로로 나열된 그림의 개수. 생략하면 가로와 세로 모두 1.
- 첫 그림 위치 x, 첫 그림 위치 y(정수) : 첫 번째 그림이 시작되는 좌상 위치좌표. 생략하면 (0,0).
- 가로 길이, 세로 길이(정수) : 그림 하나의 크기. 생략하면 그림 전체 길이.
- 가로 간격, 세로 간격(정수) : 그림과 그림 간의 가로와 세로 간격. 생략하면 0.
- 투명색(정수) : SHAPE와 ANIMATE 명령에서 그림이 출력될 때 투명색으로 적용되는 색. 생략하면 0.

설명   그림파일을 메모리에 불러들이는 명령으로, 주로 한 파일에 여러 개의 그림을 저장한 후 애니메이션시키거나 빈번하게 사용되는 그림을 출력할 때 주로 사용된다. 이 명령으로 사용된 파일의 해제는 해제시킬 그림파일 번호만 지정하고 모든 인수를 생략하면 해제된다.

  이 명령으로 읽혀진 그림파일에 여러 개의 그림이 있다면 각각의 부분 그림에 그림 번호를 부여할 수 있다. 상단 좌측부터 차례로 그림 번호가 부여되며, SHAPE 명령으로 출력시킬 그림번호를 지정하여 각각의 그림을 출력하게 된다. 그림 번호는 1부터 시작되며 0은 그림 전체에 대한 번호로 사용된다. 불러들인 그림파일의 그림을 재설정하려면 그림파일명을 생략하고 재설정할 그림파일 번호와 이에 대한 그림 영역 설정을 다시 하면 된다.

보기

```
shapeload 1,"패스공.BMP",20,5,4,0,0,100,100,,,13 for i,1,20
  x=cos(rad(16*i))*240+280
  y=sin(rad(16*i))*180+180
  shape 1,i,x,y,,,1
  for j,1,20
    shape 1,j,280,180,,,2
  wait 1
  next
next
shape
```

```
pause
SHAPELOAD 1,"패스공.BMP",20,5,4,0,0,100,100,,,13
for i,1,20
  x=cos(rad(16*i))*240+280
  y=sin(rad(16*i))*180+180
  shape 1,i,x,y,,,1
  for j,1,20
    shape 1,j,280,180,,,2
    wait 1
  next
next
shape
```

SHAPELOAD로 읽어들인 그림은 ANIMATE, SHAPE, BUTTONSET 등의 명령으로 출력한다.

7. 실습 과제

위의 버튼 출력에 관한 그림 중에서 나머지 그림이 있는 [게임], [자료], [사전], [다시]의 버튼도 Y좌표를 달리하여 일정하게 출력할 수 있도록 프로그램을 만들어 봅시다.

일반적으로 [도움], [종료]등의 버튼은 레이블로 지정하지 않고 SUB문으로 지정한다.

 프로그램을 해결하는 방법

① 먼저 배경 그림을 지정하여 출력하고 그 위에 버튼그림을 출력할 수 있도록 버튼의 위치를 배정한다.
② SHAPELOAD 명령으로 maintbutton.bmp 그림을 불러들이고 일정한 규격으로 가로 세로 길이를 정한다.
③ BUTTONSET 명령으로 각 버튼의 위치를 Y 좌표만 달리하여 일정하게 출력한다.(세로로 출력할 때)
④ 비초점, 초점, 누름 그림번호를 지정한다.
⑤ 분기할 레이블 및 SUB문을 미리 만들어야 에러가 나지 않는다.
⑥ BUTTONON 명령으로 분기할 레이블 및 SUB문을 만들다.

5. IF~ENDIF 명령을 이용한 건강 진단하기

1. 프로그램 개요

> **TIP**
> 조건 명령어인 IF~ENDIF는 반드시 짝으로 실행되므로 개수가 똑같아야 에러가 나지 않는다.

학습개요

교육용 소프트웨어의 학습 화면을 만들다보면 다양한 경우에 따른 결과를 요구할 때가 많이 있다. 이렇게 어떤 입력 상황에 어떻게 결과를 나타나게 할 것인가를 제어할 수 있는 기능을 하는 대표적인 명령어가 IF~ENDIF인 것이다.
이러한 대표적인 프로그램의 예로 학습자에게 나이를 입력받고 각 각의 나이에 따른 답변을 여러 가지로 줄 수 있는 유형을 보여주고 있다. 여기서 WINDOW~EWINDOW 명령으로 각 결과 표시문을 깨끗하게 초기화시키는 예도 보여주고 있다.

미리보기

Ⅲ. PASS2000과 친해지기

2. 실행화면 알아보기

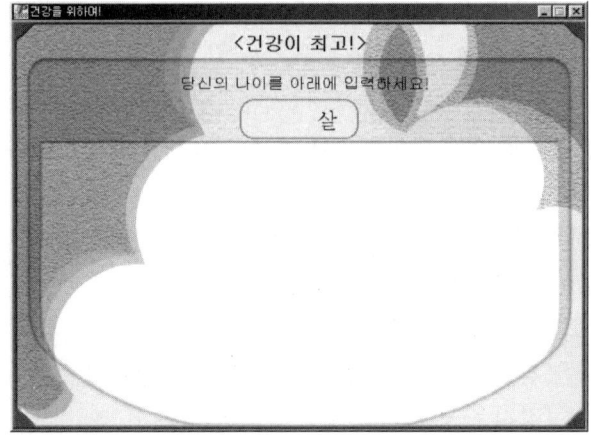

> **TIP**
> INPUT 명령에서 입력과 출력하는 숫자 크기를 같이 놓아야 입력한 글자가 오른쪽으로 스크롤 되지 않고 한눈에 모두 보인다.

학습자에게 INPUT 명령어를 이용하여 나이를 2자리로 입력받는 화면이다. 이 화면의 배경그림은 PHOTOSHOP 6.0이나 PAINTSHOP 7.0 등의 그래픽 프로그램의 필터 기능을 이용하여 디자인한다.

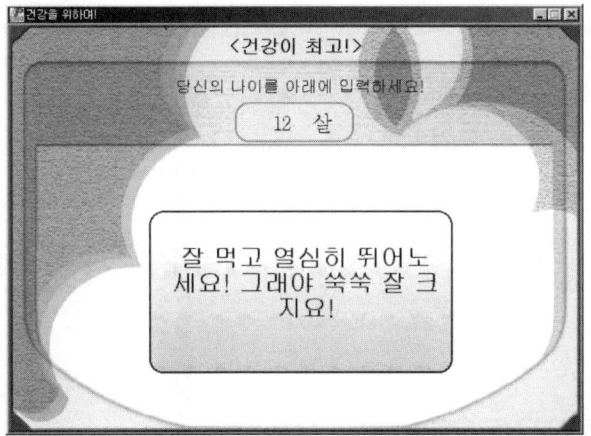

입력받은 나이에 따라 건강메시지를 10대, 20대, 30대, 40대, 50대, 60대 이상의 6가지 경우에 따라 출력해 준다.

ICT 활용 교육을 위한 PASS 2000 2.0의 실제 117

3. 프로그램 선수학습

 INPUT 명령은 학습자의 답을 입력받는 명령으로 커서 상태로 학습자의 답을 입력 받을 때 사용한다.

① 화면편집기로 들어가 마우스로 좌상단 시작점을 지정한다.
② 입력 저장변수를 'years'로 지정한다.
③ 입력 최대 문자수와 출력 최대 문자수를 2로 지정한다.
④ 초기값이나 글꼴은 그대로 기본값을 사용한다.
⑤ 글자 크기는 22p로 설정한다.
⑥ 문자색은 검은색 0, 배경색은 연분홍 46을 지정한다.
⑦ 나머지 설정값을 모두 기본값으로 실행한다.

```
INPUT 292,100,years,2,2,,,22,0,46,0   '나이 입력 받기
```

 **TIP**

프로그램 편집기에서 명령어의 객체속성을 기본 설정값으로 입력할 때는 속성값을 구분하는 쉼표(,)만 지정한다.

 화면편집 화면

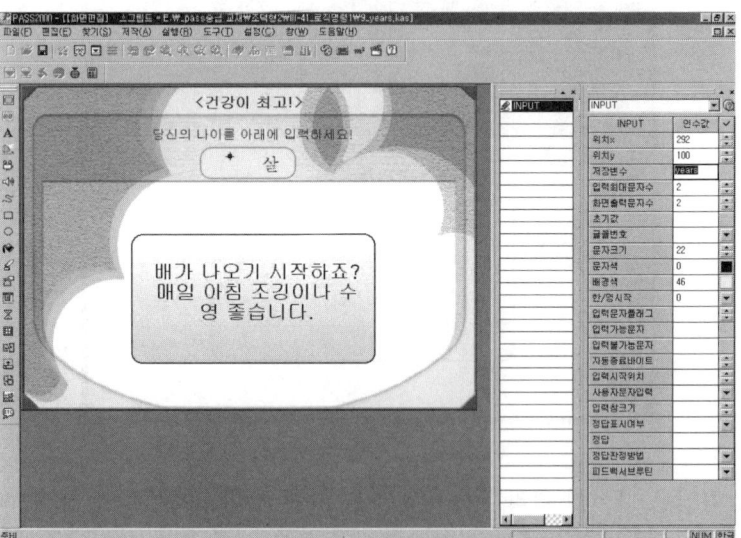

4. 프로그램 소스

```
'IF-ENDIF 활용예제
SCREEN 0,0,0,0,640,480,"건강을 위하여!",1,0,,15,"02_back.jpg",,640,480
EDIT 193,15,446,36,,"<건강이 최고!>",,"^F7,^S20,^A2,^B1,^CRGB(0xa
       80000),"
ROUNDBOX 252,88,382,131,30,30,13,"^G0,46,46,256",46,2,0
EDIT 186,61,490,87,,"당신의 나이를 아래에 입력하세요!",,,
       "^F7,^S18,^C0,"
PRINT 336,99,426,"ⓩ살"

시작:
dap$ = "",100 '문자변수 초기화(한글 50자까지 입력 가능)
EWINDOW '이전 설명 영역 지우기
INPUT 292,100,years,2,2,,,22,0,46,0
WINDOW 150,200,504,408,0 '설명이 출력될 영역 저장
ROUNDBOX 157,209,492,388,30,30,27,
         "^G3,43,15,256",15,2,0 '설명이 출력될 배경

SUB 인쇄
  EDIT 180,247,479,421,,dap$,,
         "^F7,^S28,^A2,^CRGB(0x0),"
  PAUSE ' 잠시 출력화면 보기
ENDSUB
IF 1 <= years & years <10
  dap$="어릴 때는 뭐든지 골고루 잘 먹어야 예뻐지고 힘도 세지지요!"
ENDIF

IF 10 <= years & years <20
  dap$="잘 먹고 열심히 뛰어노세요! 그래야 쑥쑥 잘 크지요!"
ENDIF
IF 20 <= years & years <30v
  dap$="젊었을 때 건강을 젊을 때 지켜야 합니다. 애인과 등산도 좋구요!"
```

SUB~ENDSUB도 반드시 SUB로 시작하면 ENDSUB로 그 끝을 지정해 주어야 에러가 나지 않는다.

논리연산자 중 '&'는 (AND) 기호이고 '|'는 (OR) 연산을 하는 기호이다.

```
ENDIF
IF 30 <= years & years <40
  dap$="배가 나오기 시작하죠? 매일 아침 조깅이나 수영 좋습니다."
ENDIF
IF 40 <= years & years <50
  dap$="술과 담배를 줄이세요! 그리고 스트레스 받지 말고 긍정적으로
        사세요!"
ENDIF
IF 50 <= years & years <60
  dap$="운동 중에 제일 좋은 운동이 걷는 운동이랍니다. 하루에 만보 걷
        기 약속!"
ENDIF
IF years > 60
  dap$="당신은 오래 살고 있습니다. 장수 만세!!"
ENDIF

CALL 인쇄
GOTO 시작
```

5. 주요 로직 다루기

WINDOW~EWINDOW

dap$="",100
위의 변수 선언은 100바이트만큼의 메모리를 할당하고 초기화시킨다는 의미이다.

```
시작:
dap$ = "",100  '문자변수 초기화(한글 50자까지 입력 가능)
EWINDOW  '이전 설명 영역 지우기
INPUT 292,100,years,2,2,,,22,0,46,0
WINDOW 150,200,504,408,0  '설명이 출력될 영역 저장
ROUNDBOX 157,209,492,388,30,30,27,
         "^G3,43,15,256",15,2,0  '설명이 출력될 배경
```

해설 EWINDOW~WINDOW는 건강메시지를 출력할 때 사용하는 배경으로 이렇게 WINDOW 명령을 사용하면 배경그림을 그대로 복구하여 사용할 수가 있다.

WINDOW 명령보다 EWINDOW를 먼저 사용한 이유는 이전에 있는 모든 WINDOW 명령을 초기화시키고 메시지를 깨끗하게 지우는 역할을 한다.

```
dap$ = "",100    '문자변수 초기화(한글 50자까지 입력 가능)
```

해설 'dap$'이란 문자변수는 INPUT 명령으로 입력받은 학습자의 나이에 따라 출력될 건강메시지를 저장할 공간을 할당하고 초기화시켜주는 변수선언문이다.

" "(따옴표)는 변수를 초기화시키는 역할을 하며 두 번째 속성값 '100'의 의미는 100바이트만큼의 메모리 공간을 할당하라는 것으로 영문 100글자를 저장할 수 있고 한글은 2바이트가 1글자이므로 50개의 글자를 저장할 수 있다. 이렇게 저장된 변수는 뒷부분의 EDIT 명령의 속성값으로 출력된다.

IF~ENDIF

```
IF 1 <= years & years <10
  .
IF 10 <= years & years <20
  .
IF 1 <= years & years <10
  .
IF 10 <= years & years <20
  .
IF 20 <= years & years <30
  .
IF 30 <= years & years <40
  .
```

보조루틴에서 WINDOW 명령보다 EWINDOW를 먼저 지정하는 이유는 이전 윈도우를 모두 초기화하기 위해서이다.

```
IF 40 <= years & years <50
    ·
IF 50 <= years & years <60
    ·
IF years > 60
```

해설 위의 7개의 조건은 모두 1~10세, 10대, 20대, 30대, 40대, 50대, 60대 이상 등의 건강메시지를 출력하게 하는 것으로 그 두 번째 조건을 자세히 알아보면 다음과 같다.

```
10 <= years & years <20
```

위의 조건은 10세 이상이고 20세 미만이라는 조건의 조합입니다.

10 <= years와 years <20 두 조건을 모두 만족

하는 것으로 "&" 표시로 (AND) 연산의 기호입니다. 이것은 두 조건을 반드시 모두 만족할 때만 참인 경우입니다. 이와 함께 많이 사용되는 것은 "|" (OR) 연산기호로 이것은 두 개의 조건 중 한 가지만 만족을 해도 참인 경우입니다.

6. 관련 명령어

IF

IF~ELSE~ENDIF와 함께 조건분기인 IFGOTO와 ONGOTO는 다중 분기문도 사용할 수 있다.

IF	{ 문자열 }

기능 조건식이 참인지 거짓인지를 판단한다.

인수	● 조건식(정수) : 참이나 거짓을 판단할 수 있는 조건식
설명	조건식의 결과값이 0이 아니면 참이고 0이면 거짓이다. 조건식이 참이면 IF문 다음 행부터 실행하고, 조건식이 거짓이면 ELSE문 다음 행부터 실행한다. 조건식이 거짓일 때 ELSE문이 IF 문 안에 없으면 ENDIF 다음 행으로 간다. 　IF 명령은 ENDIF와 짝을 이루어야 하며 중첩하여 사용할 수 있다.

WINDOW

WINDOW	영역x1, 영역y1, 영역x2, 영역y2, [창모양]

기능	창을 만든다.
인수	● 영역 x1, y1, x2, y2(정수) : 창을 만들 영역좌표. ● 창모양(코드) : 창의 모양. 생략하면 1.

코드	창모양
0	창모양 없이 영역만 저장
1	칠해진 창 모양
2	창 테두리만 그림

설명	WINDOW는 실행창 내부에 종속된 창을 만들게 되고, EWINDOW는 만든 창을 해제시킨다. 　창모양의 코드를 0으로 하면 창이 그려지지 않으므로 이 명령 사용 후 자유롭게 창 모양을 그려서 사용할 수 있다.

7. 실습 과제

IF~ENDIF를 이용하여 국어 점수를 입력받고 입력받은 점수를 5가지로 구분하여 수(90점 이상), 우(80점 이상 90점 미만), 미(70점 이상 80점 미

SUB문은 CALL문에 의해서 호출할 수 있으면서 SELECT, RSELECT문의 보조루틴이나 BUTTONON에서도 SUB문을 호출할 수 있다.

만), 양(60점 이상 70점 미만), 가(60점 미만)를 출력할 수 있도록 프로그램을 만들어 봅시다.

프로그램을 해결하는 방법

① 화면편집기에서 프로그램의 배경을 알맞게 디자인하고 국어 점수를 입력받을 수 있는 질문을 출력한다.
② "수, 우, 미, 양, 가"와 같은 메시지를 입력받을 수 있는 문자변수를 초기화시키고 할당 공간을 10바이트로 지정한다.
③ INPUT 명령을 이용하여 국어점수를 입력받을 수 있는 입력창을 만든다.
④ IF-ENDIF를 이용하여 5개의 조건을 지정합니다.
⑤ 2개의 조건을 만족하는 AND 연산기호를("&") 이용한다.
⑥ 메시지를 출력하는 공통 SUB문을 만들고 각 조건이 만족할 때마다 CALL 명령으로 메시지 출력 SUB문을 호출한다.

III. PASS2000과 친해지기

6. CONTROL 명령을 이용한 모둠 소개하기

 ## 프로그램 개요

학습개요

교육용 소프트웨어에서 주메뉴와 서브메뉴를 두어 분기해서 보여줄 필요가 있다. 특히 요즘 들어 인터넷상에서 주메뉴와 서브메뉴를 구분하여 메뉴를 구성하고자 하면 자바 스크립트나 자바 애플릿 등의 어려운 프로그램들을 활용해야 가능하다.

하지만 PASS2000이 VER 2.0으로 업그레이드되면서 CONTROLON, CONTROLSET 등의 명령어가 추가됨으로써 이러한 서브메뉴의 구성은 쉽게 해결할 수 있게 되었다.

따라서 이러한 예를 보여주기 위해 학급의 모둠을 소개할 수 있는 예제를 만들어 모둠 구성원의 사진도 확인할 수 있는 프로그램 예제를 만들어 소개한다.

 **TIP**

주메뉴, 서브메뉴를 구성하는 명령어는 CONTROLON, CONTROLSET이고 함수는 CONTROLINFO를 사용한다.

미리보기

ICT 활용 교육을 위한 PASS 2000 2.0의 실제

2. 실행화면 알아보기

> **TIP**
>
> PASS2000 프로그램의 T 편집기의 종류는
>
> -스크립트 편집기
> -흐름도 편집기
> -화면 편집기 등의 3개로 구성되어 있다.

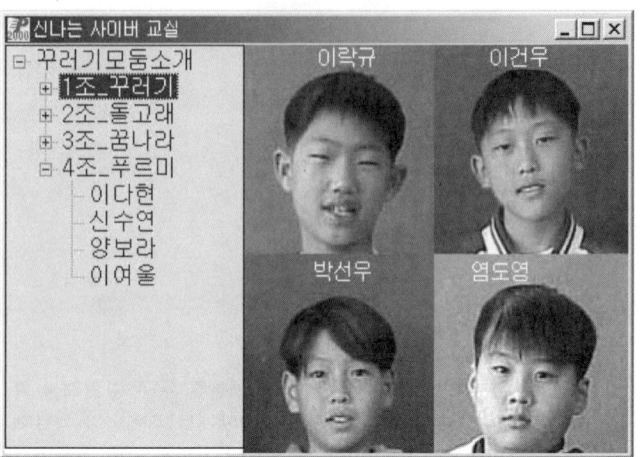

　우리 학급의 4개의 모둠의 이름을 등록하고 각 모둠의 구성 어린이의 사진을 이름과 함께 확인할 수 있도록 구성하였다. 각 모둠의 이름을 활성화 시키면 모둠 구성원의 이름을 확인할 수 있다.

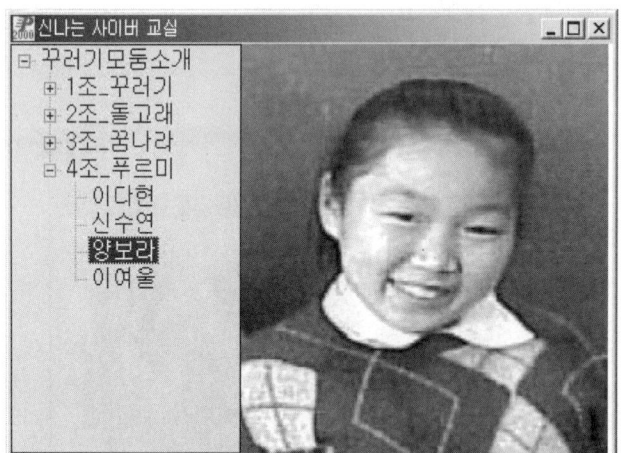

　각 모둠 구성원의 이름을 선택하고 Enter 키를 치면 모둠 구성원의 확대된 사진을 보고 알 수 있도록 구성하였다.

III. PASS2000과 친해지기

3. 프로그램 선수학습

▶ "신나는 사이버 교실" 모둠 구성원 소개를 위한 주메뉴와 서브메뉴 구성체계는 아래와 같다. 아래 메뉴를 구성하기 위해서는 CONTROLON 과 CONTROLSET 명령을 동시에 사용하여 구성한다.

신나는 사이버 교실 소개 메뉴	
1조_꾸러기	2조_돌고래
이락규, 이건우, 박선우, 염도영	신헌종, 전승빈, 김영준, 이천지
3조_꿈나라	4조_푸르미
장민지, 박혜리, 신소영, 안예진	이다현, 신수연, 양보라, 이여울

PASS2000 실행 방법은 전체 실행, 부분 실행, 검사 실행, 웹 실행 등의 4가지 방법으로 확인할 수 있다.

화면편집 화면

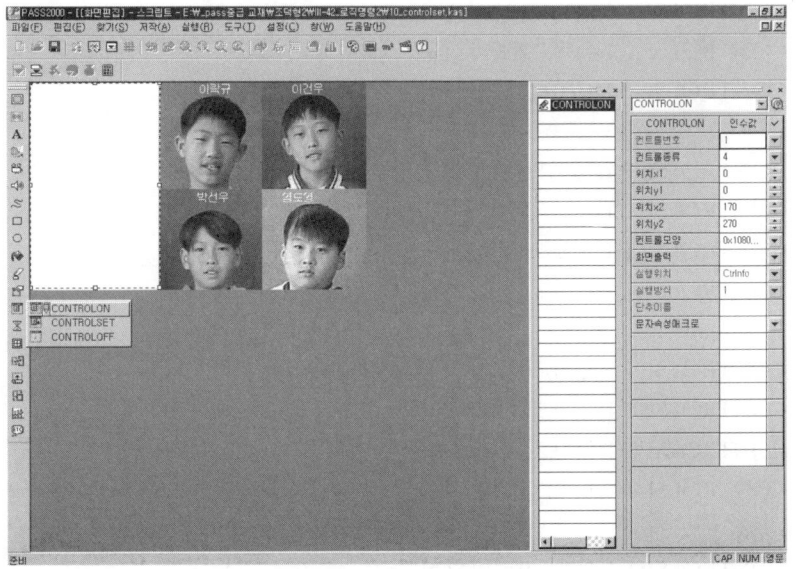

4. 프로그램 소스

함수는 프로그램에서 요구되는 값을 변환하거나 연산시켜 그 결과값을 사용하는 기능이다.

```
'Tree Control을 활용한 예제
SCREEN ,,,,450,300,"신나는 사이버 교실"
FONTSET "굴림체"
CONTROLON 1,4,0,0,170,270,0x10800007,,CtrInfo,1
'컨트롤의 크기 및 선택시 실행위치
CONTROLSET 1,4,,"0","꾸러기모둠소개"

CONTROLSET 1,4,,"0,0","1조_꾸러기"
CONTROLSET 1,4,,"0,1","2조_돌고래"
CONTROLSET 1,4,,"0,2","3조_꿈나라"
CONTROLSET 1,4,,"0,3","4조_푸르미"

CONTROLSET 1,4,,"0,0,0","이락규"
CONTROLSET 1,4,,"0,0,1","이건우"
CONTROLSET 1,4,,"0,0,2","박선우"
CONTROLSET 1,4,,"0,0,3","염도영"

CONTROLSET 1,4,,"0,1,0","신헌종"
CONTROLSET 1,4,,"0,1,1","전승빈"
CONTROLSET 1,4,,"0,1,2","김영준"
CONTROLSET 1,4,,"0,1,3","이천지"

CONTROLSET 1,4,,"0,2,0","장민지"
CONTROLSET 1,4,,"0,2,1","박혜리"
CONTROLSET 1,4,,"0,2,2","신소영"
CONTROLSET 1,4,,"0,2,3","안예진"

CONTROLSET 1,4,,"0,3,0","이다현"
CONTROLSET 1,4,,"0,3,1","신수연"
CONTROLSET 1,4,,"0,3,2","양보라"
CONTROLSET 1,4,,"0,3,3","이여울"
```

```
CONTROLSET 1,4,,,,,,"0,3","0,3,0" '활성화시킬 컨트롤
WHILE 1
WEND

SUB CtrInfo
  CLS 15,,,,170,0,441,271 '오른쪽 화면을 지움
  CALL LABEL(TRIM(CONTROLINFO(0,1))) '선택된 서브루틴을 실행
ENDSUB

SUB 꾸러기모둠소개
  DSHAPE "class.jpg",176,1,266,264
ENDSUB

SUB 1조_꾸러기
  DSHAPE "이락규.jpg",169,0,137,175
  DSHAPE "이건우.jpg",305,0,137,175
  DSHAPE "박선우.jpg",169,140,137,175
  DSHAPE "염도영.jpg",305,140,137,175
  PRINT 222,2,442,"ⓒ15,,ⓥ14,ⓨ6,이락규ⓞ80,,이건우"
  PRINT 219,145,444,"ⓒ15,,ⓥ14,ⓨ6,박선우ⓞ70,,염도영"
ENDSUB
        ⋮
SUB 4조_푸르미
  DSHAPE "이다현.jpg",169,0,137,175
  DSHAPE "신수연.jpg",305,0,137,175
  DSHAPE "양보라.jpg",169,140,137,175
  DSHAPE "이여울.jpg",305,140,137,175
  PRINT 222,2,440,"ⓒ15,,ⓥ14,ⓨ6,이다현ⓞ85,,신수연"
  PRINT 219,145,440,"ⓒ15,,ⓥ14,ⓨ6,양보라ⓞ80,,이여울"
ENDSUB

SUB 이락규
  DSHAPE "이락규.jpg",170,0,269,277
ENDSUB
```

전연변수란 실행 중 장소에 관련 없이 정의가 가능하며 항상 그 값을 참조할 수 있는 변수를 말한다.

```
SUB 이건우
 DSHAPE "이건우.jpg",170,0,269,277
ENDSUB
```

5. 주요 로직 다루기

CONTROLON

```
'Tree Control을 활용한 예제
SCREEN ,,,,450,300,"신나는 사이버 교실"
FONTSET "굴림체"
CONTROLON 1,4,0,0,170,270,0x10800007,,CtrInfo,1
'컨트롤의 크기 및 선택시 실행위치
```

지역변수란 SUB루틴 속에서 LOCAL 명령으로 정의한 변수로 그 서브루틴 안에서만 그 값을 참조할 수 있다.

해설 CONTROLON 는 윈도우즈의 0) 에디트, 1) 콤보, 2) 리스트, 3) 라디오 단주, 4) 트리 등의 5가지 컨트롤 박스의 종류 중에서 4번 트리컨트롤을 구성한다는 의미이다.

또한 0,0,170,270는 시작위치와 크기를 좌우하는 좌표값을 의미하며 CtrInfo라는 복귀형 SUB문을 사용할 수 있도록 선택한 것이다. 여기서 **0x10800007**는 연결선, 테두리, 루트연결선, 단추표시 등의 모양을 지정하는 16진수로 화면편집기에서 속성값을 클릭을 하면 자동으로 코드값이 만들어져 삽입이 된다.

```
CONTROLSET 1,4,,"0","꾸러기모둠소개"
```

해설 CONTROLSET은 CONTROLON에서 설정한 1번의 4번째 트리 컨트롤의 화면 출력여부를 생략하면 1번으로 화면에 출력하고 실행되도록 설정한 것이다.

또한 "0"의 트리 컨트롤의 속성값을 최상위 루트경로로 지정한 것이다. 경로 지정방식은 루트경로에서 자식경로까지 번호를 쉼표로 나열한다.

예 "0" : 최상위 루트 경로
　 "0,0" : 제1자식 경로
　 "0,0,0" : 제1자식의 제1자식 경로
　 "0,1" : 제2자식 경로

CONTROLINFO

```
SUB CtrInfo
  CLS 15,,,,170,0,441,271   '오른쪽 화면을 지움
  CALL LABEL(TRIM(CONTROLINFO(0,1)))   '선택된 서브루틴을 실행
ENDSUB
```

4/3은 4나누기 3이고 9%4는 9를 4로 나눈 나머지를 구해주며 여기서 %는 나머지 연산을 해주는 나머지 연산자이다.

해설 SUB CtrInfo는 CONTROLON 명령에서 실행위치를 복귀형 SUB문으로 지정한 것이고 CONTROLINFO{ }함수는 1번 트리 컨트롤에서 텍스트의 내용을 되돌려 주는 함수이다. TRIM{ }함수는 구하는 텍스트에서 공백을 제거하고 그 구한 텍스트를 LABEL{ }함수를 이용해서 서브루틴 이름으로 찾아갈 수 있도록 하였다.

```
SUB 꾸러기모둠소개
  DSHAPE "class.jpg",176,1,266,264
ENDSUB
```

SUB 꾸러기모둠소개는 CONTROLON에서 설정한 CtrInfo 서브문에

LABEL(TRIM(CONTROLINFO(0,1))) '선택된 서브루틴을 실행

와 같이 그 레이블명을 찾아가게 했으므로 초기 그림이 출력되는 로직이다.

```
SUB 1조_꾸러기
  DSHAPE "이락규.jpg",169,0,137,175
  DSHAPE "이건우.jpg",305,0,137,175
  DSHAPE "박선우.jpg",169,140,137,175
  DSHAPE "염도영.jpg",305,140,137,175
  PRINT 222,2,442,"ⓒ15,,ⓥ14,ⓨ6,이락규ⓞ80,,이건우"
  PRINT 219,145,444,"ⓒ15,,ⓥ14,ⓨ6,박선우ⓞ70,염도영"
ENDSUB
```

이 조 이름 SUB문도 역시 CONTROLON에서 설정한 CtrInfo 서브문에

LABEL(TRIM(CONTROLINFO(0,1))) '선택된 서브루틴을 실행

과 같이 그 레이블명을 찾아가게 하고 있다.

6. 관련 명령어

CONTROLON

CONTROLON	[컨트롤번호], [컨트롤종류], 위치x1, 위치y1, 위치x2, 위치y2, [컨트롤모양], [화면출력], [실행위치], [실행방식], [단추이름], [문자속성매크로]

기능 윈도우즈 공통 컨트롤을 생성한다.
인수 ● 컨트롤 번호(정수) : 컨트롤 식별번호. 유효범위는 0 이상의 정수.

A >< 3 와 A <> 3는 같은 뜻으로 A는 3과 같지 않다는 의미이다.

생략하거나 포인터숫자변수를 사용하면 사용되지 않은 컨트롤 번호 자동 설정됨.
- ◉ 컨트롤 종류(정수) : 컨트롤의 종류

코드	컨트롤 종류
0	에디터 컨트롤
1	콤보박스 컨트롤
2	리스트박스 컨트롤
3	단추 컨트롤
4	트리 컨트롤

- ◉ 위치 x1, y1, x2, y2(정수) : 컨트롤이 위치할 사각영역 좌표.
- ◉ 컨트롤 모양(정수) : 윈도우 컨트롤의 속성을 나타내는 윈도우 스타일의 값. 생략시 각 컨트롤의 기본 속성값이 자동 설정됨.
- ◉ 화면 출력(코드) : 컨트롤을 생성하여 화면에 출력할지의 여부. 생략하면 1.

코드	화면 출력
0	화면에 출력하지 않고 실행 안됨.
1	화면에 출력하고 실행됨.
2	희미하게 출력하고 실행 안됨.
3	컨트롤을 출력하고 포커스를 맞춤.

- ◉ 실행위치(레이블/서브루틴) : 컨트롤이 활성화되거나 비활성화될 때 또는 엔터키나 탭키를 입력했을 때마다 실행할 레이블이나 서브루틴. 실행방식이 분기형일 때는 레이블을 지정하고, 복귀형일 때는 서브루틴을 사용.
- ◉ 실행방식(코드) : 실행 루틴의 종류. 생략하면 0.

코드	실행방식
0	분기형(레이블)
1	복귀형(서브루틴)

- ◉ 단추이름(문자열) : 단추 컨트롤일 경우 단추에 출력될 문자열.
- ◉ 문자 속성매크로(문자열) : 컨트롤에 출력할 문자열의 속성매크로.
- ◉ 조건식(정수) : 참이나 거짓을 판단할 수 있는 조건식.

설명 윈도우즈 컨트롤을 생성한 뒤 컨트롤의 속성을 지정할 필요가 없는 컨트롤은 바로 사용하고, 컨트롤의 속성이 필요하면 CONTROLSET 명령으로 속성을 지정한 뒤 사용한다.

7. 실습과제

"A"<"B"의 뜻은 "A"가 "B"보다 작은가의 의미로 여기서는 아스키코드 값의 크기를 비교하는 것이다.

CONTROLON 명령과 CONTROLSET 명령을 이용하여 우리 가족의 가족 직계도를 5형제를 두었다고 가정하고 그 형제들의 자식들을 4명씩 사진과 함께 볼 수 있도록 프로그램을 만들어 봅시다.

프로그램을 해결하는 방법

① 먼저 5형제의 가족 직계도를 종이에 미리 그리고 각각 그 가족의 이름을 미리 만들어 놓는다.
② CONTROLON 명령으로 컨트롤의 종류를 트리구조로 구성하여 적당한 크기와 위치로 디자인한다.
③ CONTROLON 실행위치를 지정하는 속성값은 복귀형 SUB문을 미리 만들어 놓고 그 이름과 같이 설정한다.
④ CONTROLSET 명령으로 루트 제목의 이름을 "가족 직계도"라 설정한다.
⑤ 5형제의 이름을 주메뉴로 구성하여 CONTROLSET 명령으로 구성한다.
⑥ 5형제의 자식들의 이름을 CONTROLSET 명령으로 모두 구성하고 이름과 같은 파일명으로 사진파일도 준비한다.
⑦ "가족직계도"라는 SUB문을 만들고 5형제가 함께 찍은 사진이 출력되도록 DSHAPE 명령을 사용한다.
⑧ 나머지 5형제의 사진이 출력되는 SUB문과 5형제의 자식들의 사진이 출력되는 SUB문을 만들고 이름도 출력되게 설정한다.

7. 함수의 활용 - Sel{ }, ButtonInfo{ }

프로그램 개요

학습개요

Sel{} 함수는 Select, RSelect 명령과 같은 선택문의 정보를 구할 수 있고, 선택명령이 종료된 후에는 최종적으로 선택된 항목에 대한 정보를 구할 수 있다. 그 활용 예로 여기서는 Select 에서 현재 선택된 항목의 도움말을 출력하고 그림의 위치를 변경한다.

ButtonInfo{} 함수는 ButtonSet이나 ButtonOn 명령에 의해 사용 중인 단추의 각종 정보를 구하는 함수이다. 예를 들어 여러 개의 단추 중에서 맨 마지막에 눌린 단추번호를 알아내어 그에 따른 명령을 내릴 수 있다.

 **TIP**

PASS2000에서 명령어나 함수는 대소문자를 구별하지 않는다. 예를 들면 SEL{}=Sel{}이다.

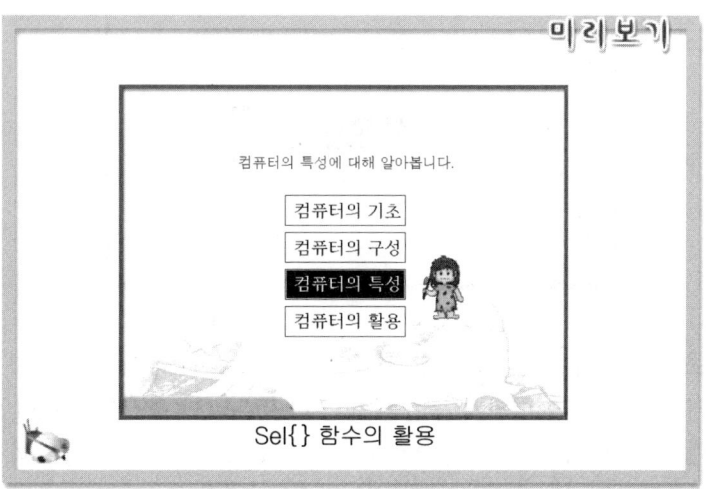

Sel{ } 함수의 활용

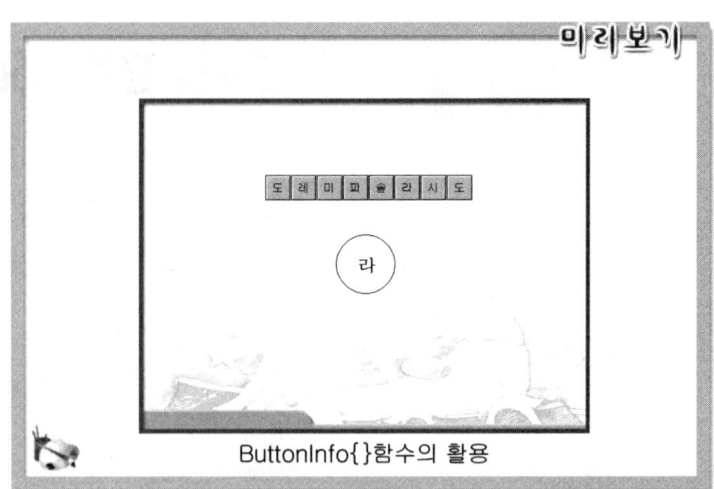

ButtonInfo{ }함수의 활용

실행화면 알아보기

Sel{ } 함수의 활용 ①

  Select문으로 학습메뉴를 구성하고 "보조"라는 서브루틴을 호출하도록 하면 위의 그림과 같이 선택 중인 메뉴의 위치에 따라 원시인 그림이 이동 되며 메뉴 상단에는 도움말이 출력되도록 하였다. 그 주요 로직은 다음에 해당된다.

```
SELECT 선택,4,,,56,보조,4,1,4,237,158,170,43,10,10,,4
SUB 보조
   IF SEL{}=1
        :
   ENDIF
ENDSUB
```

ButtonInfo{ }함수의 활용

계이름을 각각 버튼으로 설정하고 마지막으로 눌린 버튼의 정보를 이용하여 그 음을 들려주고 계이름을 출력해 주는 로직이다. 그 주요 로직은 다음에 해당된다.

```
PLAYDEF 4,4
IF BUTTONINFO{}=1
   PLAYSET 1,1,1,"C4"
ENDIF
     :
IF BUTTONINFO{}=8
   PLAYSET 1,1,1,">C4"
ENDIF
PLAY 1
```

3. 프로그램 소스

Sel{ } 함수

```
SCREEN ,,,,640,480,,4,,,,,,640,480
DSHAPE "back.jpg",0,0,640,480
TEXT 326,169,"컴퓨터의 기초",2
TEXT 326,222,"컴퓨터의 구성",2
TEXT 326,274,"컴퓨터의 특성",2
TEXT 326,327,"컴퓨터의 활용",2
SELECT 선택,4,,,56,보조,4,1,4,237,158,170,43,10,10,,4

SUB 보조
 EWINDOW
 CLS ,,,,122,96,527,122
 WINDOW 419,134,500,397,0
 IF SEL{}=1
   TEXT 325,102,"컴퓨터에 대한 기초적인 학습을 합니다.",2,20
   DSHAPE "cuta003.bmp",432,138+(SEL{}-1)*53,59,92,1,,13
 ENDIF
 IF SEL{}=2
   TEXT 325,102,"컴퓨터의 구성에 대해 알아봅니다.",2,20
   DSHAPE "cuta003.bmp",432,138+(SEL{}-1)*53,59,92,1,,13
 ENDIF
 IF SEL{}=3
   TEXT 325,102,"컴퓨터의 특성에 대해 알아봅니다.",2,20
   DSHAPE "cuta003.bmp",432,138+(SEL{}-1)*53,59,92,1,,13
 ENDIF
 IF SEL{}=4
   TEXT 325,102,"컴퓨터를 활용 방법에 대해 알아봅니다.",2,20
   DSHAPE "cuta003.bmp",432,138+(SEL{}-1)*53,59,92,1,,13
 ENDIF
ENDSUB
```

ButtonInfo{ } 함수

```
SCREEN ,,,,640,480,,4
입력수=0
연주$="C D E F G A B >C"
계이름$="도레미파솔라시도"
DSHAPE "back.jpg",0,0,640,480
계속:
BUTTONSET 1,"도",,,179,110,35,35,,,,,,,,연주
BUTTONSET 2,"레",,,216,110,35,35,,,,,,,,연주
BUTTONSET 3,"미",,,253,110,35,35,,,,,,,,연주
BUTTONSET 4,"파",,,290,110,35,35,,,,,,,,연주
BUTTONSET 5,"솔",,,327,110,35,35,,,,,,,,연주
BUTTONSET 6,"라",,,364,110,35,35,,,,,,,,연주
BUTTONSET 7,"시",,,401,110,35,35,,,,,,,,연주
BUTTONSET 8,"도",,,438,110,35,35,,,,,,,,연주
PAUSE ,1

연주:
PLAYDEF 4,4
IF BUTTONINFO{}=1
  PLAYSET 1,1,1,"C4"
ENDIF
IF BUTTONINFO{}=2
  PLAYSET 1,1,1,"D4"
ENDIF
IF BUTTONINFO{}=3
  PLAYSET 1,1,1,"E4"
ENDIF
IF BUTTONINFO{}=4
  PLAYSET 1,1,1,"F4"
ENDIF
IF BUTTONINFO{}=5
  PLAYSET 1,1,1,"G4"
ENDIF
```

한글 한 글자는 2Byte를 차지한다. 그러므로 영어나 숫자 2개의 크기와 같다.

```
IF BUTTONINFO{}=6
  PLAYSET 1,1,1,"A4"
ENDIF
IF BUTTONINFO{}=7
  PLAYSET 1,1,1,"B4"
ENDIF
IF BUTTONINFO{}=8
  PLAYSET 1,1,1,">C4"
ENDIF
PLAY 1
GOTO 계속
```

4. 주요 로직 다루기

Sel{ }

```
SELECT 선택,4,,,56,보조,4,1,4,237,158,170,43,10,10,,4
SUB 보조
  EWINDOW
  CLS ,,,,122,96,527,122
  WINDOW 419,134,500,397,0
  IF SEL{}=1
    TEXT 325,102,"컴퓨터에 대한 기초적인 학습을 합니다.",2,20
    DSHAPE "cuta003.bmp",432,138+(SEL{}-1)*53,59,92,1,,13
  ENDIF
          :
  IF SEL{}=4
    TEXT 325,102,"컴퓨터를 활용 방법에 대해 알아봅니다.",2,20
    DSHAPE "cuta003.bmp",432,138+(SEL{}-1)*53,59,92,1,,13
  ENDIF
ENDSUB
```

EWindow 명령어는 Window 명령어의 사용 유무와 관계없이 사용할 수 있다.

해설 Select문에는 "보조"라는 서브루틴명이 있다. 바로 이 보조루틴 속에서 Sel{}함수가 사용되는데 이 함수에 의해 현재 마우스가 위치한 선택문에 따라 원시인 그림의 위치나 도움말이 달라지는 것이다.

```
SUB 보조
EWINDOW
CLS ,,,,122,96,527,122
WINDOW 419,134,500,397,0
IF SEL{}=1
   TEXT 325,102,"컴퓨터에 대한 기초적인 학습을 합니다.",2,20
   DSHAPE "cuta003.bmp",432,138+(SEL{}-1)*53,59,92,1,,13
 ENDIF
ENDSUB
```

위의 조건문은 현재의 마우스가 첫 번째 선택문에 위치하면 화면 상단에 Text문을 출력하고 그림의 y좌표를 138+(Sel{}-1)*53의 위치에 출력하도록 하는 것이다.

```
138+(SEL{}-1)*53      'Dshape 명령에서 y좌표
```

위의 식은 Sel{}=1이면 결국 138+(1-1)*53이므로 그림의 y좌표는 138의 위치가 된다. Sel{}=2 즉, 두 번째 선택문에 위치한다면 그림의 y좌표는 138+(2-1)*53이므로 191이 된다. 다시 말해서 현재의 선택문에 따라 그림의 세로 위치가 변하도록 설정한 것이다.

Window-EWindow 명령은 그림을 출력하기 전에 화면을 저장하고 다른 곳으로 그림이 이동될 때 이전 화면을 복구하기 위해 사용한다. Cls 명령은 새로운 Text 명령을 출력하기 전에 이전 출력화면을 지우는 역할을 한다.

buttonInfo{ }

```
BUTTONSET 1,"도",,,179,110,35,35,,,,,,,,연주
BUTTONSET 2,"레",,,216,110,35,35,,,,,,,,연주
BUTTONSET 3,"미",,,253,110,35,35,,,,,,,,연주
BUTTONSET 4,"파",,,290,110,35,35,,,,,,,,연주
BUTTONSET 5,"솔",,,327,110,35,35,,,,,,,,연주
BUTTONSET 6,"라",,,364,110,35,35,,,,,,,,연주
BUTTONSET 7,"시",,,401,110,35,35,,,,,,,,연주
BUTTONSET 8,"도",,,438,110,35,35,,,,,,,,연주
PAUSE ,1
```

해설 이 프로그램은 8개의 계이름 버튼을 클릭함에 따라 그 음을 들려주고 계이름을 출력하도록 한 것이다.

1번부터 8번까지 버튼을 설정하고 "연주" 레이블로 분기하도록 한다. "Pause, 1"은 PASS2000 2.0에서 추가된 기능으로 무한 대기상태로 여기서는 버튼에 의해서만 프로그램이 진행된다.

```
연주:
PLAYDEF 4,4
IF BUTTONINFO{}=1
   PLAYSET 1,1,1,"C4"
ENDIF
     :
IF BUTTONINFO{}=8
   PLAYSET 1,1,1,">C4"
ENDIF
PLAY 1
GOTO 계속
```

"연주" 레이블은 ButtonInfo{ }함수에 의해 마지막으로 선택된 버튼의 번호를 비교문으로 판단하여 해당 계이름을 들려주도록 하는 로직이다. "연주" 레이블은 다음과 같이 간략하게 소스를 고쳐서 사용하는 방법도 있다.

```
연주:
PLAYDEF 4,4
PLAYSET 1,1,1,STRING{연주$,1,(BUTTONINFO{}-1)*2+1,
        (BUTTONINFO{}-1)*2+2}+"4"
            'PlaySet 명령은 길이관계상 2줄로 편집함
CIRCLE 322,237,42,42,,,0,0,15,1,0
TEXT 324,228,STRING{계이름$,1,
        (BUTTONINFO{}-1)*2+1,(BUTTONINFO{}-1)*2+2},2
            'Text 명령은 길이관계상 2줄로 편집함
PLAY 1
GOTO 계속
```

String{} 함수는 문자열의 일부분을 잘라서 사용하고자 할 때 이용하는 함수이다.

프로그램 상단의 '연주$' 변수와 '계이름$'은 두 번째 "연주" 레이블을 사용할 때 이용된다. String{ }함수에 대한 자세한 도움말은 함수 도움말을 이용한다.

8. 함수의 활용 - Ans{ }, Point{ }

1. 프로그램 개요

TIP

기능문자 @의 인수로는 영역번호, 영역길이, 색 3가지이며 예를 들어 @2,100,4,는 2번 영역을 100픽셀의 길이로 4번색으로 설정하도록 한다.

학습개요

Ans{} 함수는 Print문에서 기능문자 @의 입력 위치를 구하거나 문제의 정보를 구한다. 그 예로 Input문을 사용할 때 기능문자 @의 입력위치를 찾아주기 때문에 문제 중간의 빈 칸에 답을 입력하는 문제에 사용하면 편리하다.

Point{} 함수는 특정 사각영역에 점 좌표나 다른 사각영역이 들어있는지의 여부를 돌려주는 함수이다. 예를 들어 그림의 x, y 좌표가 특정 사각영역에 들어있는지 판단할 때 이용하면 편리하다.

미리보기

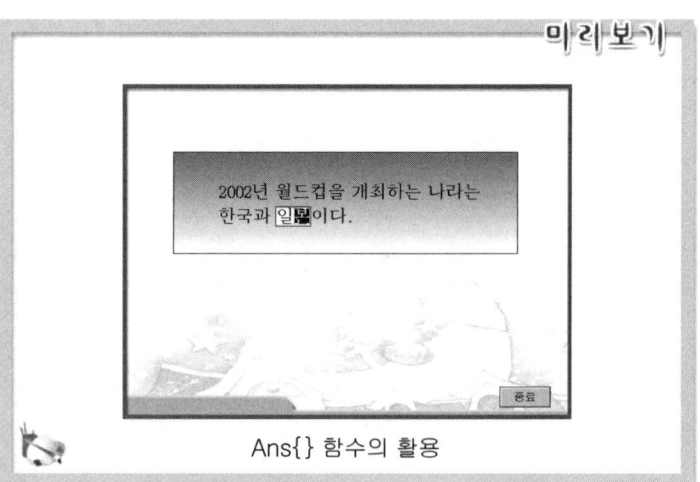

Ans{} 함수의 활용

III. PASS2000과 친해지기

Point{ } 함수의 활용

2. 실행화면 알아보기

Ans{ } 함수의 활용 ①

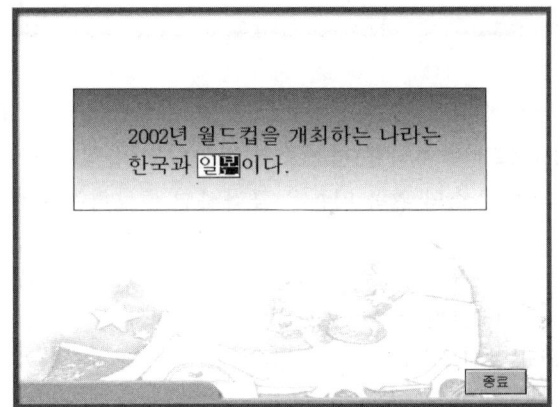

Print문으로 문제를 출력하고 이 때 기능문자 ⓐ를 이용하여 입력시킬 영역을 설정한다. PASS2000 2.0부터는 Input 명령어에 정답을 입력할 수 있으며 이 정답과 기능문자 ⓐ를 이용하여 정답을 비교할 수도 있다.

```
PRINT 138,142,533,"ⓩⓨ10,ⓥ25,2002년 월드컵을 개최하는 나라는 ⓝ
        한국과 ⓐ1,50,1,이다."
INPUT ans(1,0),ans(1,1),나라$,4,,,,,,,,,,,,,,1,"일본",5
IF 나라$=ans{1,6}
        :
ELSE
        :
ENDIF
```

Point{ } 함수의 활용

마우스의 위치에 따라 그림이 자유롭게 이동할 수 있는 상황에서 작은 상자 안에 마우스가 위치하면 마우스의 활동영역이 상자 크기만큼 설정되며 그 안에서 마우스의 왼쪽 버튼을 클릭하면 종료하는 프로그램이다.

Mxy{2}와 Mchk{}는 비슷한 기능을 하나 Mchk{}함수는 MouseChk 명령과 함께 사용하는 차이점이 있다.

```
IF POINT{224,131,429,322,MXY{0},MXY{1}}
    MOUSESET ,,224,131,429,322
        :
    IF MXY{2}=1
        :
    ENDIF
ENDIF
```

3. 프로그램 소스

Ans{ } 함수

```
SCREEN ,,,,640,480,,2
DSHAPE "back.jpg",0,0,640,480
BUTTONSET 1,"종료",,,,537,433,72,29,,,,,,,,,서브종료,1

BOX 73,97,562,242,0,"^G3,15,3,256",76,1,0
PRINT 138,142,533,"ⓩⓨ10,ⓥ25,2002년 월드컵을 개최하는 나라는 ⓝ
          한국과 ⓐ1,50,1,이다."
INPUT ans(1,0),ans(1,1),나라$,4,,,,,,,,,,,1,"일본",5

IF 나라$=ans{1,6}
  MESSAGEBOX "정답입니다","정답",0
ELSE
  MESSAGEBOX "오답입니다","오답",0
ENDIF
PAUSE

SUB 서브종료
  MESSAGEBOX "프로그램을 종료할까요?","종료",2,1,2,종료
  IF 종료=1
    END
  ENDIF
ENDSUB
```

Point{ } 함수

TIP

그림의 x, y좌표를 Mxy{0}-33, Mxy{1}-42와 같이 그림의 가로, 세로 길이의 1/2로 빼면 마우스의 위치를 그림의 가운데로 설정할 수 있다.

```
SCREEN ,,,,640,480,,2
DSHAPE "back.jpg",0,0,640,480
EDIT 32,31,453,66,,"절대로 상자안으로 들어가지 마세요!!!"
SHAPELOAD 1,"cuta003.bmp",1,1,1,,,,,,,13
BUTTONSET 1,"종료",,,,537,433,72,29,,,,,,,,,서브종료,1
BOX 224,131,429,322,0,,15,3,0

WHILE 1
  SHAPE 1,0,MXY{0}-33,MXY{1}-42,66,84,2
  IF POINT{224,131,429,322,MXY{0},MXY{1}}
    MOUSESET ,,,224,131,429,322
    EDIT 229,301,650,336,,
         "절대 마우스 누르지 마세요!",,,"^F7,^S16,^C6,"
    IF MXY{2}=1
      MESSAGEBOX "드디어 잡혔군요!!! 하하하","함정",0
      END
    ENDIF
  ENDIF
WEND

SUB 서브종료
  MESSAGEBOX "프로그램을 종료할까요?","종료",2,1,2,종료
  IF 종료=1
    END
  ENDIF
ENDSUB
```

4. 주요 로직 다루기

Ans{ } 함수

```
PRINT 138,142,533,"ⓩⓨ10,ⓥ25,2002년 월드컵을 개최하는 나라는 ⓝ
          한국과 ⓐ1,50,1,이다."
              'Print명령은 길이관계상 2줄로 편집함
INPUT ans(1,0),ans(1,1),나라$,4,,,,,,,,,,,,,1,"일본",5
IF 나라$=ans{1,6}
  MESSAGEBOX "정답입니다","정답",0
ELSE
  MESSAGEBOX "오답입니다","오답",0
ENDIF
```

 기능문자 ⓐ를 이용한 Print문으로 문제를 낸 후 Input문으로 답을 입력하도록 한다. 이때 답을 입력하는 좌표를 Ans{ }함수를 이용하여 쉽게 설정할 수 있다.

```
PRINT 138,142,533,"ⓩⓨ10,ⓥ25,2002년 월드컵을 개최하는 나라는 ⓝ
          한국과 ⓐ1,50,1,이다."
```

기능문자 ⓐ의 인수는 영역번호, 영역 길이, 색이 있다. 즉, "ⓐ1,50,1,"는 영역번호가 1번이고 50픽셀의 길이로 1번 색(파란색)으로 박스를 이용하여 영역을 설정한 것이다.

```
INPUT ans(1,0),ans(1,1),나라$,4,,,,,,,,,,,,,1,"일본",5
```

Ans(1,0)와 Ans(1,1)은 Input문의 x와 y좌표로 Ans(1,0)에서 "1"은 영역번

호를 "0"은 x좌표를 뜻한다. 또한 Ans(1,1)에서 앞의 "1"은 역시 영역번호를 뒤의 "1"은 y좌표를 뜻한다. PASS2000 2.0부터는 Input문에 "일본"과 같이 정답을 입력할 수 있도록 명령어의 인수가 추가되었다.

```
IF 나라$=ans{1,6}
   MESSAGEBOX "정답입니다","정답",0
ELSE
   MESSAGEBOX "오답입니다","오답",0
ENDIF
```

위의 조건문은 정답을 판정하는 로직이다. 사용자가 입력한 답 "나라$"과 처음 Input문에 입력했던 답을 서로 비교하는 것이다. 즉, Ans{1,6}은 영역번호 1번의 정답을 뜻하는 것이다. 다른 방법으로는 IF 나라$="일본" 등과 같이 사용할 수도 있다.

Point{ } 함수　②

```
WHILE 1
  SHAPE 1,0,MXY{0}-33,MXY{1}-42,66,84,2
  IF POINT{224,131,429,322,MXY{0},MXY{1}}
    MOUSESET ,,224,131,429,322
    EDIT 229,301,650,336,,
         "절대 마우스 누르지 마세요!",,"^F7,^S16,^C6,"
         'Edit명령은 길이관계상 2줄로 편집함
    IF MXY{2}=1
      MESSAGEBOX "드디어 잡혔군요!!! 하하하","함정",0
      END
    ENDIF
  ENDIF
WEND
```

해설 이 프로그램은 마우스가 움직임에 따라 원시인 그림이 움직이도록 되어 있다. 마우스가 일정한 사각영역 내에 들어가면 사각영역으로 마우스의 활동영역이 제한되고 다시 그 안에서 마우스 왼쪽버튼을 클릭하면 프로그램이 종료하도록 했다.

```
WHILE 1
   SHAPE 1,0,MXY{0}-33,MXY{1}-42,66,84,2
WEND
```

PASS2000 2.0부터 "PAUSE,1"은 이전 버젼의 "While 1-Wend"와 같은 기능을 한다.

"While 1-Wend"는 무한루프이다. 즉, 어떤 특정 조건이 주어지기 전에는 While과 Wend 사이의 명령을 무한 반복한다.

Mxy{0}과 Mxy{1}는 현재 마우스의 x좌표와 y좌표이다. 즉, 계속해서 마우스가 움직이는 대로 원시인 그림이 움직이는 것이다. 이때 Shape 명령어의 출력방식을 화면 복구방식으로 설정했기 때문에 그림의 잔상이 남지 않는다.

```
IF POINT{224,131,429,322,MXY{0},MXY{1}}
   MOUSESET ,,224,131,429,322
   EDIT 229,301,650,336,,
      "절대 마우스 누르지 마세요!",,"^F7,^S16,^C6,"
   IF MXY{2}=1
      MESSAGEBOX "드디어 잡혔군요!!! 하하하","함정",0
      END
   ENDIF
ENDIF
```

Mxy{0} : x 좌표
Mxy{1} : y 좌표
Mxy{2} : 마우스 단추검사의 결과

위의 로직은 Point{ }함수를 이용하여 마우스의 x, y좌표인 Mxy{0}, Mxy{1}이 일정한 사각영역(224, 131, 429, 322)에 있는지를 체크하여 영역 내에 들어 있으면 마우스의 활동영역을 MouseSet 명령어로 다시 설정 (224, 131, 429, 322)하고 그 활동영역 내에서 마우스 왼쪽 버튼을 클릭하면 끝내도록 되어 있다. Mxy{2}는 마우스의 눌려진 단추정보를 알려주는 함수이다.

```
IF MXY{2}=1
   :
ENDIF
```

마우스의 눌려진 단추가 왼쪽이면 조건문 안의 명령어를 실행하도록 되어 있다.

III. PASS2000과 친해지기

9. 함수의 활용 - Mxy{ }, Mchk{ }, Mpos{ }

1. 프로그램 개요

학습개요

교육용 프로그램은 단순히 학습내용을 제시하기 보다는 마우스나 키보드를 이용하여 사용자와 계속해서 상호작용이 이루어질 수 있게 하는 것이 흥미유발에 유리하다.

마우스와 관련이 깊은 MXY{ }, MCHK{ }, MPOS{ } 등의 함수을 이용하여 정해진 영역으로 그림을 이동시키는 예제를 작성하여 본다. 이러한 예제를 이해하면 마우스를 이용해 상호작용을 할 수 있는 다양한 프로그램을 작성할 수 있는 능력을 기를 수 있다.

TIP

Mpos{ }와 Point{ }
Mpos{ }는 마우스의 위치가 사각영역에 들어있는지 체크하고 Point{ }는 마우스 이외에도 한 지점의 좌표뿐만 아니라 사각영역이 대상영역에 들어 있는지를 체크할 수 있어 활용범위가 더욱 넓다.

미리보기

2. 실행화면 알아보기

Mxy{}, Mchk{}, Mpos{}의 활용

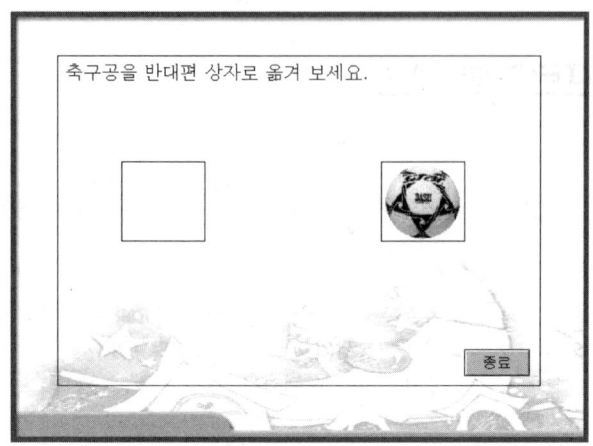

왼쪽 박스 안에 있던 축구공을 마우스 왼쪽 버튼으로 클릭하면 축구공을 이동시킬 수 있는 상태가 된다. 이 공을 드래그해서 오른쪽 박스 안으로 옮기면 된다. 오른쪽으로 이동되면 다시 왼쪽으로 옮길 수도 있다. 마우스 포인트는 축구공의 가운데에 위치하고 마우스의 x, y좌표가 결국 축구공이 영역 안에 들어갔는지를 판단하는 좌표가 된다.

```
계속:
MOUSECHK 0
IF MPOS{x1, y1, x2, y2} & MCHK {}=1
    이동=1
ENDIF
IF 이동=1
    SHAPE 1,0,MXY{0}-38,MXY{1}-34,88,86,2
    :
ENDIF
GOTO 계속
```

3. 프로그램 소스

```
SCREEN ,,,,640,480,,2
SHAPELOAD 1,"soccer.gif",1,1,1,0,0,200,198,0,0,15
이동=0
x1=124, y1=167, x2=216, y2=255
X1=410, Y1=167, X2=502, Y2=255
DSHAPE "back.jpg:",0,0,640,480
MOUSESET ,,53,49,586,416,1,1,63,59,562,402
BOX 53,49,586,416,0,,15,1,0
PRINT 62,58,538,"ⓩⓥ20,축구공을 반대편 상자로 옮겨 보세요."
BUTTONSET 1,"종료",,,502,376,72,29,,,,,,,,서브종료,1
BOX 124,167,216,255,0,,15,1,0
BOX 410,167,502,255,0,,15,1,0
SHAPE 1,0,x1+2,y1+2,88,86,2
계속
MOUSECHK 0
IF MPOS{x1,y1,x2,y2} & MCHK{ }=1
    이동=1
ENDIF
IF 이동=1
    SHAPE 1,0,MXY{0}-38,MXY{1}-34,88,86,2
    IF MPOS{X1,Y1,X2,Y2} & MCHK { }=1
        이동=1
        SHAPE 1,0,X1+2,Y1+2,88,86,2
        MESSAGEBOX "정확하게 옮겼습니다!","정답",0
        CALL 바꾸기
    ENDIF
ENDIF
GOTO 계속
SUB 바꾸기
  SWAP x1,X1
  SWAP y1,Y1
```

```
  SWAP x2,X2
  SWAP y2,Y2
ENDSUB

SUB 서브종료
  MESSAGEBOX "프로그램을 종료할까요?","종료",2,1,2,종료
  IF 종료=1
    END
  ENDIF
ENDSUB
```

주요 로직 다루기

MouseSet으로 이동영역 지정하기

```
SCREEN ,,,,640,480,,2
SHAPELOAD 1,"soccer.gif",1,1,1,0,0,200,198,0,0,15
이동=0
x1=124, y1=167, x2=216,y2=255
X1=410, Y1=167, X2=502,Y2=255
DSHAPE "back.jpg",0,0,640,480
MOUSESET ,,,53,49,586,416,1,1,63,59,562,402
BOX 53,49,586,416,0,,15,1,0
PRINT 62,58,538,"ⓩⓥ20,축구공을 반대편으로 옮겨보세요."
BUTTONSET 1,"종료",,,,502,376,72,29,,,,,,,,서브종료,1
BOX 124,167,216,255,0,,15,1,0
BOX 410,167,502,255,0,,15,1,0
SHAPE 1,0,x1+2,y1+2,88,86,2
```

III. PASS2000과 친해지기

해설 소문자 x1, y1, x2, y2에 왼쪽 상자의 좌표 값을 저장하고 대문자 X1, Y1, X2, Y2에 오른쪽 상자의 좌표 값을 저장한다.

MouseSet 명령으로 마우스 활동영역을 설정한 후 Shape 명령으로 그림을 출력한다. 이때 그림출력 방식으로 "화면 복구방식"으로 한다.

```
SHAPE 1,0,x1+2,y1+2,88,86,2
```

Shape 명령에서 x1과 y1에 2를 더한 것은 이미 그려진 Box의 영역과 겹쳐져서 Box가 지워지지 않도록 하기 위해서이다.

Mchk로 마우스 버튼상태 구하기 ②

```
계속:
MOUSECHK 0
IF MPOS{x1,y1,x2,y2} & MCHK{}=1
  이동=1
ENDIF
IF 이동=1
  SHAPE 1,0,MXY{0}-38,MXY{1}-34,88,86,2
  IF MPOS{X1,Y1,X2,Y2} & MCHK{}=1
    이동=0
    SHAPE 1,0,X1+2,Y1+2,88,86,2
    MESSAGEBOX "정확하게 옮겼습니다!","정답",0
    CALL 바꾸기
  ENDIF
ENDIF
GOTO 계속
```

해설 이 프로그램에서 가장 핵심이 되는 부분이다. MouseChk 명령을 이용하면 마우스가 이동되거나 버튼이 클릭될 때까지 대기하게 할 수 있다.

Mpos{}함수로 마우스 포인트가 주어진 영역으로 들어왔는지를 검사하고 Mchk{}함수로 마우스의 어떤 버튼이 클릭되었는 지를 체크하여 그에 따른 명령을 수행하도록 한다.

```
IF MPOS{x1,y1,x2,y2} & MCHK{}=1
  이동=1
ENDIF
```

x1, y1, x2, y2는 왼쪽 박스의 영역이다. 즉, 마우스가 왼쪽 박스의 영역 내에서 왼쪽버튼을 클릭했다면 '이동' 변수에 1을 대입한다.

```
IF 이동=1
  SHAPE 1,0,MXY{0}-38,MXY{1}-34,88,86,2
  IF MPOS{X1,Y1,X2,Y2} & MCHK{}=1
    이동=0
    SHAPE 1,0,X1+2,Y1+2,88,86,2
    MESSAGEBOX "정확하게 옮겼습니다!","정답",0
    CALL 바꾸기
  ENDIF
ENDIF
```

왼쪽 박스 내에서 버튼이 클릭된 상태 즉, '이동'이 1이라면 마우스에 따라 그림을 보여 주게 된다. Shape 명령에서 Mxy{0}-38, Mxy{1}-34와 같이 좌표의 값을 뺀 이유는 마우스 포인트가 그림의 중앙에 위치하도록 그림 크기의 1/2만큼 그림의 시작 위치를 좌상단으로 이동시킨 것이다.

```
IF MPOS{X1,Y1,X2,Y2} & MCHK{}=1
  이동=0
  SHAPE 1,0,X1+2,Y1+2,88,86,2
  MESSAGEBOX "정확하게 옮겼습니다!","정답",0
  CALL 바꾸기
ENDIF
```

움직이는 동안 다시 오른쪽 박스 영역 내에서 마우스 왼쪽 버튼을 클릭하면 다시 '이동' 변수에 0을 대입하고 그림을 출력한다. 그리고 "바꾸기" 서브루틴을 호출한다.

마우스의 시작점에 관한 Sub문

```
SUB 바꾸기
  SWAP x1,X1
  SWAP y1,Y1
  SWAP x2,X2
  SWAP y2,Y2
ENDSUB
```

해설 위의 로직은 축구공의 위치가 서로 바뀐 후 시작점의 위치를 서로 교환하도록 하는 것이다. 즉, 처음에 x1, y1, x2, y2가 왼쪽 박스의 영역이었다. 그림이 오른쪽으로 이동하고 나면 다시 오른쪽을 시작영역으로 설정해야 하므로 Swap 명령으로 각 좌표를 바꾸어 준 것이다.

IV. 활용예제 만들기

1. 타자 프로그램을 만들어 봅시다
2. 그림판을 만들어 봅시다
3. 발표번호생성기 프로그램을 만들어 봅시다
4. 버튼처리 서브루틴을 만들어 봅시다
5. 색칠하기 프로그램을 만들어 봅시다
6. 짝짓기 프로그램을 만들어 봅시다
7. 물체 묶기 프로그램을 만들어 봅시다
8. 바둑알 옮기기 프로그램을 만들어 봅시다
9. 온도계 프로그램을 만들어 봅시다
10. 사다리 프로그램을 만들어 봅시다

1. 타자 프로그램을 만들어 봅시다

프로그램 개요

학습개요

　이 프로그램은 기존의 한메 타자 프로그램과 같이 키보드를 이용하여 제시된 단어를 입력하여 일정 수준의 점수를 얻으면 다음 단계로 진행되도록 하는 기초적인 타자 프로그램이다.
　READ-DATA문을 이용하여 난수로 단어를 제시하고 단계별로 5개 이상 정답을 입력하면 다음 단계로 진행하도록 한다.

> **TIP**
> 함수를 사용할 때 함수명 뒤에 ( )와 { }를 둘 다 사용할 수 있다.

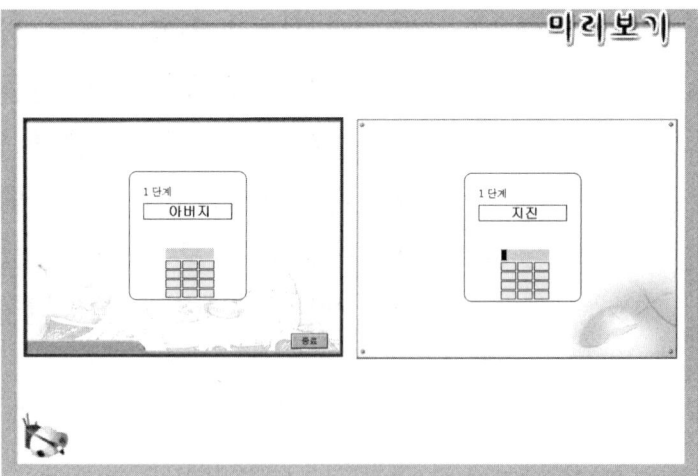

IV. 활용예제 만들기

 ## 2. 실행화면 알아보기

1단계의 문제를 해결하고 있는 부분이다. 1단계에서는 한글 DATA가 문제로 출력되도록 하였다.

2단계의 문제를 해결하고 있는 부분이다. 2단계에서는 1단계와 구분하기 위하여 영어 DATA가 출력되도록 하였으며, 답을 입력할 때 한영 키를 누르지 않아도 영어로 입력되도록 변수값에 변화를 주었다.

3. 프로그램 선수학습

▶ READ-DATA문을 이용하여 동물의 이름과 전화번호를 출력하는 프로그램을 만들어 봅시다.

```
SCREEN ,,,,640,480
CELLBOX 2,10,197,87,119,25,0,0,0,,15,1,0
이름: '레이블로 된 데이터
DATA 강아지,호랑이,코끼리,원숭이,사자
DATA 독수리,돌고래,비둘기,기린,고양이
SUB 전화번호  '서브루틴으로 된 데이터
DATA 123-4567,234-5678,345-6789,456-7890,567-8901
DATA 678-9012,789-0123,890-1234,321-7654,432-8674
ENDSUB
FOR i,0,9  '10번 반복
    RESTORE 이름,i+1  '이름레이블에서 1번부터 읽음
    READ 이름$  '이름$에 데이터를 읽어옴
    RESTORE 전화번호,i+1,1  '전화번호 서브루틴에서 읽음
    READ 전화번호$  '전화번호$에 데이터를 읽어옴
    PRINT 222,90+i*25,624,"ⓩⓥ20, %이름$"
    PRINT 326,90+i*25,528,"ⓩⓥ20, %전화번호$"
NEXT
PAUSE
```

IV. 활용예제 만들기

실행 화면

강아지	123-4567
호랑이	234-5678
코끼리	345-6789
원숭이	456-7890
사자	567-8901
독수리	678-9012
돌고래	789-0123
비둘기	890-1234
기린	321-7654
고양이	432-8674

문자열 변수는 항상 최대 크기를 고려해 선언하는 습관을 갖는다.

4. 프로그램 소스

```
SCREEN 0,1,,,640,480,"타자 프로그램",2
DSHAPE "back.jpg",0,0,640,480  '배경이미지
BUTTONSET 1,"종료",,,537,433,72,29,,,,,,,,,서브종료,1
단계=1, 맞은수=0 문제$="",10 '변수 초기화
한영=0 ' input 문에서 처음에는 한글로 입력받게 함

1: '1단계의 문제가 출력됨
DATA 강아지, 수도, 나무, 태양, 강, 마차
DATA 바가지, 아버지, 지진, 차도, 자전거, 냉장고, 컴퓨터
DATA 의자, 모자, 문, 마우스, 키보드, 종이, 차

2: '2단계의 문제가 출력됨
DATA car,sun,river,father,computer,mouse,paper
DATA dog,printer,desk, love, clock, tape, milk
DATA flower, box, white, one, line, circle
ROUNDBOX 215,108,448,365,30,30,0,0,15,1,0
```

```
SCREEN 0,1,,,640,480,"타자 프로그램",2
DSHAPE "back.jpg",0,0,640,480  '배경이미지
BUTTONSET 1,"종료",,,537,433,72,29,,,,,,,,,서브종료,1
단계=1, 맞은수=0 문제$="",10  '변수 초기화
한영=0  'input 문에서 처음에는 한글로 입력받게 함


1: '1단계의 문제가 출력됨
DATA 강아지, 수도, 나무, 태양, 강, 마차
DATA 바가지, 아버지, 지진, 차도, 자전거, 냉장고, 컴퓨터
DATA 의자, 모자, 문, 마우스, 키보드, 종이, 차

2: '2단계의 문제가 출력됨
DATA car,sun,river,father,computer,mouse,paper
DATA dog,printer,desk, love, clock, tape, milk
DATA flower, box, white, one, line, circle
ROUNDBOX 215,108,448,365,30,30,0,0,15,1,0

게임:
RESTORE label(str(단계)),rnd{1,20},0
        '단계를 문자열로 바꾼 후 레이블로 변환시킴
        'rnd{1,20}는 20개의 data중 임의의 값을 읽어오도록 함
READ 문제$  'Data를 읽어 "문제$"이라는 변수에 대입


BOX 244,172,419,203,0,0,RGB(236,238,222),1,0
        '무늬를 주어 cls 효과를 줌
CELLBOX 3,4,289,287,29,16,4,3,0,0,14,1,0
TEXT 336,174,문제$,2,28,0,,0,0,0,0,7  '문제출력
PRINT 244,139,414,"ⓩⓒ1,15,ⓥ20,%단계, 단계"  '단계출력
INPUT 289,261,입력답$,,8,,,24,0,48,한영
 IF 입력답$=문제$
  SOUND "훌륭합니다.wav"
  맞은수=맞은수+1  '정답일 때 맞은수를 1씩 증가시킴
   PRINT 291,224,461,"ⓩⓒ1,15,ⓥ20,맞은수 : %맞은수"
  IF 맞은수>=5  '맞은수가 5 이상이면
    IFGOTO 단계=2,종료
        '현재 단계가 2단계이면 종료로 분기
```

```
        맞은수=0  '현재 1단계일 때 맞은수를 0으로
        단계=2
        한영=1  'input에서 2단계는 영어문제이므로 영어로 입력
        MESSAGEBOX "1단계를 통과했습니다!","1단계 통과",0,1
     ENDIF
  ENDIF
  GOTO 게임

종료:
MESSAGEBOX "2단계를 통과했습니다!!!","2단계 통과",0,1
END

SUB 서브종료
MESSAGEBOX "프로그램을 종료할까요?","종료",2,1,2,종료
IF 종료=1
   END
ENDIF
ENDSUB
```

5. 주요 로직 다루기

문제의 발생

```
RESTORE label(str(단계)),rnd{1,20},0
READ 문제$
```

문자열을 레이블로 바꾸려면 LABEL{ } 함수를 이용한다.

해설 RESTORE는 DATA문을 읽을 위치와 시작자료번호를 지정하는 인수, 그리고 읽을위치종류(레이블, 서브루틴)를 지정하는 인수를 가지고 있다. RESTORE가 생략되면 READ문에 의해 주어진 DATA를 차례대

로 읽어 오게 된다. RESTORE에 의해 읽을 위치와 시작자료번호를 바꾸어 줌으로써 DATA를 읽는 순서를 난수로 처리할 수 있는 것이다.

```
label(str(단계))  '읽을위치의 지정
```

프로그램 시작시 '단계' 변수에는 1이 대입되어 있다. '단계'는 숫자변수 이므로 이름을 STR( ) 함수를 이용하여 문자열로 바꾸고 다시 LABEL( ) 함수로 이 문자열 변수를 레이블명으로 바꾼 것이다. 즉, "1"이라는 레이블을 지정할 수 있게 한 것이다.

```
rnd{1,20}  '시작자료번호 지정
```

각 단계마다 20개의 단어가 등록되어 있는데 문제가 순서대로 출력되지 않고 난수로 출력되게 하기 위한 것이다.

```
READ 문제$
```

RESTORE문에 의해 지정된 위치와 시작번호대로 DATA를 읽어 '문제$'변수에 값을 대입시킨다.

정답 판정 ②

```
IF 입력답$=문제$
  SOUND "훌륭합니다.wav"
  맞은수=맞은수+1
  PRINT 291,224,461,"ⓩⓒ1,15,ⓥ20,맞은수 : %맞은수"
  IF 맞은수>=5
    IFGOTO 단계=2,종료
    맞은수=0
```

```
    단계=2
    한영=1
    MESSAGEBOX "1단계를 통과했습니다!","1단계통과",0,1
  ENDIF
ENDIF
```

```
IF 입력답$=문제$
```

위의 조건문은 READ문에 의해 읽은 '문제$'과 사용자가 입력한 '입력답$'이 서로 같은지를 체크하는 것이다. 즉, 정답을 입력했는지를 비교하여 정답 입력시 맞은 수를 1씩 증가시키고 화면에 출력한다.

```
IF 맞은수>=5
   IFGOTO 단계=2,종료
   맞은수=0
   단계=2
   한영=1
   MESSAGEBOX "1단계를 통과했습니다!","1단계통과",0,1
  ENDIF
```

위의 조건문은 '맞은 수'가 5 이상이면 '단계' 변수의 값을 바꾸어 2단계나 또는 종료레이블로 분기시킨다.

6. 관련 명령어

RESTORE

RESTORE	[읽을위치], [시작자료번호], [읽을위치종류]

기능 프로그램의 내부 자료 위치를 지정한다.

인수
- 읽을위치(레이블,서브루틴) : 읽을 위치에 따라 레이블이나 서브루틴을 지정. 생략하면 프로그램 처음 위치.
- READ문에 의해 자료가 읽혀질 때, 지정된 레이블이나 서브루틴 위치에서 가장 가까운 DATA문이 사용된다.
- 시작자료번호(정수) : 첫 번째 자료는 1. 생략하면 1. 읽을위치에서 지정된 자료의 몇 번째 자료부터 읽을 것인가를 지정한다.
- 읽을위치 종류(코드) : 읽을위치가 레이블인지 서브루틴인지를 나타낸다. 생략하면 0.

READ

READ	저장변수, [...]

기능 프로그램의 내부 자료를 읽는다.

인수
- 저장변수(변수) : 프로그램 내에 DATA문으로 쓰인 자료를 읽어서 저장할 변수. 이 인수는 반복하여 지정할 수 있다.

설명 RESTORE 명령으로 읽을 자료의 처음 위치를 설정할 수 있으며 이 명령에 의해 읽을 DATA문의 자료는 항상 마지막으로 읽은 다음 자료부터 읽게 된다. 읽은 자료는 저장변수의 형에 따라 자료가 변환되어 저장된다. 더 이상 읽을 자료가 없는데 읽으려고 하면 오류가 발생된다. 저장변수는 한 줄에 쓸 수 있는 한 몇 개를 지정해도 관계없지만 생략형으로 사용할 수는 없다.

DATA

DATA	자료, [...]

기능   프로그램 내부에 자료를 둔다.

인수   ● 자료(상수) : READ 명령어로 읽혀질 자료값. 변수는 사용불가하며 반드시 상수(숫자상수, 문자열상수) 형태로 지정되어야 함.

설명   DATA 명령문은 실행되는 것이 아니며, 프로그램의 어느 곳이든 놓일 수 있다. 한 개의 DATA 명령에 사용되는 인수의 수는 한 줄에 표시할 수 있는 범위 내에서 얼마든지 설정할 수 있다. 설정된 자료는 READ 명령에 의해 차례대로 읽혀지며, 읽을 자료의 위치는 RESTORE 명령으로 지정할 수 있다. 자료가 READ 명령으로 읽혀질 때 READ 명령에서 사용된 변수의 형과 일치하지 않아도 사용된 변수의 형에 따라 자동으로 변환되어 읽혀진다.

7. 실습 과제

3단계 이상으로 진행할 수 있는 타자 프로그램을 작성하여 보시오.

프로그램을 해결하는 방법

① "3단계" 레이블을 만들고 DATA를 입력한다.
② 1, 2단계와 마찬가지로 '맞은수' 변수가 5 이상이면 현재가 몇 단계인지를 체크하여 다음 단계로 진행하도록 한다.

2. 그림판을 만들어 봅시다

 프로그램 개요

PASS2000 2.0부터 색창에서 색을 고를 때 스포이트 메뉴를 이용하여 색을 쉽게 고를 수 있다.

학습개요

이 프로그램은 마우스 관련 명령어와 함수를 이용하여 윈도우의 그림판과 같이 마우스의 움직임에 따라 그림을 그리거나 색을 바꿀 수 있도록 한 프로그램이다.

마우스가 움직일 수 있는 영역을 제한할 수 있고, 마우스의 위치가 정해진 영역 내에 있는지를 검사하는 로직을 익힐 수 있다. 또한 어떤 마우스 버튼이 눌렸느냐에 따라 동작하는 기본원리를 이해할 수 있는 프로그램 로직이다.

미리보기

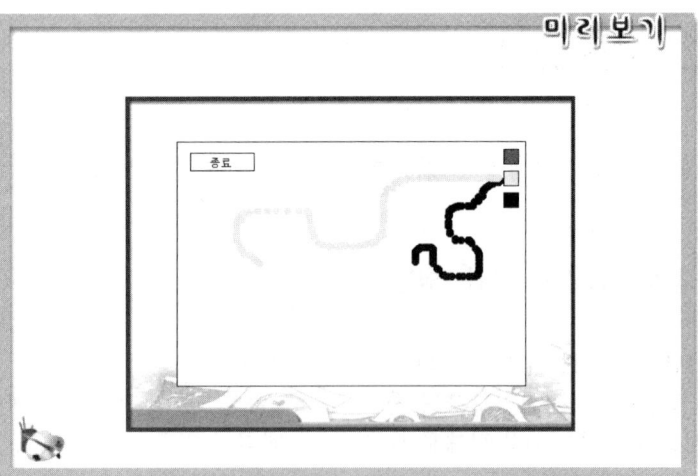

2. 실행화면 알아보기

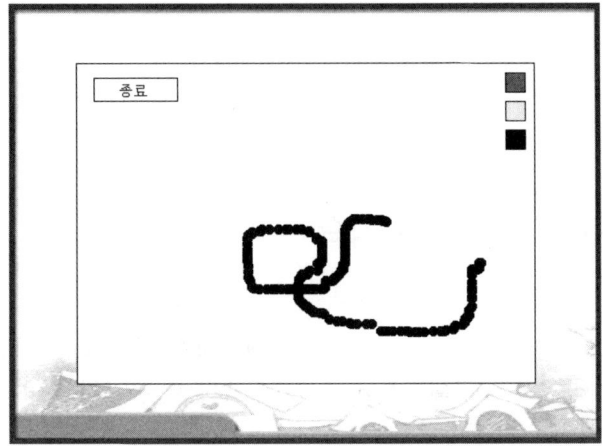

 움직이는 마우스의 X, Y좌표에 따라 그림을 DOT명령어로 그림을 그리는 부분이다.

```
IF Mpos{92,81,182,106}<>1 & Mpos{535,74,562,161}<>1
   DOT mxy{0},mxy{1},5,색
ENDIF
```

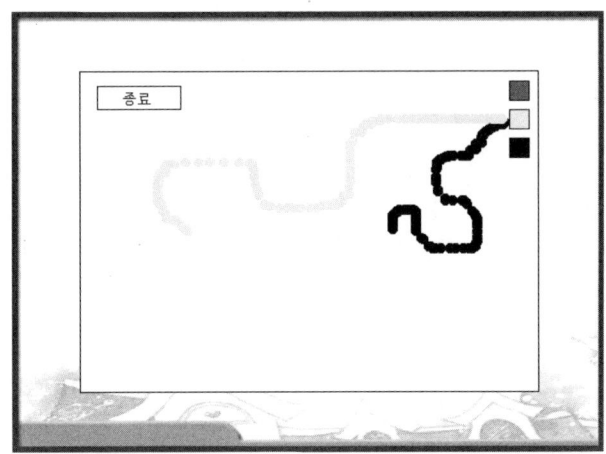

마우스로 다른 색을 선택한 후 색깔이 바뀐 부분이다.

```
IF mchk{}=1
    색=pixel{mxy{0},mxy{1}}
ENDIF
```

3. 프로그램 선수학습

▶ 마우스의 움직임에 따라 그림이 움직이도록 하고 화면 하단에는 마우스의 X, Y좌표가 출력되도록 프로그램을 만들어 봅시다.

```
SCREEN ,,,,640,480
MOUSESET ,,59,45,498,313,,,59,45,564,373
PRINT 95,427,551,"ⓩⓒ1,,종료 : 왼쪽버튼"
계속:
MOUSECHK 0
DSHAPE "cuta003.bmp",MXY{0},MXY{1},70,95,2,,13
CLS ,,,,273,416,640,451
PRINT 280,427,736,"ⓩⓒ1,,X좌표:%MXY{0}, Y좌표:%MXY{1}"
IF MCHK{}=1
   MESSAGEBOX "종료할까요?","종료",2,3,2,종료
   IF 종료=1
      END
   ENDIF
ENDIF
GOTO 계속
```

IV. 활용예제 만들기

실행 화면

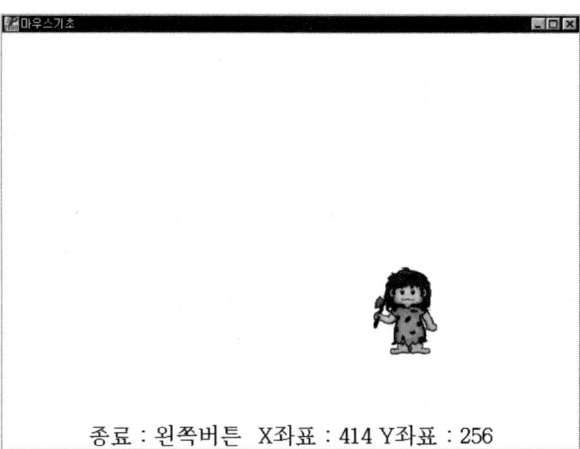

4. 프로그램 소스

```
'----------------------------------------
' 마우스 관련 함수 : mxy{}, mpos{}, mchk{}
' 마우스 관련 명령어 : mousechk
'----------------------------------------
SCREEN 0,0,,,,,4,,,,,640,480
DSHAPE "back.jpg",,,640,480
색=1  '펜의 색을 파란색으로 설정
MOUSESET ,,73,65,569,414,5,5,-3,42,-3,42 '마우스가 작동하는 범위 지정

시작:
BOX 73,65,569,414,0,0,15,1,0
CELLBOX 1,3,538,76,21,21,10,10,0,,15,1,0
PAINT 549,85,12,,,15
PAINT 549,115,14,,,15
PAINT 548,147,1,,,15
BOX 92,81,182,106,0,,15,1,0
```

IF 조건문에서
  & : 그리고
  | : 또는
을 뜻한다.

```
TEXT 119,87,"종료",,16,0,,0,0,0,0,5
'BOX 535,74,562,161,0,,15,1,0 '셀박스 영역

계속:
MOUSECHK 0 '마우스의 상태 변화를 검사한다.
IF mchk{}=2 '마우스 오른쪽 버튼을 클릭하면
  MESSAGEBOX "오른쪽 눌렸지요?","오른쪽",0,1
ENDIF
IF mpos{92,81,182,106}<>1 & mpos{535,74,562,161}<>1
           '종료박스나 색깔을 선택하는 박스가 아니면
 DOT mxy{0},mxy{1},5,색
              '지정된 색으로 마우스를 따라 그림
ENDIF
IF mpos{92,81,182,106} & mchk{}=1 '종료박스에서 왼쪽버튼을 클릭하면
 END
ENDIF
IF mchk{}=1 '왼쪽 버튼을 클릭하면
 색=pixel{mxy{0},mxy{1}} '색을 현재 마우스의 위치의 색으로 바꿈
ENDIF
GOTO 계속
```

5. 주요 로직 다루기

그림 그리기

```
MOUSECHK 0
IF mpos{92,81,182,106}<>1 & mpos{535,74,562,161}<>1
  DOT mxy{0},mxy{1},5,색
ENDIF
```

해설 마우스의 위치가 일정한 사각영역에 들어왔는지를 체크하여 만약 종료 박스와 색깔 박스가 있는 영역에 들어오지 않았다면 DOT를 그리는 조건문이다.

```
MOUSECHK 0
```

마우스의 상태 변화를 검사하여 마우스가 움직이거나 버튼이 동작할 때까지 진행을 멈추게 하는 로직이다. 인수가 "0"인 상태이므로 이 경우에는 마우스가 움직이거나 버튼이 동작하면 바로 진행되도록 설정되어 있는 것이다.

```
mpos{92,81,182,106}<>1 & mpos{535,74,562,161}<>1
```

MPOS{} 함수는 마우스의 X, Y좌표가 {}안의 사각영역에 들어오면 "1"을 그렇지 않으면 "0"을 되돌려 주는 함수이다. 그리고 &는 "AND" 연산 즉, 두 조건 양쪽 모두가 만족하여야 할 때 사용하는 연산자이다.

```
DOT mxy{0},mxy{1},5,색
```

마우스가 움직이는 좌표에 따라 DOT를 그려주는 로직이다. MXY{0}은 마우스의 X좌표를, MXY{1}은 마우스의 Y좌표를 뜻한다.

색깔 바꾸기

```
IF mchk{}=1
   색=pixel{mxy{0},mxy{1}}
ENDIF
```

클릭된 버튼정보를 알기 위해 MCHK{}=1 대신 MXY{2}=1 같이 사용할 수도 있다.

해설 마우스의 어떤 버튼이 클릭되었는 지를 체크하여 만약 왼쪽 버튼이 클릭되었다면 클릭된 마우스 좌표의 색을 구해 '색' 변수에 대입하는 로직이다.

```
Mchk{}=1 '마우스 왼쪽 버튼을 클릭되었다면
```

MCHK{}함수는 마우스의 정보를 구하는 함수이다. 즉, {}안에 들어가는 정보종류에 따라 구해지는 마우스 정보가 달라지는데 {}안의 숫자를 생략하면 마우스의 어느 쪽 버튼이 클릭 되었는지를 알려준다. 왼쪽 버튼이 클릭되면 "1", 오른쪽 버튼이 클릭되면 "2", 양쪽 모두 클릭되면 "3"과 같은 결과값을 돌려준다.

```
색=pixel{mxy{0},mxy{1}}
```

PIXEL{} 함수는 지정된 위치에 있는 화면의 색을 구할 때 사용하는 함수이다. MXY{0}, MXY{1} 즉, 현재 마우스의 X, Y좌표의 색을 알려주는 함수이며 사용자가 여러 개의 색중에 하나를 선택하려고 할 때 사용히는 로직이다. PIXEL{}함수에 의해 구해진 색은 '색'변수에 대입되어 바뀐 색으로 그림을 계속 그리도록 하게 된다.

6. 관련 명령어 및 함수

명령어 - MOUSECHK

| MOUSECHK | [검사내용] |

기능 마우스의 상태 변화를 검사한다.

IV. 활용예제 만들기

인수 ⦿ 검사 내용(코드) : 마우스 동작의 검사 내용. 생략하면 0.

코드	마우스 검사내용
0	이동이나 단추 감지시 진행
1	이동시 진행
2	단추가 눌려졌을 때 진행
3	단추가 떼어졌을 때 진행

설명 이 명령이 실행되면 실행이 정지되고 마우스의 상태가 변화되면 다음 행으로 실행이 진행된다. 이 명령어로 검사된 마우스 상태 변화는 MCHK()를 사용하면 알 수 있다.

함수 1 - MXY{ }

MXY	{ [정보종류] }

기능 마우스 커서의 현재 위치와 단추 상태를 구한다.

인수 ⦿ 정보종류(코드) : 마우스의 현재 위치와 눌려진 단추값을 구한다. 생략하면 2.

코드	마우스 상태
0	현재의 마우스 x좌표를 돌려준다.
1	현재의 마우스 y좌표를 돌려준다.
2	마우스 단추검사의 결과를 돌려준다.

● 단추검사 결과값

결과값	단추검사
1	왼쪽 단추가 눌려졌다.
2	오른쪽 단추가 눌려졌다.
3	왼쪽과 오른쪽 단추 모두 눌려졌다.

결과 정수

함수 2 - MPOS{ }

MPOS	{ [영역x1], [영역y1], [영역x2], [영역y2]}

기능	마우스 커서의 현재 위치와 단추 상태를 구한다.
인수	◉ 영역 x1, y1, x2, y2(정수) : 마우스 커서가 있는지를 검사할 영역좌표. 인수를 모두 생략하면 실행창 전체 영역이 설정된다.

- 좌표를 지정했을 때 결과값

결과값	설 명
0	지정된 영역 밖에 있음
1	지정된 영역 안에 있음

결과	정수
설명	MPOS{ }함수는 현재 마우스가 지정된 영역이나 특정 영역에 있는지를 검사한다. 영역좌표를 지정했을 때 마우스 커서가 지정된 영역 내에 있으면 1을 돌려주고 그렇지 않으면 0을 돌려준다.

7. 실습과제

마우스 왼쪽버튼을 클릭할 때마다 이전 좌표에서 현재 좌표까지 직선을 그리는 프로그램을 작성하시오.

프로그램을 해결하는 방법

① 초기 X, Y좌표를 임의로 지정하여 이전 좌표에 대입한다.
② MOUSECHK 명령어의 '검사 내용 인수'를 단추가 떼어졌을 때로 설정한다.
③ 현재 마우스가 클릭된 좌표를 이용하여 이전좌표까지 직선을 그리도록 설정한다.

IV. 활용예제 만들기

3. 발표번호생성기 프로그램을 만들어 봅시다

프로그램 개요

학습개요

이 프로그램은 교실에서 수업을 할 때 아동들의 발표 의욕이 적을 때 아동들의 흥미를 유발시키며 발표할 어린이의 번호를 난수로 생성시키는 프로그램이다.
RND{} 함수를 이용하여 번호를 생성시키게 되는데 한 번 이상 발표한 어린이는 동그라미 표시를 해준다. 특히, 1번부터 10번까지의 어린이는 SOUND 명령으로 번호를 음성으로 불러주게 처리하였다. 여러 가지 소리파일을 녹음하여 이용하면 더욱 재미있게 수업시간에 적용할 수 있다.

소리파일을 녹음하기 위해서 윈도우의 "녹음기" 프로그램 등을 이용한다.

미리보기

ICT 활용 교육을 위한 PASS 2000 2.0의 실제

2. 실행화면 알아보기

번호를 새로 생성하여 화면바깥쪽으로 확대되는 효과로 출력되며 번호는 난수로 생성된다.

```
FOR i,0,4
    발생수=rnd{1,49}
    BOX 235,166,399,294,0,0,색,1,0
    EDIT 247,183,388,288,,str{발생수},,"^F7,
        ^S100,^A2,^CRGB(0x0),","E0x2329,1,1,"
NEXT
```

번호를 계속해서 생성하게 되며 한 번 이상 생성된 번호는 동그라미표시를 해준다.

3. 프로그램 선수학습

▶ 1부터 7까지의 수를 발생시켜 발생된 수에 따라 요일을 출력하는 프로그램을 만들어 봅시다.

```
SCREEN ,,,,640,480
요일=0
자료:
DATA 1,월,2,화,3,수,4,목,5,금,6,토,7,일
계속:
K=RND{1,7}  '1부터 7까지의 수 중 난수 발생
요일=(K=1)*2+(K=2)*4+(K=3)*6+(K=4)*8+
    (K=5)*10+(K=6)*12+(K=7)*14
   '숫자변수의 값을 조건에 따라 변경하고자 할 때 이용
   'K=1 이면 요일=2   K=2이면 요일=4   K=3이면 요일=6
   'K=4 이면 요일=8   K=5이면 요일=10  K=6이면 요일=12
   'K=7 이면 요일=14 를 대입
RESTORE 자료,요일  '자료레이블의 '요일'위치부터
READ 요일$  '요일위치에서 하나씩 읽어 '요일$'에 대입
CIRCLE 327,216,72,67,,,0,"^G0,9,15,256",15,1,0
TEXT 326,193,요일$,2,50,6
PAUSE
GOTO 계속
```

요일=(K=1)*2…
…(K=7)*14 형식은 조건을 비교하기 편리한 방법이다.

실행 화면

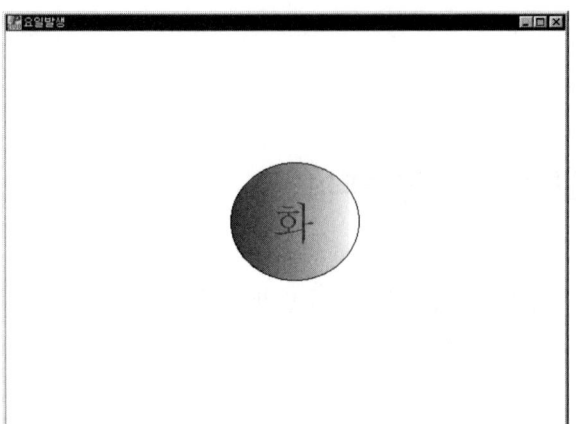

4. 프로그램 소스

> PASS2000에서는 변수와 대소문자를 구별하니 주의한다.

```
SCREEN 0,0,,,,,,4,,,,,,,640,480
DSHAPE "back.jpg",,,640,480
BUTTONSET 1,"종료",,,537,433,72,29,,,,,,,,서브종료,1
CELLBOX 7,7,123,78,52,41,4,3,0,"^G3,15,7,256",15,0,0
출력수=1  '1부터 49까지 출력되는 수의 초기값

시작:
FOR j,0,6  '세로로 7번 출력수를 출력함
  FOR i,0,6 '가로로 7번 출력수를 출력함
    TEXT 150+i*56,84+j*44,출력수,2,30,8
    출력수=출력수+1 '출력수를 증가시킴
  NEXT
NEXT

발표번호선택:
WINDOW 231,163,403,298,2
```

IV. 활용예제 만들기

```
색=rnd{1,15}    '바탕색을 임의로 발생함
FOR i,0,4    '5번 수를 발생시키도록 함
  발생수=rnd{1,49}
  BOX 235,166,399,294,0,0,색,1,0
  EDIT 247,183,388,288,,str{발생수},,"
     ^F7,^S100,^A2,^CRGB(0x0),","E0x2329,1,1,"
       'Edit 명령어를 사용한 라인이 길어 두 줄로 나누어 편집함
NEXT
IF 발생수<11    '발생한 수가 11보다 작을 경우
  SOUND str{발생수}+".wav"
          '발생수가 5이면 "5.wav"파일을 들려줌
ENDIF
PAUSE
EWINDOW
표시수=0
 FOR j,0,6
  FOR i,0,6
   표시수=표시수+1  '표시수를 증가시킴
   IF 표시수=발생수
     CIRCLE 149+i*56,98+j*44,20,17,,,4,,15,2,0
   ENDIF
  NEXT
 NEXT
PAUSE 1
GOTO 발표번호선택


SUB 서브종료
  MESSAGEBOX "프로그램을 종료할까요?","종료",2,1,2,종료
  IF 종료=1
    END
  ENDIF
ENDSUB
```

5. 주요 로직 다루기

번호 생성

```
색=rnd{1,15}   '바탕색을 임의로 발생함
FOR i,0,4   '5번 수를 발생시키도록 함
  발생수=rnd{1,49}
  BOX 235,166,399,294,0,0,색,1,0
  EDIT 247,183,388,288,,str{발생수},,"
      ^F7,^S100,^A2,^CRGB(0x0),","E0x2329,1,1,"
NEXT
IF 발생수<11   '발생한 수가 11보다 작을 경우
  SOUND str{발생수}+".wav"
ENDIF
```

 번호를 생성한 후 중앙에 번호를 크게 출력해 주는 로직이다. 이때, 1번부터 10번까지의 번호는 소리파일을 들려준다.

```
FOR i,0,4
  발생수=rnd{1,49}
  BOX 235,166,399,294,0,0,색,1,0
  EDIT 247,183,388,288,,str{발생수},,"
      ^F7,^S100,^A2,^CRGB(0x0),","E0x2329,1,1,"
NEXT
```

번호를 총 다섯 번 발생시켜 맨 마지막에 발생된 수가 결국 '발생수'에 대입된다. 바로 출력되는 단조로움을 피하기 위한 로직이다.

IV. 활용예제 만들기

```
IF 발생수<11
   SOUND str{발생수}+".wav"
ENDIF
```

위의 로직은 생성된 난수가 11보다 작으면 즉, 1부터 10까지이면 SOUND 명령어로 소리파일을 들려준다. STR{}함수는 생성된 난수를 문자열로 변화시키는 함수이다. 여기에다 ".wav"를 더하면 예를 들어 발생수가 7이라면 "7.wav"와 같이 소리파일을 들려준다.

동그라미 표시 ②

```
표시수=0
FOR j,0,6  '7번
 FOR i,0,6  '7번
  표시수=표시수+1
  IF 표시수=발생수
    CIRCLE 149+i*56,98+j*44,20,17,,,4,,15,2,0
  ENDIF
 NEXT
NEXT
```

해설 1번부터 49번까지 중에서 한 번 이상 발생된 번호는 동그라미 표시를 해주기 위한 로직이다. FOR-NEXT문에서 변수값이 0부터 변하는 것은 CIRCLE 출력시의 시작위치가 변하지 않도록 하기 위함이다.

```
IF 표시수=발생수

ENDIF
```

위의 조건문은 '발생수'와 같아질 때까지 '표시수'를 증가시켜 그 값이 같아질 경우 CIRCLE명령어로 표시해 준다. 즉, 동그라미를 표시할 시점을 찾기 위한 로직이다.

```
CIRCLE 149+i*56,98+j*44,20,17,,,4,,15,2,0
```

생성된 번호에 CIRCLE 명령어로 동그라미를 그리는데 CIRCLE의 X와 Y좌표의 값을 CELLBOX에서의 가로간격, 세로간격을 이용하여 출력하게 한다. i*56의 56은 CELLBOX의 가로길이+가로간격과 같고, j*44의 44는 CELLBOX의 세로길이+세로간격과 같다. 표시수와 발생수가 같아지는 시점까지의 i값과 j값이 이용되는 것이다.

6. 관련 명령어

EDIT

EDIT 명령어의 입출력방식은 문자열 입출력과 파일입출력이 있다.

| EDIT | [x1], [y1], [x2], [y2], [입출력방식], [입출력내용], [문자속성매크로], [출력효과매크로] |

기능 문자열이나 텍스트 파일을 입력하거나 출력한다.

인수
- x1, y1, x2, y2(정수) : 입력이나 출력할 영역좌표. 생략하면 최종값.
- 입출력 방식(코드) : 입력이나 출력할 내용의 방식 코드. 생략하면 1.
- 입출력 내용(숫자, 문자열) : 입력이나 출력할 내용.
- 에디트 속성(코드) : 입출력 방식 인수가 문자열 입력일 경우의 에디트의 속성을 나타낸다. 생략하면 1.
- 문자속성매크로(문자열) : 입력이나 출력할 문자열의 속성 매크로.
- 출력효과매크로(문자열) : 화면에 텍스트를 출력시킬 때의 효과 매크로. 입출력방식이 출력일 경우만 유효.

설명 출력될 내용은 설정된 영역에서 클리핑되어 출력되고 스크롤되지 않는다. 입력 내용이 클 경우에는 설정영역 속에서 스크롤되면서 입력되고 입력의 종료는 마우스 초점이 설정영역 밖에 있을 때 종료된다. 문자열 출력에서 여러 줄을 처리하려면 문자열을 행바꿈 코드로 연결해야 한다. (예: "문자열의 행을"+chr(13)+chr(10)+"바꾼다.") 입출력할 텍스트 파일의 형식은 아스키 텍스트 형식의 파일이어야 한다.

　문자열 입력일 경우 입력이 종료될 때까지 실행이 정지된다. 엔터키나 탭키 또는 에디트 영역이 아닌 곳을 마우스 왼쪽 단추를 눌렀을 때 입력이 종료된다. 복수행을 입력받을 경우에는 마우스로만 종료시킬 수 있다.

7. 실습 과제

앞의 예제에서 한번 발생한 번호는 다시 발생하지 않도록 하는 프로그램을 작성하여 보시오.

프로그램을 해결하는 방법

① 배열변수를 선언한다. (예 DIM 번호[49])
② FOR-NEXT문을 이용하여 배열변수에 들어있는 값을 "0"으로 초기화한다.
③ 번호가 생성될 때마다 그 번호의 배열변수를 "1"로 대입한다.
④ 난수 생성시 49개의 배열변수를 확인한 후 그 값이 1이 아닌지 비교하고 1이 아니면 생성하도록 한다.

4. 버튼처리 서브루틴을 만들어 봅시다

1. 프로그램 개요

TIP

서브루틴을 사용해 프로그램을 만들면 소스가 간결해지고 수정이 쉬워진다.
또한 다른 프로그램에서 다시 이용하기가 훨씬 수월해진다.

학습개요

교육용 소프트웨어를 만들 때 학습화면이 끝나면 다음 화면으로 진행하거나 또는 이전 화면으로 진행하게 된다. 그 밖에도 학습차례로 이동하거나 학습종료 화면이 나오도록 설정하기도 한다. 기존의 방법으로는 각 학습화면마다 BUTTONSET 명령어나 BUTTONON 명령어가 여러 번 사용된다. 따라서 프로그램의 전체적인 길이도 길어지고 수정하는데도 불편한 점이 많았다. 그래서 이를 하나의 서브루틴으로 처리하여 보다 편리하게 학습화면 분기가 이루어지도록 하는데 사용하는 프로그램이다.

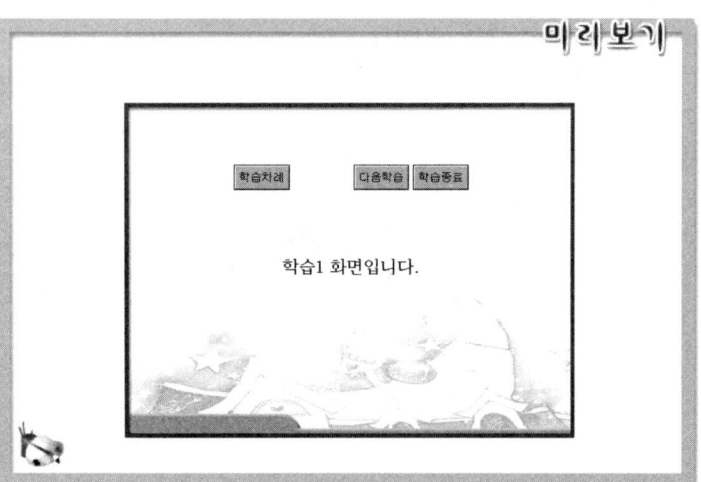

IV. 활용예제 만들기

 실행화면 알아보기

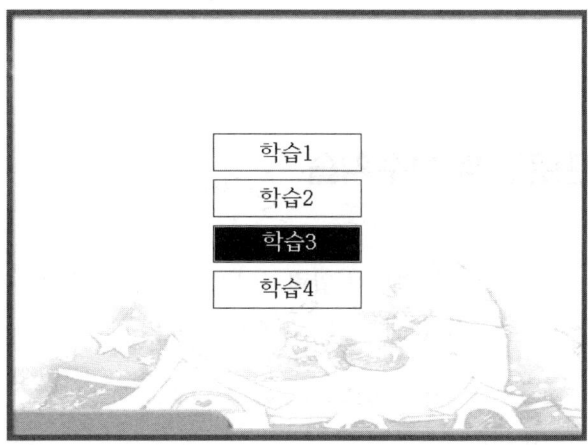

　SELECT 명령어에 의해 학습하고자 하는 학습 내용을 선정하는 부분이다.

```
SELECT menu,4,,,,,4,1,4,227,138,164,41,10,10 '학습선택
```

　버튼처리 서브루틴에 의해 학습차례, 이전학습, 다음 학습, 학습종료 버튼이 작동하도록 구현한 부분이다.

```
SUB 버튼처리,차례$,이전$,다음$,종료$

ENDSUB
```

3. 프로그램 선수학습

▶1부터 3까지의 수 중 하나를 입력하면 LABEL{} 함수로 레이블을 만들어 GOTO문에 의해 분기하는 프로그램을 만들어 봅시다.

```
SCREEN ,,,,640,480
다시:
CLS
PRINT 127,203,568,"ⓩ 숫자를 입력하세요(1-3)?"
INPUT 412,202,입력수,1,1,,,24,0,3
IFGOTO 입력수>3 | 입력수<0, 다시
            '1부터 3이 아니면 "다시" 레이블로 분기
GOTO LABEL{STR{입력수}}
            '입력수를 문자열로 바꾸어 레이블로 바꾸어 줌
1:
PRINT 230,286,472,"ⓩ레이블명 : 1"
PAUSE
GOTO 다시
2:
PRINT 230,286,472,"ⓩ레이블명 : 2"
PAUSE
GOTO 다시
3:
PRINT 230,286,472,"ⓩ레이블명 : 3"
PAUSE
GOTO 다시
```

IV. 활용예제 만들기

실행 화면

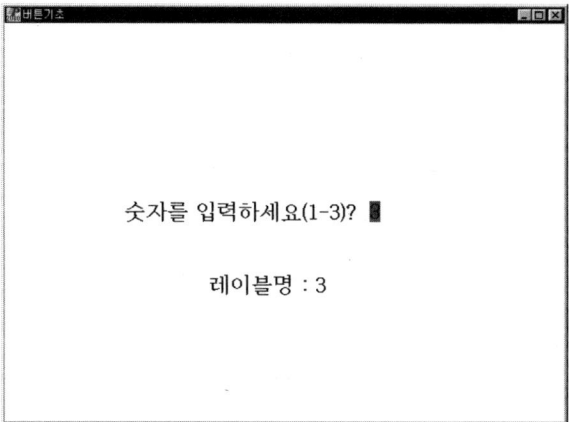

4. 프로그램 소스

```
SCREEN ,,,,640,480,,4,,,,,,640,480
BUTTONSET 1,"학습차례",,,,155,89,78,35 '학습차례 위치
BUTTONSET 2,"이전학습",,,,240,89,78,35 '이전학습 위치
BUTTONSET 3,"다음학습",,,,325,89,78,35 '다음학습 위치
BUTTONSET 4,"학습종료",,,,410,89,78,35 '학습종료 위치
학습차례:
BUTTONOFF '모든 버튼을 동작하지 않도록 함
DSHAPE "back.jpg",,,,640,480
TEXT 308,148,"학습1",2
TEXT 308,198,"학습2",2
TEXT 311,247,"학습3",2
TEXT 308,299,"학습4",2
SELECT menu,4,,,,,4,1,4,227,138,164,41,10,10 '학습선택
ONGOTO menu,학습1,학습2,학습3,학습4 '변수에 따라 분기

학습1:
```

TIP

PAUSE, 1은 2.0에 새로 추가된 기능으로 무한대기 상태이다. 마우스나 키보드로 바로 진행시킬 수 없고 버튼 등을 설정하여 진행시킨다.

CALL 버튼처리,"학습차례","","학습2","종료"
                '버튼처리서브루틴호출
PRINT 223,224,444,"ⓩ학습1 화면입니다."
PAUSE ,1
학습2:
CALL 버튼처리,"학습차례","학습1","학습3","종료"
PRINT 223,224,444,"ⓩ학습2 화면입니다."
PAUSE ,1
학습3:
CALL 버튼처리,"학습차례","학습2","학습4","종료"
PRINT 223,224,444,"ⓩ학습3 화면입니다."
PAUSE ,1
학습4:
CALL 버튼처리,"학습차례","학습3","","종료"
PRINT 223,224,444,"ⓩ학습4 화면입니다."
PAUSE ,1

학습1:
CALL 버튼처리,"학습차례","","학습2","종료"
PRINT 223,224,444,"ⓩ학습1 화면입니다."
PAUSE ,1 '무한대기 PASS2000 2.0에 새로 추가된 기능
학습2:
CALL 버튼처리,"학습차례","학습1","학습3","종료"
PRINT 223,224,444,"ⓩ학습2 화면입니다."
PAUSE ,1
학습3:
CALL 버튼처리,"학습차례","학습2","학습4","종료"
PRINT 223,224,444,"ⓩ학습3 화면입니다."
PAUSE ,1
학습4:
CALL 버튼처리,"학습차례","학습3","","종료"
PRINT 223,224,444,"ⓩ학습4 화면입니다."
PAUSE ,1
SUB 버튼처리,차례$,이전$,다음$,종료$
  DSHAPE "back.jpg",,,640,480

```
   BUTTONOFF  '모든 버튼 동작 중지
   IF 차례$<>""  '문자열 차례$가 공백이 아니면
     BUTTONON 1,Label{차례$},0
   ENDIF
   IF 이전$<>""
     BUTTONON 2,Label{이전$},0
   ENDIF
   IF 다음$<>""
     BUTTONON 3,Label{다음$},0
   ENDIF
   IF 종료$<>""
     BUTTONON 4,Label{종료$},1
   ENDIF
ENDSUB
SUB 종료
   MESSAGEBOX "종료할까요?","종료",2,3,2,yn
   IF yn=1
     END
   ENDIF
ENDSUB
```

5. 주요 로직 다루기

서브루틴 호출

```
학습1:
CALL 버튼처리,"학습차례","","학습2","종료"
PRINT 223,224,444,"ⓩ학습1 화면입니다."
PAUSE ,1
```

해설 "학습1" 레이블로 버튼처리 서브루틴을 먼저 호출한 후 현재 화면이 어느 부분인지를 출력하고 무한대기 상태로 대기하는 로직이다.

```
CALL 버튼처리,"학습차례","","학습2","종료"
```

"학습차례", " ", "학습2", "종료"라는 4개의 문자열을 버튼처리라는 서브루틴으로 넘겨 호출한다. 주의할 것은 서브루틴으로 4개의 문자열이 넘어가야 하므로 하나라도 생략하지 말아야 하며 위에서 " "와 같이 입력한 것은 해당 버튼이 작동하지 않도록 하기 위함이다. 즉, 이전학습화면으로 진행되지 않도록 설정된 예이다.

```
PAUSE, 1   '2.0에서 새로운 인수가 추가됨
```

PASS2000에서 새로 추가된 기능으로 이전 버전에서는 PAUSE 명령에 의해 초단위로 대기하거나 또는 키보드나 마우스가 동작할 때까지만 대기할 수 있었다. 이 명령어에 의해 무한 대기상태가 된다.

버튼처리 로직 ②

```
SUB 버튼처리,차례$,이전$,다음$,종료$
  DSHAPE "main4.gif",,,640,480
  BUTTONOFF   '모든 버튼 동작 중지
  IF 차례$<>""   '문자열 차례$가 공백이 아니면
    BUTTONON 1,Label{차례$},0
  ENDIF
  IF 이전$<>""
    BUTTONON 2,Label{이전$},0
  ENDIF
  IF 다음$<>""
    BUTTONON 3,Label{다음$},0
```

```
  ENDIF
  IF 종료$<>""
    BUTTONON 4,Label{종료$},1
  ENDIF
ENDSUB
```

 CALL 명령어에 의해 입력받은 4개의 문자열을 각각 '차례$', '이전$', '다음$', '종료$'로 읽고 이를 LABEL{ }함수를 이용해 레이블로 변환시킨 후 BUTTONON 명령으로 실제로 버튼이 동작하도록 한 것이다. 특히 주의할 것은 BUTTONON을 하기 전에 모든 버튼을 동작할 수 없도록 BUTTONOFF 명령을 사용해야만 불필요한 버튼이 나타내지 않도록 할 수 있다.

```
  IF 차례$<>""
    BUTTONON 1,Label{차례$},0
  ENDIF
```

입력받은 첫 번째 문자열 '차례$'에 읽어 온 값이 공백인지를 비교하여 공백이 아니면 '차례$'에 대입되어 있는 문자열을 레이블로 만들어 버튼이 동작하도록 하는 것이다.

6. 관련 함수

LABEL{ }

| LABEL | { 문자열 } |

기능	문자열을 레이블이나 서브루틴이 되게 한다.
인수	⊙ 문자열(문자열) : 레이블이나 서브루틴으로 변경시킬 문자열.
설명	GOTO나 CALL 등 레이블이나 서브루틴을 인수로 갖고 있는 명령에서 지정되는 레이블이나 서브루틴은 변수로 지정할 수 없다. 그러나 문자열 상수나 문자열 변수를 이 함수로 레이블화 시키면 가능하게 된다.
결과	레이블, 서브루틴
보기	call a$ ' a$라는 서브루틴 호출. 여기에 있는 a$는 변수가 아님. goto a$ ' a$라는 레이블로 분기 next: a$="서브루틴" call label(a$) ' 변수에 들어 있는 문자열을 서브루틴명으로 사용 a$="종료" goto label(a$) ' 변수에 들어 있는 문자열을 레이블로 사용 sub a$ endsub sub 서브루틴 print ,,,"서브루틴속ⓝ" endsub a$: goto next 종료: print ,,,"프로그램 종료" pause end

7. 실습 과제

위의 버튼처리 함수에 확인버튼, 다시학습 버튼, 도움말 버튼 등을 추가하여 사용할 수 있도록 프로그램을 만들어 봅시다.

프로그램을 해결하는 방법

① 버튼처리 서브루틴에서 확인$, 다시$, 도움$를 추가한다.
② CALL문에서도 분기하고자 하는 레이블을 3개 추가한다.
③ 버튼처리 서브루틴에서 조건문을 추가한다.
④ 버튼 번호를 5에서부터 차례로 증가시키며 "BUTTONON 5, Label{확인$},0"와 같이 차례대로 3개의 BUTTONON 명령을 입력한다.

5. 색칠하기 프로그램을 만들어 봅시다

 프로그램 개요

파레트의 색깔을 지정할 경우에는 색을 인식하지 못하는 경우가 있어 되도록 0~15번 사이의 색을 지정하는 것이 적당하다.

학습개요

색칠하기 프로그램은 그림판에 불규칙한 사각형을 무작위로 출력하고 마우스로 원하는 색을 선택한 다음 이것을 그림판에 예쁘게 색칠해 보는 프로그램이다.

이 프로그램은 수학과목의 분수 단원학습에서 제시한 수만큼 색칠하는 활동을 하거나 또는 미술시간에 차가운 색과 따뜻한 색을 비교하는 색칠하기 수업 등에 활용할 수 있으며 이외에도 여러 학습에서 응용을 할 수 있는 간단하면서도 재미있는 프로그램이다.

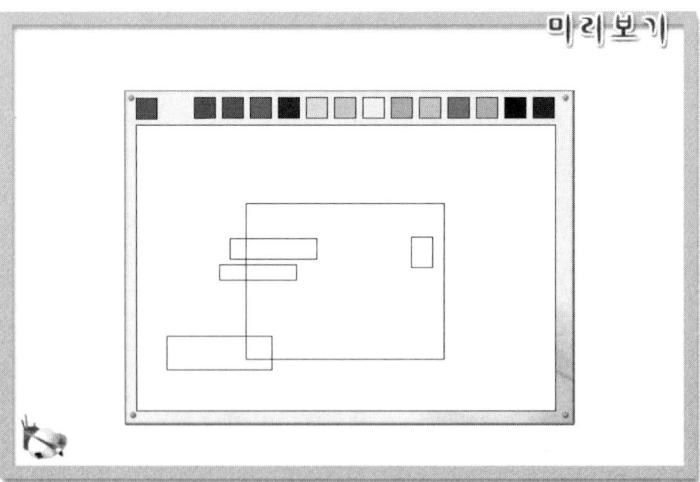

미리보기

IV. 활용예제 만들기

실행화면 알아보기

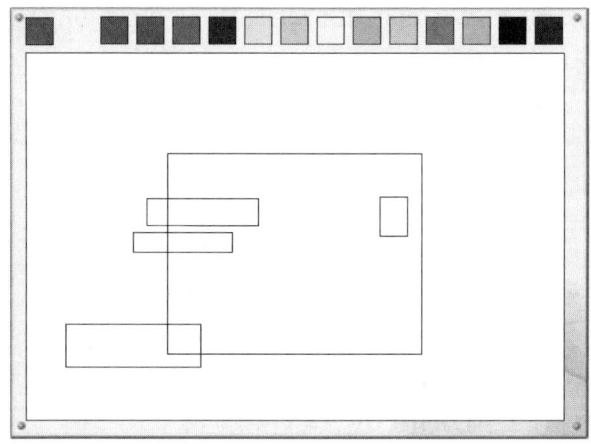

위 화면은 READ~DATA문을 이용하여 팔레트 색을 출력한 것이고 아래의 그림판은 랜덤을 이용하여 무작위로 사각형을 출력한 실행화면을 나타낸 것이다.

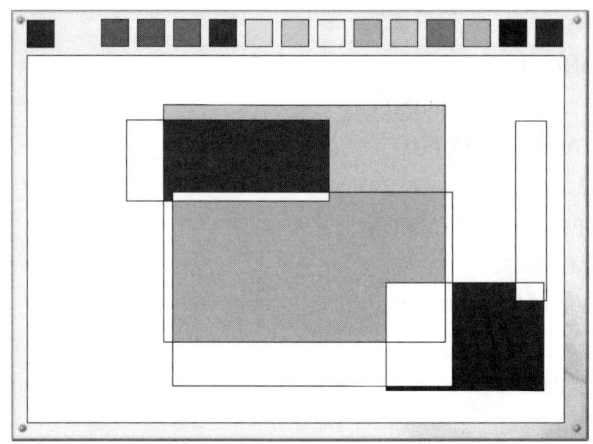

마우스의 왼쪽 버튼을 클릭하여 팔레트에서 색을 선택한 다음 아래의 그림판에 색깔을 칠하는 실행화면을 나타낸 것이다.

3. 프로그램 선수학습

 READ~DATA문을 이용하여 동물 이름의 자료를 읽은 다음 버튼으로 글자를 출력하여 봅시다.

```
SCREEN ,,,,400,300,,2,,,83
MEAN$ ="",255
DATA:
DATA "구름","배","고래","앵무새","불가사리","나무"

BUTTONSET 1,,,,26,15,146,65,,,,,2,4,,단추1,1 '구름
BUTTONSET 2,,,,44,88,100,52,,,,,2,4,,단추1,1 '배
BUTTONSET 3,,,,19,192,100,52,,,,,2,4,,단추1,1 '고래
BUTTONSET 4,,,,188,77,63,49,,,,,2,4,,단추1,1 '앵무새
BUTTONSET 5,,,,176,229,38,35,,,,,2,4,,단추1,1 '불가사리
BUTTONSET 6,,,,177,167,71,54,,,,,2,4,,단추1,1 '나무
PAUSE ,1 '무한루프

SUB 단추1
  BUTTONOFF -1,,0
  BTNNUM = BUTTONINFO()
  WINDOW 210,0,399,43,0
  BOARD 210,0,189,43,3,20,245,245
  RESTORE DATA,BTNNUM
  READ MEAN$
  TEXT 302,12,MEAN$,2,20,,,9,,,,7
  PAUSE
  EWINDOW
  BUTTONON -1
ENDSUB
```

4. 프로그램 소스

```
SCREEN 0,1,,,640,480,"색칠하기",2
DSHAPE "main4.gif",0,0,640,480
CELLBOX 13,1,100,10,30,30,10,,0
BOX 17,11,47,41,0,0,15,1
BOX 17,50,612,459,0,0,15,1

색정보: '색테이블 출력할 색번호를 지정함
DATA 9,2,3,4,42,43,14,10,11,12,55,19,27
RESTORE 색정보 '색번호 정보를 읽을 위치를 지정함
FOR i,0,12
   READ color '색번호를 읽어 옴
   PAINT 105+i*40,15,color,0 '색을 칠함
NEXT
FOR i,1,5 'rnd()함수를 사용하여 임의 박스를 출력함
  BOX rnd(20,610),rnd(70,430),rnd(20,610),rnd(60,430),0
NEXT
NO=1 '첫 번째 색으로 1번 자료(9번 색)를 지정함

색칠하기:
FOR i,0,12 '색을 선택할 수 있게 버튼을 지정함
    BUTTONSET 1+i,,,,100+i*40,10,30,30,,,,,2,,,색선택,0
NEXT
REATORE 색정보,NO '지정된(선택된) 색의 위치
READ 색 '지정된 색을 읽어옴
PAINT 19,15,색,0 '현재 선택한 색을 나타냄

WHILE 1 '마우스 왼쪽버튼으로 색을 칠함 (무한 반복함)
  MOUSECHK 2 '마우스버튼을 누룰때까지 대기함
  x=mxy(0),y=mxy(1) '현재 마우스의 x,y위치를 구함
  IF point(10,50,620,400,x,y)=1 & mxy(2)=1
     PAINT x,y,색,0 '현재 위치를 색을 칠함
  ENDIF
WEND
```

BUTTONSET
단추이벤트를 설정하거나 단추이벤트를 직접 가능하게 할 수도 있음.

5. 주요 로직 다루기

자료 읽기와 사각형 그리기

RESTORE
프로그램의 내부자료 위치를 지정함.

```
색정보:
DATA 9,2,3,4,42,43,14,10,11,12,55,19,27

RESTORE 색정보
FOR i,0,12
  READ color
  PAINT 105+i*40,15,color,0
NEXT
FOR i,1,5
  BOX rnd(20,610),rnd(70,430),rnd(20,610),rnd(60,430),0
NEXT
```

```
FOR i,0,12
  READ color
  PAINT 105+i*40,15,color,0
NEXT
```

RESTORE 명령어에 의하여 자료를 읽을 위치를 지정한 다음 READ 명령어로 DATA 자료를 읽는 반복문이다. 즉 위의 12가지 색깔을 출력하는 부분에 해당된다.

```
FOR i,1,5
  BOX rnd(20,610),rnd(70,430),rnd(20,610),rnd(60,430),0
NEXT
```

위 소스의 rnd( ) 함수는 난수를 구하는 함수이며 사각형을 무작위로 5개 출력하는 반복문이다. x1좌표는 rnd(20, 610)에 의하여 20에서 610에 있는 수 중에서 아무 수나 무작위로 정수를 추출한다.

버튼 설정과 색칠하기

```
색칠하기:
FOR i,0,12
   BUTTONSET 1+i,,,,100+i*40,10,30,30,,,,,2,,,색선택,0
NEXT
REATORE 색정보,NO
READ 색
PAINT 19,15,색,0

WHILE 1
   MOUSECHK 2
   x=mxy(0),y=mxy(1)
   IF point(10,50,620,400,x,y)=1 & mxy(2)=1
      PAINT x,y,색,0
   ENDIF
WEND
```

```
FOR i,0,12
   BUTTONSET 1+i,,,,100+i*40,10,30,30,,,,,2,,,색선택,0
NEXT
```

위 소스는 파레트 12가지 색깔의 영역 크기에 맞게 12개의 버튼 기능을 설정하는 반복문이다.

```
IF point(10,50,620,400,x,y)=1 & mxy(2)=1
    PAINT x,y,색,0
ENDIF
```

만약 마우스의 왼쪽 버튼(mxy(2)=1)을 누르고 x, y의 위치가 사각형 영역(10,50,620,400) 안에 포함될 경우 색을 칠하라는 조건문이다.

6. 관련 함수

pixel( )

TIP
함수는 프로그램에서 요구되는 값을 변환하거나 연산시켜 그 결과값을 사용하는 기능이다.

| PIXEL | ([위치x], [위치y], [정보종류]) |

기능 지정된 위치에 있는 화면의 색을 구한다.

인수 ● 정보종류(코드) : 최종 그래픽 정보 종류. 생략하면 0

코드	정보 종류
0	색코드
1	적색(R)값
2	녹색(G)값
3	청색(B)값
4	RGB 24비트값

설명 색정보에서 색코드(0)를 구할 때 결과값이 -1로 나오면 현재 색코드 팔레트에 없는 색이다. 시스템의 색상이 트루컬러가 아닐 때, 그래픽 명령으로 화면에 색을 칠한 후에 색코드를 검사할 경우 칠한 색코드가 나오지 않고 -1로 돌려질 수도 있다. 이것은 윈도우의 팔레트 매니저가 화면에 출력시킬 색을 조정시키기 때문이다.

보기 SCREEN
FOR N,0,9

BOX 20+N*60,120,20+N*60+54,120+60,RND(1,15),1
TEXT 20+N*60+27,182,PIXEL(20+N*60,120),2
NEXT
PAUSE

7. 실습 과제

 응용과제 실행 화면

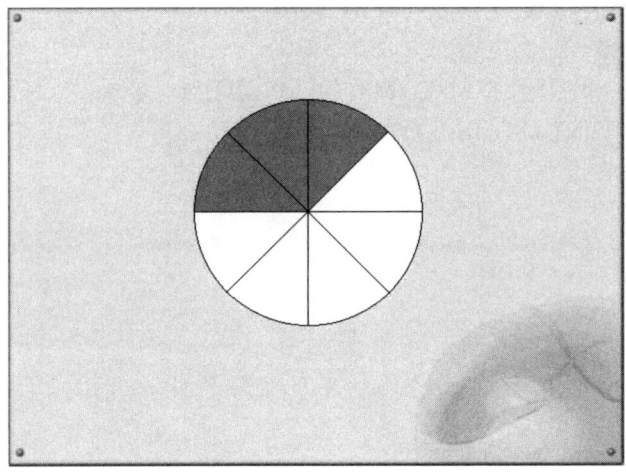

 응용과제 해결 실마리

해결 1. 그래픽 명령어를 이용하여 8등분된 분수를 그린다.

```
CIRCLE 311,214,118,118,,,0,0,14,1,0
LINE 193,213,428,213,0,1,0
LINE 310,97,310,332,0,1,0
LINE 393,130,226,297,0,1,0
LINE 228,131,395,298,0,1,0
```

해결 2. 아래 명령어를 이용하여 오목 둘 위치를 선택하는 명령문을 작성한다.

```
WHILE 1
  MOUSECHK 2

WEND
```

해결 3. 아래 조건문을 이용하여 그림(바둑돌)을 번갈아 출력한다.

```
IF MXY()=1 & PIXEL(MXY(0),MXY(1))=( )
  PAINT MXY(0),MXY(1),( ),0
ELSE
  IF MXY()=1 & PIXEL(MXY(0),MXY(1))=( )
    PAINT MXY(0),MXY(1),( ),0
  ENDIF
ENDIF
```

IV. 활용예제 만들기

6. 짝짓기 프로그램을 만들어 봅시다

프로그램 개요

학습개요

이 프로그램은 짝짓기 프로그램으로 마우스로 두 개의 그림을 선택하여 같은 그림이 나타났을 때 두 개의 그림이 펼쳐지고 서로 다른 그림을 선택하였을 경우에는 원래 상태로 되돌아가도록 하는 간단한 게임형 학습프로그램이다.

공모전 및 여러 학습용 프로그램을 작성하고자 할 때 학습 게임용으로 많이 응용되는 프로그램 로직 중 하나이다. 예를 들어 수학의 같은 성질의 도형 찾기, 사회의 고장의 관련 특산물을 찾기, 교수용 프로그램 작성 시 아동들의 흥미를 유발하기 위해 응용할 수 있다.

미리보기

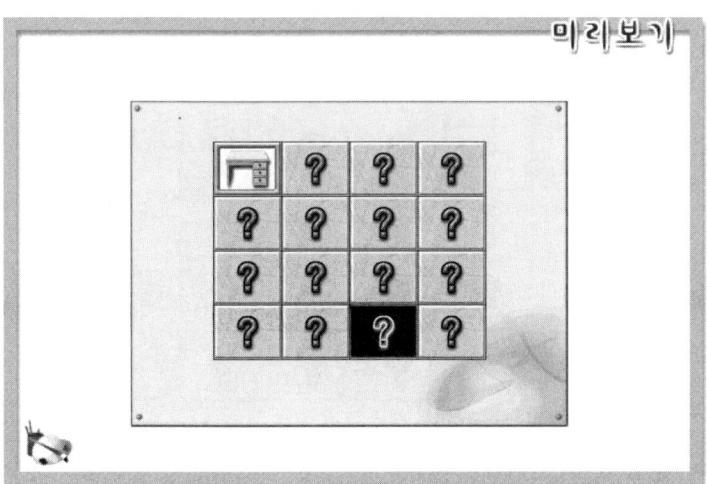

2. 실행화면 알아보기

　한 개의 그림을 선택하였을 경우의 실행화면이며 아래 로직에 해당되는 부분이다.

```
IF bun=0

   GOTO 짝짓기
ENDIF
```

한 개의 그림을 선택하였을 경우의 실행화면이며 아래 로직에 해당되는 부분이다.

```
IF bun=1

ENDIF
GOTO 짝짓기
```

프로그램 선수학습

1차원 배열의 저장

▶ 16개의 수를 1차원 배열(dap[i])에 저장하는 방법에 대하여 알아봅시다.

```
DATA 3,14,3,7,12,16,7,15,11,13,11,12,13,14,15,16
FOR i,1,20
    READ dap[i]
NEXT
```

🦉 실행 후 배열의 수 저장 결과

| 3 | 14 | 3 | 7 | 12 | 16 | 7 | 15 | 11 | 13 | 11 | 12 | 13 | 14 | 15 | 16 |

박스 출력

▶ 가로 5, 세로 5개의 박스를 출력하는 방법에 대해 알아봅시다.

```
FOR j,0,3  '세로 개수(0~3까지 4개)
   FOR i,0,3  '가로 개수(0~3까지 4개)
      DSHAPE "덮개1.gif",120+i*100,60+j*80,100,80
   NEXT
NEXT
```

 실행 결과

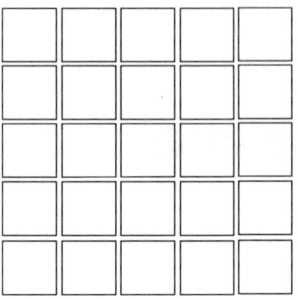

4. 프로그램 소스

 TIP

이미지를 직접 그래픽 툴에서 제작하여 투명으로 적용하고자 할 경우에는 그래픽 툴에서 색깔과 저작도구에서의 RGB 색깔을 동일하게 맞춰주어야 한다.

```
SCREEN 0,,,,640,480,"짝 맞추기",2  '실행화면 설정
DIM pic[16]
DIM pxy[2,2]  '그림 위치를 저장할 공간으로 사용함
DIM dap[16]  '그림의 위치에 맞게 수를 배열에 저장함
DIM grim[2]  '반복되는지의 여부를 판별
SHAPELOAD 0,"게임_8.gif",16,4,4,0,0,100,80,0,0
DSHAPE "main4.gif",0,0,640,480
CALL o_dap
bun=0  '변수 설정(그림을 선택한 횟수로 활용함)
```

배열:
```
DSHAPE "게임_8.gif",120,60,400,320
FOR j,0,3  '가로 4, 세로 4로 된 그림을 출력시킴
```

```
    FOR i,0,3
        DSHAPE "덮개1.gif",120+i*100,60+j*80,100,80
    NEXT
NEXT

짝짓기:
SELECT v,4,,v,,,16,4,4,120,60,100,80,0,0
IFGOTO dap[v]=0,짝짓기
SOUND "125.wav"
IF bun=0  '그림을 처음 선택하였을 경우
    SHAPE 0,v,sel(1),sel(2),100,80
    pxy[1,1]=sel(1),pxy[1,2]=sel(2)
    pic[1]=dap[v],grim[1]=v
    bun=bun+1
    GOTO 짝짓기
ENDIF
IF bun=1  '그림을 두 번째 선택하였을 경우
    SHAPE 0,v,sel(1),sel(2),100,80
    PAUSE 1
    pxy[2,1]=sel(1),pxy[2,2]=sel(2)
    pic[2]=dap[v],grim[2]=v
    IF pic[1]=pic[2]  '선택한 배열에 저장된 두 수가 같을 경우
        SOUND "124.wav"
        dap[grim[1]]=0,dap[grim[2]]=0
    ELSE
        SOUND "123.wav"
        DSHAPE "덮개1.gif",pxy[1,1],pxy[1,2],100,80
        DSHAPE "덮개1.gif",pxy[2,1],pxy[2,2],100,80
    ENDIF
    bun=0  '변수를 초기화하여 선택횟수를 한 번으로 함
ENDIF
GOTO 짝짓기


SUB o_dap  '배열에 수를 입력하는 서브문임
    DATA 3,14,3,7,12,16,7,15,11,13,11,12,13,14,15,16
    RESTORE o_dap,,1  '서브문 첫 자료부터 다시 읽음
```

```
    FOR i,1,16
        READ dap[i]
    NEXT
ENDSUB
```

5. 주요 로직 다루기

Sub문

```
SUB o_dap
    DATA 3,14,3,7,12,16,7,15,11,13,11,12,13,14,15,16
    RESTORE o_dap,,1
    FOR i,1,16
        READ dap[i]
    NEXT
ENDSUB
```

 TIP

"%"는 두 가지 활용됨.

A=4%3일 경우 4를 3으로 나눈 나머지를 뜻함 (A=1)

PRINT 명령어에서 변수 처리를 할 경우에 사용된다.

 해설

DATA 3,14,3,7,12,16,7,15,11,13,11,12,13,14,15,16

3	14	3	7
12	16	7	15
11	13	11	12
13	14	15	16

원리는 간단하지만 꼭 이해해야 될 부분 중의 하나이다. 먼저 위에 있는 그림과 옆의 표를 비교하여 보면 DATA 명령어에 쓰인 수의 의미와 규칙이 무엇인지 알 수 있어야 한다. 같은 그림끼리 같은 수로 지정한 것을 알 수 있을 것이다. 즉 배열에 수가 같을 경우에는 같은 그림으로 인식하도록 하는 원리를 이용하면 좀 쉽게 해결할 수 있는 지름길이 된다.

```
FOR i,1,16
    READ dap[i]
NEXT
```

반복문을 사용하여 배열 dap[i]에 data에 있는 16개의 수를 입력하는 부분이다.

배열문 ②

```
SHAPE 0,v,sel(1),sel(2),100,80
pxy[1,1]=sel(1),pxy[1,2]=sel(2)
pic[1]=dap[v],grim[1]=v
bun=bun+1
```

해설

```
pxy[1,1]=sel(1), pxy[1,2]=sel(2)
```

Select의 X좌표(sel(1))에 해당되는 수를 pxy[1,1] 배열변수에 저장하고 Y좌표(sel(2))에 해당되는 수를 pxy[1,2] 배열변수에 저장한다. 이것은 아래 로직에 적용되며 다시 말하면 두 번째 그림이 첫 번째 그림과 서로 다른 경우 SELECT문의 선택한 위치에 맞게 원래 위치대로 그림을 되돌아가기 위해서이다.

```
DSHAPE "덮개1.gif",pxy[1,1],pxy[1,2],100,80
DSHAPE "덮개1.gif",pxy[2,1],pxy[2,2],100,80
```

```
pic[1]=dap[v], grim[1]=v
```

첫 번째 그림을 선택할 때 커서 위치에 해당되는 배열의 수를 pic[1]에 저장하고, 두 번째 그림을 선택할 때 커서 위치에 해당되는 배열의 수를 pic[2]에 저장하여 아래와 같이 IF문을 사용하여 같은지 틀린지를 판단한다. 그리고 grim[1]=v의 역할은 맞았을 경우에 두 번 반복하여 선택되어지지 않도록 하기 위하여 해당 위치에 커서번호를 배열에 저장해 두는 것이다.

```
IF pic[1]=pic[2]
```

```
dap[grim[1]]=0,dap[grim[2]]=0
```

6. 관련 명령어

READ

READ	저장변수, [...]

변수의 정의는 대입문에 의해 명시적으로 정의하여야 하나 명령어에 따라 인수에서 묵시적(INPUT, SELECT 등)으로 정의될 수 있다.

기능 프로그램의 내부 자료를 읽는다.

인수 ◉ 저장변수(변수) : 프로그램 내에 DATA문으로 쓰인 자료를 읽어서 저장할 변수. 이 인수는 반복하여 지정할 수 있다.

설명 RESTORE 명령으로 읽을 자료의 처음 위치를 설정할 수 있으며 이 명령에 의해 읽을 DATA문의 자료는 항상 마지막으로 읽은 다음 자료부터 읽게 된다. 읽은 자료는 저장변수의 형에 따라 자료가 변환되어 저장된다. 더 이상 읽을 자료가 없는데 읽으려고 하면 오류가 발생된다. 저장변수는 한 줄에 쓸 수 있는 한 몇 개를 지정해도 관계없지만 생략형으로 사용할 수는 없다.

DATA

DATA	자료, [...]

기능   프로그램 내부에 자료를 둔다.

인수   ⦿ 자료(상수) : READ 명령어로 읽혀질 자료값. 변수는 사용불가하며 반드시 상수(숫자상수, 문자열상수) 형태로 지정되어야 함.

설명   DATA 명령문은 실행되는 것이 아니며, 프로그램의 어느 곳이든 놓일 수 있다. 한 개의 DATA 명령에 사용되는 인수의 수는 한 줄에 표시할 수 있는 범위 내에서 얼마든지 설정할 수 있다. 설정된 자료는 READ 명령에 의해 차례대로 읽혀지며, 읽을 자료 위치는 RESTORE 명령으로 지정할 수 있다. 자료가 READ 명령으로 읽혀질 때 READ 명령에서 사용된 변수의 형과 일치하지 않아도 사용된 변수의 형에 따라 자동으로 변환되어 읽혀진다.

7. 실습 과제

응용 과제

수학과 도형 수업에 적용될 수 있도록 아래 조건과 그림을 참조하여 짝짓기 프로그램을 완성하여 보시오.

해결 조건

- 같은 도형의 성질끼리 그림을 선택하여 고르도록 프로그램을 작성한다.
- 도형의 성질은 직각삼각형, 이등변 삼각형, 정삼각형, 직사각형, 정사각형, 마름모, 사다리꼴, 평행사변형으로 나누어서 작성한다.

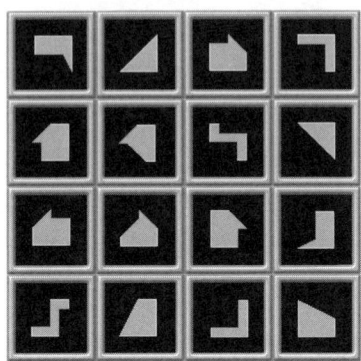

심화 과제 ②

사회과 각 고장의 특산물 알아보기 수업에 적용될 수 있도록 아래 조건을 참조하여 프로그램을 완성하여 보시오.

해결 조건

- 각 고장의 관련 특산물을 선택하여 고르도록 프로그램을 작성한다.
- 고장의 특산물은 강화, 담양, 충주, 전주, 나주, 안성, 이천, 공주로 나누어서 작성한다.
- RND( ) 함수를 이용하여 똑같은 그림이 반복되는 것이 아니라 새 게임이 시작될 때마다 그림의 위치가 항상 바뀌도록 작성한다.

IV. 활용예제 만들기

7. 물체 묶기 프로그램을 만들어 봅시다

1. 프로그램 개요

학습개요

이 프로그램은 저학년 수학에 많이 활용되는 학습 프로그램으로 오른쪽 버튼을 이용하여 사각형의 크기를 조절하도록 하여 영역 안에 포함된 물체는 마우스의 왼쪽 버튼을 이용하여 물체가 지정된 위치로 애니메이트되도록 하는 게임형 학습프로그램이다.

공모전 및 여러 교수용 프로그램을 작성하고자 할 때 많이 응용되는 프로그램 로직 중 하나이다. 예를 들어 수학의 같은 저학년의 기수 개념을 익힐 때, 또는 같은 성질의 도형 찾기 등 아동들의 흥미를 유발하기 위한 로직으로 응용할 수 있다.

[Shift][방향키] : 영역 설정
[Ctrl][C] : 영역 복사
[Ctrl][V] : 붙여 넣기
[Ctrl][X] : 영역 삭제

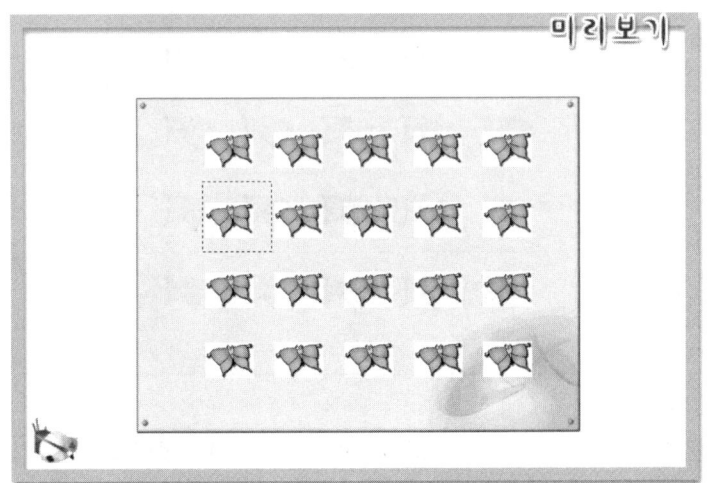

미리보기

ICT 활용 교육을 위한 PASS 2000 2.0의 실제

2. 실행화면 알아보기

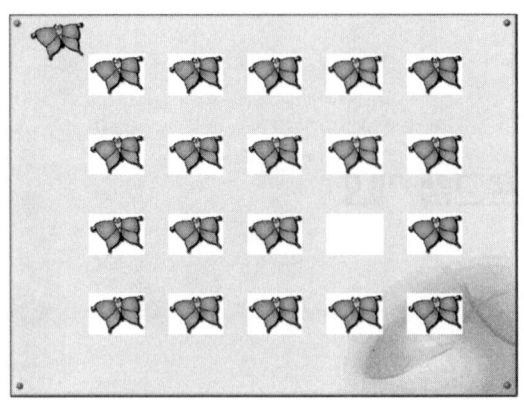

한 개의 그림을 선택하였을 경우 물체가 에니메이트되는 실행화면이며 아래 로직에 해당되는 부분임.

```
IF btn=1

ENDIF
```

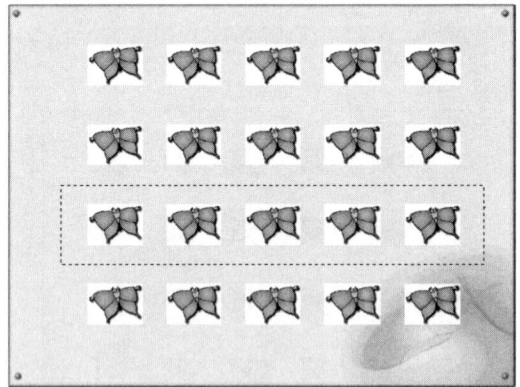

오른쪽 마우스를 누르고 드래그하였을 경우 사각형이 커지는 경우의 실행화면이며 아래 로직에 해당되는 부분임.

```
IF btn=2

ENDIF
```

3. 프로그램 선수학습

▶ 가로로 나열된 8개의 이미지를 ROUNDBOX 영역 안으로 에니메이트되도록 프로그램을 작성하여 보아라.

```
DIM ani[27,3]
SHAPELOAD 22,"sticker.gif",1,1,1,0,0,36,36,0,0,15
ROUNDBOX 136,328,639,414,30,30,37,0,113,2,0
FOR i,0,7
  ani[i,1]=100+70+57*i
  ani[i,2]=190
  SHAPE 22,1,100+70+57*i,190,36,36,1
NEXT

FOR i,0,7
  BEEP 100,50
  DSHAPE "sticker_copy.gif",ani[i,1],ani[i,2]
  ANIMATE 22,1,1,1,1,,10,10,2,ani[i,1],ani[i,2],62+70+i*60+40,370
  ANIMATE
NEXT
PAUSE
```

실행 화면

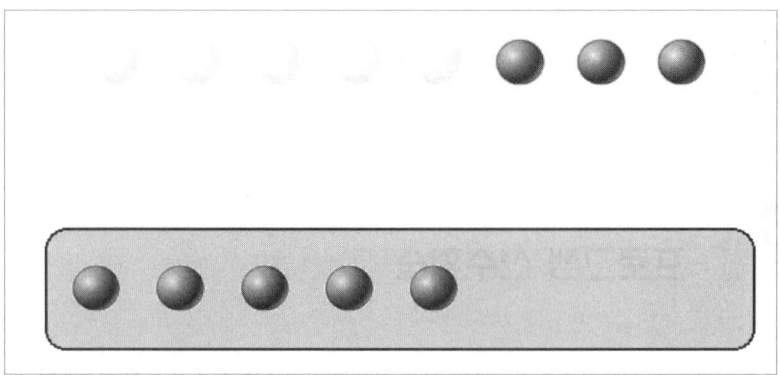

 프로그램 소스

> PASS2000에서는 변수의 대소문자를 구별한다.

```
SCREEN 0,1,,,640,480,"물체 묶기",2
DIM bmp[5,4]
DSHAPE "main4.gif",0,0,640,480
SHAPELOAD 1,"butterfly.BMP",1,1,1,0,0,70,51,,,15

FOR i,0,4
  FOR j,0,3
    bmp[i+1,j+1]=1 '배열 값에 1저장(그림 유)
    SHAPE 1,1,100+i*100,50+j*100
  NEXT
NEXT
x1=200,y1=200,x2=300,y2=300 '초기값 설정
BOX x1,y1,x2,y2,15,,,1,1

대기:
MOUSECHK 0
btn=mchk(0)
BOX x1,y1,x2,y2,,,,,1,1
```

```
대기:
MOUSECHK 0
btn=mchk(0)
BOX x1,y1,x2,y2,,,,,1,1

IF btn=1  '마우스가 좌측버튼일 경우
  FOR i,0,4
    FOR j,0,3
      IF point(x1,y1,x2,y2,100+i*100,50+j*100) & bmp[i+1,j+1]=1
        BOX 100+i*100,50+j*100,100+i*100+70,50+j*100+51,15,1
        ANIMATE 1,1,1,,,,100,100,2,100+i*100+27,50+j*100+27,-50,-40
        bmp[i+1,j+1]=0 '배열 값에 1저장(그림 무)
      ENDIF
    NEXT
  NEXT
ENDIF
 IF btn=2  '우측버튼일 경우 사각형의 크기 조절
   x2=mchk(3)
   y2=mchk(4)
   BOX x1,y1,x2,y2,,,,,1,1
   GOTO 대기
 ENDIF
 '사각형의 이동
xd=mxy(0)-x2  '마우스가 x축으로 이동한 거리
yd=mxy(1)-y2  '마우스가 y축으로 이동한 거리
x1=x1+xd
y1=y1+yd
x2=x2+xd
y2=y2+yd
BOX x1,y1,x2,y2,,,,,1,1
GOTO 대기
```

5. 주요 로직 다루기

사각형 크기 조절

&	: 그리고
|	: 또는
<>	: 같지 않을 경우
^	: 누승 연산자

```
IF btn=2  '우측버튼일 경우 사각형의 크기 조절
 x2=mchk(3)
 y2=mchk(4)
 BOX x1,y1,x2,y2,,,,,1,1
 GOTO 대기
ENDIF
xd=mxy(0)-x2  '아래 소스는 사각형의 이동을 나타냄
yd=mxy(1)-y2
x1=x1+xd
y1=y1+yd
x2=x2+xd
y2=y2+yd
BOX x1,y1,x2,y2,,,,,1,1
```

해설

```
x2=mchk(3)
y2=mchk(4)
```

mchk(3)은 마우스 커서의 x좌표를 구하는 함수로서 x좌표를 x2 변수에 저장하고, mchk(4)은 마우스 커서의 y좌표를 구하는 함수로서 y좌표를 y2 변수에 저장한다.

```
xd=mxy(0)-x2
yd=mxy(1)-y2
  x1=x1+xd, y1=y1+yd
  x2=x2+xd, y2=y2+yd
```

xd는 마우스가 x축으로 이동한 거리를 나타내며, yd는 마우스가 y축으로 이동한 거리를 나타낸다. 위의 변수를 보면 x1, y1과 x2, y2가 같이 이동하므로 사각형의 이동과 관계된 소스에 해당된다.

이미지 에니메이트

```
IF btn=1
 FOR i,0,4
  FOR j,0,3
   IF point(x1,y1,x2,y2,100+i*100,50+j*100) & bmp[i+1,j+1]=1
     BOX 100+i*100,50+j*100,100+i*100+70,50+j*100+51,15,1
     ANIMATE 1,1,1,,,,100,100,2,100+i*100+27,50+j*100+27,-50,-40
    ANIMATE
    bmp[i+1,j+1]=0
   ENDIF
  NEXT
 NEXT
ENDIF
```

```
IF point(x1,y1,x2,y2,100+i*100,50+j*100) & bmp[i+1,j+1]=1
```

x1, y1, x2, y2는 마우스로 조절된 사각형의 영역을 말하며, 그 영역 안에 해당 위치가(100+i*100,50+j*100) 포함되고 그 위치의 배열값이 1인 두 조건을 동시에 만족하면 나타내는 조건문이다.

```
ANIMATE 1,1,1,,,,100,100,2,100+i*100+27,50+j*100+27,-50,-40
```

만약 위 조건을 만족하면 좌상방향(-50,-40)으로 그림을 에니메이트되도록 하는 명령문이다.

```
bmp[i+1,j+1]=0
```

만약 위와 같이 배열값을 저장하지 않는다면 이미지가 현재 화면에서 보이지 않더라도 마우스로 영역을 잡아 좌측 버튼을 클릭하면 같은 위치에서 그림이 또 다시 에니메이트되는 현상이 반복되어 나타난다.

6. 관련 함수

point( )

POINT	([영역x1], [영역y1], [영역x2], [영역y2], 영역x3, 영역y3, [영역x4], [영역y4])

기능 위치나 영역이 겹쳐져 있는지 검사한다.

인수
- ● x1, y1, x2, y2(정수) : 검사대상 영역. 생략시 VIEW명령에서 설정된 좌표가 사용된다.
- ● x3, y3(정수) : x4, y4 좌표가 생략되면 (x3, y3) 점좌표가 검사대상영역에 들어 있는 지의 여부를 돌려준다. 이 값은 생략 불가능하다.
- ● x4, y4(정수) : x4, y4 좌표가 지정되면 (x3, y3) − (x4, y4) 사각영역이 검사대상 영역에 들어 있는지의 여부를 돌려준다.

설명 (x1, y1) − (x2, y2) 사각영역에 점 좌표(x3, y3)나 사각영역(x3, y3) − (x4, y4)이 들어 있는지의 여부를 돌려주는 함수이다.

검사대상 영역의 경계선에 좌표가 있으면 포함되어 있는 것으로 처리된다.

보기
```
box 100,100,200,200
box 300,100,400,200
print ,,,"ⓥ16,ⓒ0,15,마우스가 사각형 영역에 들어 있는지를 검
        사합니다."
while 1
print 100,80,,point(100,100,200,200,mxy(0),mxy(1))
print 300,80,,point(300,100,400,200,mxy(0),mxy(1))
if mxy(2) | kbchk( )
exit
endif
wend
```

7. 실습 과제

가로가 6개, 세로가 6개의 물체를 마우스를 이용하여 물체 묶기를 할 수 있도록 프로그램을 완성하여 보시오.

🦉 응용과제 실행 화면

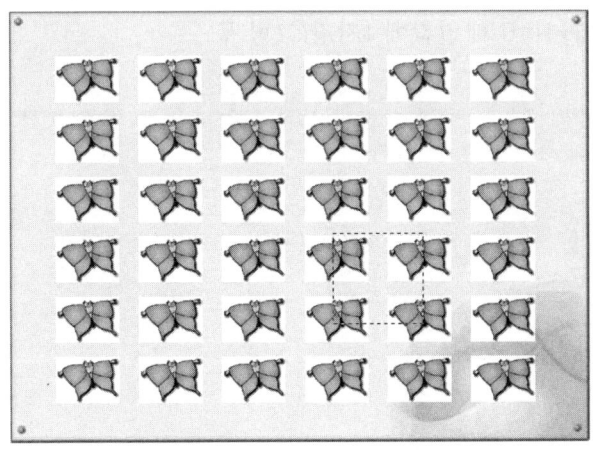

😊 응용과제 해결 실마리

해결 1. 아래의 FOR~NEXT의 가로, 세로 개수에 맞게 수정함.

```
DIM bmp[5,4]
```

해결 2. 아래의 FOR~NEXT의 가로, 세로 개수에 맞게 반복 횟수를 수정함.

```
FOR i,0,4
   FOR j,0,3

   NEXT
NEXT
```

해결 3. 화면 크기에 맞게 X, Y인수의 간격수치를 조절함.

```
SHAPE 1,1,100+i*100,50+j*100
```

```
IF point(x1,y1,x2,y2,100+i*100,50+j*100) & bmp[i+1,j+1]=1
   BOX 100+i*100,50+j*100,100+i*100+70,50+j*100+51,15,1
   ANIMATE 1,1,1,,,,100,100,2,100+i*100+27,50+j*100+27,-50,-40
bmp[i+1,j+1]=0 '배열값에 1저장(그림 무)
ENDIF
```

IV. 활용예제 만들기

8. 바둑알 옮기기 프로그램을 만들어 봅시다

1. 프로그램 개요

학습개요

　이 프로그램은 바둑 이동하기 게임으로 마우스로 바둑알을 클릭하면 빈 공간으로 한 칸 또는 한 칸 건너뛰기 하여 바둑알을 모두 서로 정반대쪽 위치로 이동시키면 되는 프로그램이다.
　배열의 개념을 이해하기에 적당한 프로그램이며 공모전 및 창의성 프로그램을 작성하고자 할 때 게임용으로 많이 응용되는 프로그램 로직 중 하나이다.

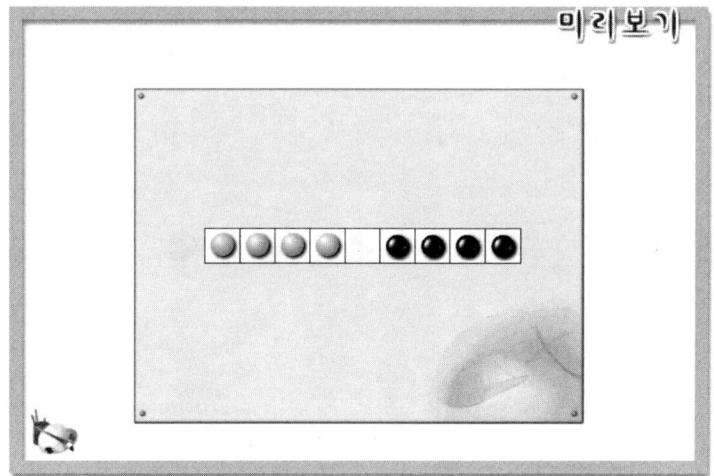

2. 실행화면 알아보기

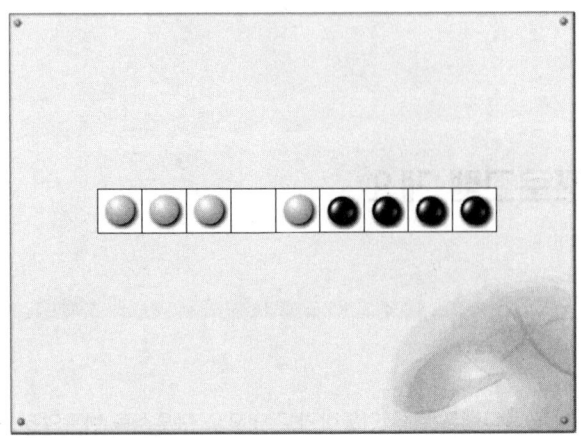

흰색 바둑알을 오른쪽으로 한 칸 옮겼을 때의 실행화면이며 아래 로직에 해당되는 부분이다.

```
IF dol[v]=1 & dol[v-1]=2

ENDIF
```

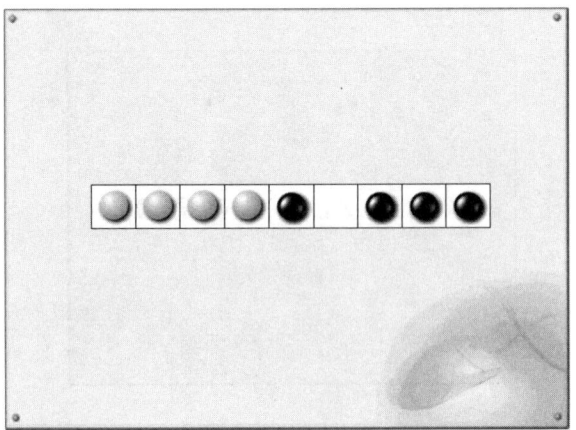

검정색 바둑알을 왼쪽으로 한 칸 옮겼을 때의 실행화면이며 아래 로직에 해당되는 부분이다.

```
IF dol[v]=0 & dol[v+1]=2

ENDIF
```

3. 프로그램 선수학습

▶ 배열값이 1일 경우 원을 출력하고 2일 경우에는 사각형을 출력하고 3일 경우에는 육각형을 출력하는 프로그램을 만들어 봅시다. (단, 배열값을 1,1,1,2,2,2,3,3,3값으로 저장하여 도형을 출력함)

```
DIM do[9]
do[1]=1,do[2]=1,do[3]=1
do[4]=2,do[5]=2,do[6]=2
do[7]=3,do[8]=3,do[9]=3
DSHAPE "main4.gif",0,0,640,480
FOR i,1,9
   IF do[i]=1
      CIRCLE 10+i*60,170,23,23,,,170,0,180,2,0
   ENDIF
   IF do[i]=2
      BOX 5+i*60,145,55+i*60,195,9,0,119,2,0
   ENDIF
   IF do[i]=3
      POLYGON 6,50+i*60,170,27,28,0,0,43,2,0
   ENDIF
NEXT
PAUSE
```

실행 화면

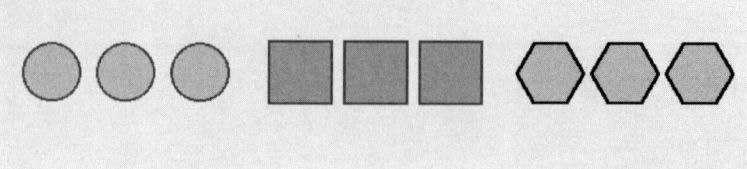

 프로그램 소스

> **TIP**
> SCREEN 명령어에서 창 모드일 경우에는 전체화면 모드가 적용되지 않고 가로, 세로 화면 크기의 인수가 적용된다.

```
SCREEN 0,1,,,640,480,"바둑돌 옮기기",2
DIM dol[13]
dol[1]=0,dol[2]=0,dol[3]=0,dol[4]=0  '흰색 바둑알
dol[5]=2  '빈 공간을 나타냄
dol[6]=1,dol[7]=1,dol[8]=1,dol[9]=1  '검정색 바둑알
SHAPELOAD 1,"baduk.BMP",2,1,2,0,0,45,45,0,0  '바둑알
DSHAPE "main4.gif",0,0,640,480  '배경이미지
CELLBOX 9,1,100,200,50,50,0,0,0,15,1,0
FOR i,1,9  '반복문으로 배열에 저장된 수에 맞게 그림출력
  IF dol[i]=0  '0일 경우 흰색 바둑알 이미지 출력
    SHAPE 1,1,100+(i-1)*50+3,200+2
  ENDIF
  IF dol[i]=1  '1일 경우 검정색 바둑알 이미지 출력
    SHAPE 1,2,100+(i-1)*50+3,200+2
  ENDIF
NEXT
반복:
CELLBOX 9,1,100,200,50,50,0,0,0,,15,1,0
BEEP 100,50  '효과음 출력
SELECT v,3,,v,,,10,9,1,100,200,50,50,0,0
●IF dol[v]=1 & dol[v-1]=2  '검정색 바둑알의 왼쪽 이동
  BOX 100+50*(v-1),200,100+50*v,250,0,0,15
```

```
      SHAPE 1,2,100+(v-1)*50-47,200+2
      dol[v-1]=1,dol[v]=2
   ENDIF
   IF dol[v]=1 & dol[v+1]=2  '검정색 바둑알의 오른쪽 이동
      BOX 100+50*(v-1),200,100+50*v,250,0,0,15
      SHAPE 1,2,100+(v+1)*50-47,200+2
      dol[v+1]=1,dol[v]=2
   ENDIF
   IF v=1   '검정색 바둑알이 맨 왼쪽으로 이동하였을 경우
      IF dol[v]=1 & dol[v-1]=0
         BOX 100+50*(v-1),200,100+50*v,250,0,0,15
         SHAPE 1,2,100+(v-2)*50-47,200+2
         dol[v-2]=1,dol[v]=2
      ENDIF
   ELSE
   ▶IF dol[v]=1 & dol[v-1]=0 & dol[v-2]<>0 & dol[v-2]<>1
         BOX 100+50*(v-1),200,100+50*v,250,0,0,15
         SHAPE 1,2,100+(v-2)*50-47,200+2
         dol[v-2]=1,dol[v]=2
      ENDIF
   ENDIF
   IF dol[v]=0 & dol[v+1]=2  '흰색 바둑알의 오른쪽 이동
      BOX 100+50*(v-1),200,100+50*v,250,0,0,15
      SHAPE 1,1,100+(v+1)*50-47,200+2
      dol[v+1]=0,dol[v]=2
   ENDIF
   IF dol[v]=0 & dol[v-1]=2  '흰색 바둑알의 왼쪽 이동
      BOX 100+50*(v-1),200,100+50*v,250,0,0,15
      SHAPE 1,1,100+(v-1)*50-47,200+2
      dol[v-1]=0,dol[v]=2
   ENDIF
   IF dol[v]=0 & dol[v+1]=1 & dol[v+2]<>1 & dol[v+2]<>0
      BOX 100+50*(v-1),200,100+50*v,250,0,0,15
      SHAPE 1,1,100+(v+2)*50-47,200+2
      dol[v+2]=0,dol[v]=2
   ENDIF
   GOTO 반복
```

5. 주요 로직 다루기

한 칸 뛰기

```
●IF dol[v]=1 & dol[v-1]=2
   BOX 100+50*(v-1),200,100+50*v,250,0,0,15
   SHAPE 1,2,100+(v-1)*50-47,200+2 '검정색 바둑돌 출력
   dol[v-1]=1,dol[v]=2
 ENDIF
```

논리 연산자
& : 그리고
| : 또는
~ : 아니면

 해설

배열위치	1	2	3	4	5	6	7	8	9
입력값	0	0	0	0	2	1	1	1	1
변경값	0	0	0	0	1	2	1	1	1
이동위치						←			

배열의 개념을 이해하고 있으면 쉽게 파악할 수 있는 로직이다. **"IF dol[v]=1 & dol[v-1]=2"** 는 배열위치가 6이므로 현재 마우스로 클릭한 위치가 검정색(배열값 1)이고 왼쪽 칸이 공백(배열값 2)이면을 뜻하는 조건문이다.

```
BOX 100+50*(v-1),200,100+50*v,250,0,0,15
```

위는 바둑돌이 이동되었을 때 현재 위치한 바둑돌을 지우는 BOX 명령어에 해당된다.

dol[v-1]=1,dol[v]=2

위는 바둑돌을 이동하면 현재의 위치는 공백이므로 배열값 2를 저장하고 이동된 위치는 검정색 바둑돌이 있으므로 배열값으로 1을 저장한다.

두 칸 뛰기

- IF dol[v]=1 & dol[v-1]=0 & dol[v-2]<>0 & dol[v-2]<>1
  BOX 100+50*(v-1),200,100+50*v,250,0,0,15
  SHAPE 1,2,100+(v-2)*50-47,200+2
  dol[v-2]=1,dol[v]=2
  ENDIF

배열위치	1	2	3	4	5	6	7	8	9
입력값	0	0	0	2	0	1	1	1	1
변경값	0	0	0	1	0	2	1	1	1
이동위치						←			

IF dol[v]=1 & dol[v-1]=0 & dol[v-2]<>0 & dol[v-2]<>1

위의 조건문은 현재 마우스로 클릭한 위치가 검정색(배열값 1)이고 왼쪽 칸이 흰색(배열값 0)이고 왼쪽 2번째 칸이 공백(배열값 2)이고 검정색이 아니면을 뜻하는 조건을 의미한다.

6. 관련 명령어

DIM

DIM	배열변수, [...]

기능   배열변수를 선언한다.

인수   ● 배열명[첨자, ...]의 형식으로 지정되며 여러 개의 배열을 동시에 지정할 수 있다.

설명   DIM A[5]로 선언된 배열은 A[0], A[1], A[2], A[3], A[4], A[5]의 6개 배열값을 사용할 수 있다.

         DIM문이 실행되면 숫자 배열은 모두 0으로 초기화가 되고, 문자 배열은 NULL로 초기화된다. 문자열 배열의 경우 할당 길이 지정은 배열원소를 정의하는 대입문에서 결정된다.

         서브루틴 속에서 지역 변수로 배열을 선언하려면 LOCAL 명령을 사용한다.

> 배열 변수는 동일한 성질을 갖는 변수의 모임으로서 하나의 변수명에 의해 참조되는 변수들의 집합이다.

보기
```
dim a[10] '정수1차원배열
dim b[10,10] '정수2차원배열
dim a#[10] '실수1차원배열
dim b#[10,10] '실수2차원배열...,
dim a$[10] '문자열1차원배열
dim b$[10,10] '문자열2차원배열
dim c[1,2,3,4,5] '다차원배열
a[0]=123
b[1,1]=456
a#[1]=3.14
b#[0,10]=2.71
a$[2]="abc"
b$[10,10]="xyz"
c[1,2,3,4,5]=2147483647
```

IV. 활용예제 만들기

7. 실습 과제

배열변수를 이용하여 오목두기 프로그램을 작성하여 보시오. (정답 체크는 하지 말고 번갈아 바둑돌을 둘 수 있도록 작성)

응용과제 실행화면

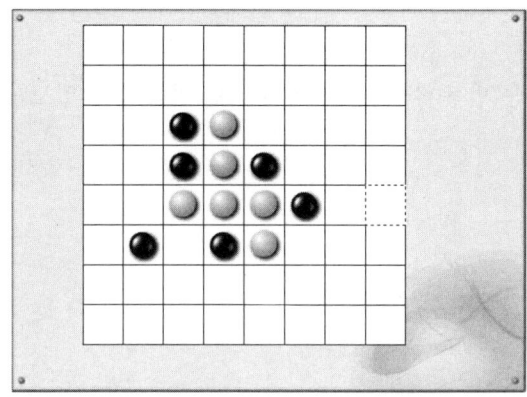

응용과제 해결 실마리

해결 1. SHAPELOAD 명령어를 이용하여 그림 파일을 메모리에 읽어 들인 다음 바둑판을 그린다.

```
SHAPELOAD 1,"baduk.BMP",2,1,2,0,0,45,45,0,0
CELLBOX 8,8,89,20,50,50,0,0,0,,15,1,0,0
a=(    )
```

해결 2. 아래 명령어를 이용하여 오목을 둘 위치를 선택하는 명령문을 작성함.

```
반복:
SELECT (                    )
```

ICT 활용 교육을 위한 PASS 2000 2.0의 실제

해결 3. 아래 조건문을 이용하여 그림(바둑돌)을 번갈아 출력함.

```
IF a=1
   shape
   a=2
ELSE
   shape
a=1
ENDIF
```

해결 4. GOTO문(반복:)을 이용하여 여러 번 반복할 수 있도록 작성함.

IV. 활용예제 만들기

9. 온도계 프로그램을 만들어 봅시다

1. 프로그램 개요

학습개요

이 프로그램은 온도계를 그린 후 사용자의 키 조작에 의해 온도를 조절할 수 있도록 만든 프로그램이다. 온도 조절의 1도씩 뿐 만 아니라 10도씩 증감시킬 수 있도록 한다. 또한 최고온도와 최저온도로 바로 이동할 수도 있다.

이 프로그램을 만들기 위해서는 READKEY 명령어를 사용한다. READKEY 명령에 의해 입력된 키가 무엇인지를 체크하여 IF문으로 입력된 키에 따라 명령을 수행하게 된다.

TIP

키 코드의 값을 알기 위해서는 도구메뉴에서 키 코드 메뉴를 선택한 후 구하고자 하는 키를 누르면 된다.

미리보기

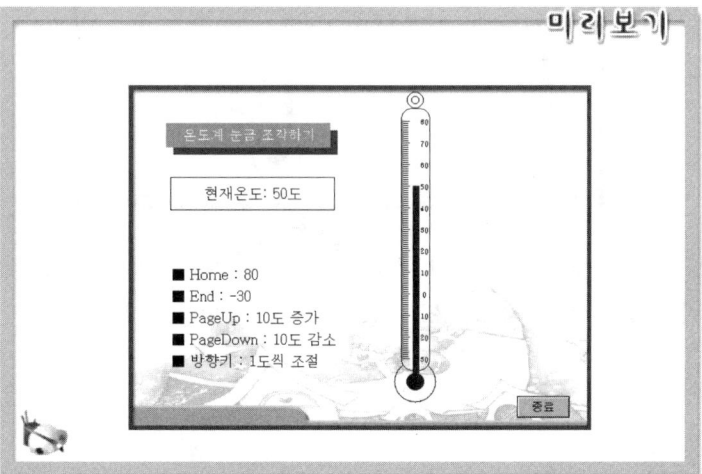

ICT 활용 교육을 위한 PASS 2000 2.0의 실제 239

실행화면 알아보기

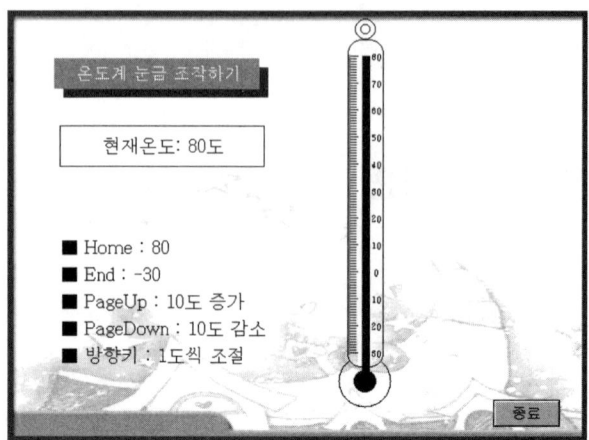

온도계의 눈금을 조작하여 최고온도로 이동한 모습이다. 이동하는 방법은 위 방향키와 PgUp키, 또는 Home키 등을 이용한다.

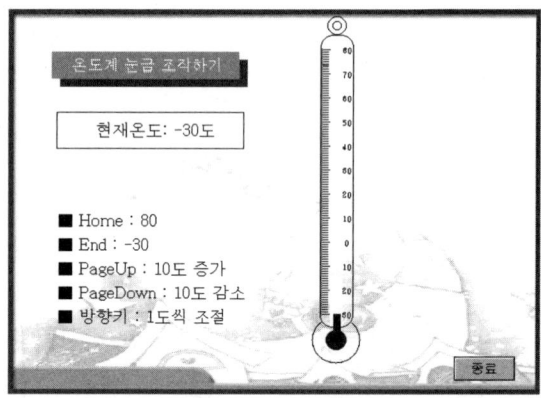

온도계의 눈금을 조작하여 최저온도로 이동한 모습이다. 이동하는 방법은 아래 방향키와 PgDn키, 또는 Down키 등을 이용한다.

3. 프로그램 선수학습

▶ 키보드의 방향키를 이용하여 원시인 그림을 상하, 좌우로 이동할 수 있는 프로그램을 만들어 봅시다.

```
SCREEN 0,1,,,640,480,"온도계 기초 프로그램",2
DSHAPE "back.jpg",0,0,640,480  '배경이미지
BUTTONSET 1,"종료",,,537,433,72,29,,,,,,,서브종료,1
x1=100,y1=150
DSHAPE "cuta003.bmp",x1,y1,82,122,2,,RGB(255,84,255)
PRINT 18,32,584,"ⓩⓥ20,상, 하, 좌, 우 방향키를 이용하여 그림을 옮겨 보세요."
계속:
readkey key
if key=294
    y1=y1-10
endif
if key=296
    y1=y1+10
endif
if key=293
    x1=x1-10
endif
if key=295
    x1=x1+10
endif
DSHAPE "cuta003.bmp",x1,y1,82,122,2,,RGB(255,84,255)
PRINT 100,377,724,"ⓩⓥ16,선택된 방향키 키코드 값 : ⓒ4,15,%key, ⓒ0,, 상:294, 하:296, 좌:293, 우:295"
goto 계속
SUB 서브종료
  MESSAGEBOX "프로그램을 종료할까요?","종료",2,1,2,종료
  IF 종료=1
```

```
       END
       ENDIF
       ENDSUB
```

실행화면

위의 프로그램은 키보드의 상하, 좌우 방향키를 이용하여 그림을 이동시키기 위한 프로그램으로 여기에서 중요한 것은 사용자가 어떤 키를 눌렀는지를 체크하는 것이다. 모든 키에는 고유한 키코드값이 지정되어 있는데 이를 READKEY명령으로 입력받아 IF문으로 비교한 후 해당 명령을 수행하도록 한 것이다.

4. 프로그램 소스

```
SCREEN 0,1,,,640,480,"온도계 프로그램",2
DSHAPE "back.jpg",0,0,640,480  '배경이미지
BUTTONSET 1,"종료",,,537,433,72,29,,,,,,,,,서브종료,1
y1=290 '온도계의 수은 높이
```

```
온도=0 '현재온도

CIRCLE 395,412,12,12,,,4,0,4,1,0 '온도계 모양 꾸미기
BOX 392,y1,400,400,4,0,4,1,0
DBOX 52,53,277,86,10,10
TEXT 167,60,"온도계 눈금 조작하기",2,19,15,,0,0,0,0,5
ROUNDBOX 376,32,415,396,30,30,0,,15,1,0
CIRCLE 395,412,29,29,0,280,0,0,15,1,0,0,130
CIRCLE 395,20,11,11,,,0,,15,1,0
CIRCLE 395,20,5,5,,,0,,15,1,0
LINE 378,50,378,381,7,2,0
PRINT 402,46,414,"ⓩⓥ10,ⓨ20,8070605040302010 0102030"
BOX 58,128,283,173,0,0,15,1,0
PRINT 98,141,268,"ⓩⓥ20, 현재온도: ⓒ1,,%온도"
PRINT 60,254,322,"ⓩⓥ20,ⓨ10,■ Home : 80ⓝ■ End : -30ⓝ■ PageUp :
   10도 증가ⓝ■ PageDown : 10도 감소ⓝ■ 방향키 : 1도씩 조절"

FOR i,0,110 '온도계의 눈금 그리기 반복
   LINE 379,50+i*3,385,50+i*3,0,1,0   '작은 눈금
NEXT
FOR i,0,11
   LINE 379,50+i*30,388,50+i*30,0,1,0 '큰 눈금(10씩)
NEXT

눈금조작:
READKEY key '키보드로 키를 입력받음
CLS ,,,,388,45,402,395 '모든 수은 지우기
IF key=292 'home키를 누르면
   y1=50  'y1 즉 box의 위쪽좌표를 50으로
   BOX 392,y1,400,400,4,0,4,1,0 '수은을 박스로 다시 그림
   온도=80
ENDIF

IF key=291 'End키를 누르면
   y1=380  'y1 즉 box의 위쪽좌표를 380으로
   온도=-30
   BOX 392,y1,400,400,4,0,4,1,0 '수은을 박스로 다시 그림
ENDIF
```

```
IF key=289 'PageUp키를 누르면(10도단위로 증가)
  온도=온도+10*(온도<70) '온도가 70도 미만이면 10씩 증가
  y1=y1-30*((y1-30)>50) 'y1의 좌표값을 빼기전 온도계의 범위를 벗어나는지 체크
  BOX 392,y1,400,400,4,0,4,1,0 '수은을 박스로 다시 그림
ENDIF

IF key=290 'PageDown키를 누르면(10도단위로 감소)
  온도=온도-10*(온도>-20) '온도가 -20도 보다 크면 10씩 감소
  y1=y1+30*((y1+30)<380)  'y1의 좌표값을 더하기 전 온도계의 범위를 벗어나는지
                           체크
  BOX 392,y1,400,400,4,0,4,1,0 '수은을 박스로 다시 그림
ENDIF

IF key=294 'Up키를 누르면(1도 단위로 증가)
  온도=온도+1*(온도<80) '온도가 80도 미만이면 1씩 증가
  y1=y1-3*(y1>50) 'y1의 좌표값을 빼기전 온도계의 범위를 벗어나는지 체크
  BOX 392,y1,400,400,4,0,4,1,0 '수은을 박스로 다시 그림
ENDIF

IF key=296 'Down키를 누르면(1도 단위로 감소)
  온도=온도-1*(온도>-30) '온도가 -30도 보다 크면 1씩 감소
  y1=y1+3*(y1<380) 'y1의 좌표값을 더하기전 온도계의 범위를 벗어나는지 체크
  BOX 392,y1,400,400,4,0,4,1,0 '수은을 박스로 다시 그림
ENDIF
BOX 58,128,283,173,0,0,15,1,0
PRINT 98,141,268,"ⓩⓥ20, 현재온도: ⓒ1,,%온도,도"
GOTO 눈금조작
PAUSE

SUB 서브종료
  MESSAGEBOX "프로그램을 종료할까요?","종료",2,1,2,종료
  IF 종료=1
    END
  ENDIF
ENDSUB
```

5. 주요 로직 다루기

온도계 눈금

```
FOR i,0,110  '온도계의 눈금 그리기 반복
    LINE 379,50+i*3,385,50+i*3,0,1,0  '작은 눈금
NEXT
FOR i,0,11
    LINE 379,50+i*30,388,50+i*30,0,1,0  '큰 눈금(10씩)
NEXT
```

> **TIP**
> 규칙적인 line이나 box, circel 등을 그릴 때는 for-next문을 이용하여 그리는 것이 편리하다.

 FOR-NEXT문으로 온도계의 눈금을 그리는 로직이다.

```
FOR i,0,110  '온도계의 눈금 그리기 반복
    LINE 379,50+i*3,385,50+i*3,0,1,0  '작은 눈금
NEXT
```

　작은 눈금을 그리기 위한 로직으로 LINE 명령의 y좌표값이 'i'에 의해 증가되어 눈금을 그린다. 이때 'i'의 값을 0부터 시작하여야 LINE의 시작 y좌표값이 50부터 시작하게 된다.

```
FOR i,0,11
    LINE 379,50+i*30,388,50+i*30,0,1,0  '큰 눈금(10씩)
NEXT
```

　큰 눈금을 그리기 위한 로직으로 y좌표값이 작은 눈금보다 10배 크게 증가한다. 즉, 작은 눈금 10개 단위로 큰 눈금이 출력되도록 하는 로직이다.

눈금 조작

```
눈금조작:
READKEY key  '키보드로 키를 입력받음
CLS ,,,,388,45,402,395  '모든 수은 지우기
IF key=292  'home키를 누르면
   ……
ENDIF
IF key=291  'End키를 누르면
   ……
ENDIF
IF key=289  'PageUp키를 누르면(10도 단위로 증가)
   ……
ENDIF
IF key=290  'PageDown키를 누르면(10도 단위로 감소)
   ……
ENDIF
IF key=294  'Up키를 누르면(1도 단위로 증가)
   ……
ENDIF
IF key=296  'Down키를 누르면(1도 단위로 감소)
   ……
ENDIF
BOX 58,128,283,173,0,0,15,1,0
PRINT 98,141,268,"ⓩⓥ20, 현재온도: ⓒ1,,%온도,도"
GOTO 눈금조작
```

해설 READKEY 명령으로 키를 입력받아 'key'에 입력받은 키 코드 값을 입력받는다. 이때 입력받는 값에 따라 수은의 높이를 변경하여 출력하는 로직이다. 키 코드값을 입력하는 방법은 도구메뉴에서 키 코드 메뉴를 선택하면 된다.

다음은 윗 방향키를 눌렀을 때의 키 코드값을 구하는 예이다.

```
IF key=292   'home키를 누르면
  y1=50    'y1 즉 box의 위쪽좌표를 50으로 294
  BOX 392,y1,400,400,4,0,4,1,0   '수은을 박스로 다시 그림
  온도=80
ENDIF
IF key=291   'End키를 누르면
  y1=380   'y1 즉 box의 위쪽좌표를 380으로
  온도=-30
  BOX 392,y1,400,400,4,0,4,1,0   '수은을 박스로 다시 그림
ENDIF
```

입력된 키 코드값이 292이면 즉, Home키를 눌렀으면 'y1'의 값을 50으로 하고 '온도'는 80으로 설정한다. 또한 키 코드값이 291이면 즉, 'y1'은 380으로 하고 '온도'는 -30으로 설정하는 로직이다.

```
IF key=289   'PageUp키를 누르면(10도 단위로 증가)
  온도=온도+10*(온도<70)   '온도가 70도 미만이면 10씩 증가
  y1=y1-30*((y1-30)>50)   'y1의 좌표값을 빼기 전 온도계의 범위를 벗어나는지 체크
  BOX 392,y1,400,400,4,0,4,1,0   '수은을 박스로 다시 그림
ENDIF
IF key=290   'PageDown키를 누르면(10도 단위로 감소)
  온도=온도-10*(온도>-20)   '온도가 -20도 보다 크면 10씩 감소
  y1=y1+30*((y1+30)<380)   'y1의 좌표값을 더하기 전 온도계의 범위를 벗어나는지 체크
  BOX 392,y1,400,400,4,0,4,1,0   '수은을 박스로 다시 그림
ENDIF
```

　PageUp키를 누르면 10도씩 증가되고 y1의 값은 30씩 감소하게 된다. 이 때 온도=온도+10*(온도<70)은 온도값이 70보다 작으면 온도값을 10씩 증가하라는 뜻이다. 즉, 이것은 다음과 같은 의미를 가지고 있다.

```
IF 온도<70
    온도=온도+10
ENDIF
```

　즉, 온도값은 80이 최고인데 70보다 큰 값에서 10을 더한다면 80 이상의 온도가 나올 수 있으므로 이를 방지하기 위한 로직이다.

　결국, ( ) 안의 값은 조건식이 되고 조건이 참이면 조건식은 '1'값을 갖게 되고, 거짓이면 '0'값을 갖게 된다. 그러므로 조건이 참일 경우와 거짓일 경우 각각 다음과 같이 해석할 수 있다.

조건식이 참일 경우	조건식이 거짓일 경우
온도=온도+10*1	온도=온도+10*0

　마찬가지로 **y1=y1-30*((y1-30)>50)**의 경우도 '(y1-30)>50'의 참과 거짓에 따라 'y1'값의 감소 유무가 결정된다. 즉, y1-30한 값이 50보다 크면 30만큼 감소시키는 것이다. 눈금이 위쪽으로 정해진 범위를 벗어나서 올라가지 못하도록 설정한 것이다.

　PageDown키를 누른 경우도 원리는 같으나 방향이 아랫방향이므로 PageUp과는 반대로 '온도'와 'y1'의 값이 증감한다. 즉, 일정한 온도 이하까지 '온도'가 낮아질 수 없으며 'y1'값 또한 계속 증가할 수 없도록 하기 위한 것이다.

```
IF key=294  'Up키를 누르면(1도 단위로 증가)
        온도=온도+1*(온도<80)  '온도가 80도 미만이면 1씩 증가
        y1=y1-3*(y1>50)  'y1의 좌표값을 빼기 전에 범위를 벗어나는지
        BOX 392,y1,400,400,4,0,4,1,0  '수은을 박스로 다시 그림
ENDIF
```

```
IF key=296   'Down키를 누르면(1도 단위로 감소)
        온도=온도-1*(온도>-30)  '온도가 -30도 보다 크면 1씩 감소
        y1=y1+3*(y1<380)   'y1의 좌표값을 더하기 전에 범위를 벗어나는지
        BOX 392,y1,400,400,4,0,4,1,0   '수은을 박스로 다시 그림
ENDIF
```

상, 하 방향키가 눌렸을 때 실행할 명령이다. 윗 방향키가 눌리면 '온도'는 1씩 증가하고 'y1' 좌표는 3씩 감소한다. 이때에도 '온도'가 80보다 작고 'y1'이 50보다 커야 증감한다. 아래 방향키가 눌렸을 때는 그와 반대로 동작하게 된다. 즉, '온도'가 -30보다 크면 '온도'의 값을 1씩 감소시키고, 'y1' 값이 380보다 작을 때에만 'y1'값을 3씩 증가시킨다.

y1=y1+3*(y1<380)와 같은 로직은 다른 프로그램 언어에서 찾아보기 어려운 것으로 다음과 같은 경우에 활용한다면 무척 편리할 것이다.

```
위치=위치+10*(위치=5)-5*(위치=10)+7*(위치=15)
```

여러분이 주사위를 난수로 돌리고, 나온 숫자만큼 이동하는 프로그램을 작성하고 발생하는 숫자만큼 계속해서 '위치'라는 변수에 저장한다고 가정하자. 이때 5번째 칸에 도달하면 보너스로 10칸을 앞으로 나아가게 하거나 10번째 칸에 오면 5칸 뒤로 물러나게 하고자 할 수도 있을 것이다. 이런 방식으로 여러 조건을 하나의 문장으로 비교하여 연산시킬 수 있으므로 무척 편리하다.

즉, 위의 문장에서는 ( ) 안의 조건이 만족하는 참의 경우에만 값의 연산이 이루어지도록 되어 있는 것이다.

위의 문장을 일반적인 조건문으로 나타낸다면 다음과 같이 길어질 것이다.

```
if 위치=5
  위치=위치+10
endif
if 위치=10
  위치=위치-5
endif
if 위치=15
  위치=위치+7
endif
```

6. 관련 명령어

READKEY

| READKEY | [저장변수], [기다림키] |

기능   키를 입력받는다.

인수
- 저장변수(숫자변수) : 눌려진 키의 코드값을 받을 변수. 눌려진 키가 아스키 문자이면 그때의 아스키코드 값이, 아스키 문자가 아닌 확장키이면 키 코드값이 저장된다. 눌려진 키는 화면에 출력되지 않는다. 생략하면 눌리어진 키 코드값을 돌려받지 않는다.
- 기다림키(키 코드) : 지정된 키가 눌려질 때까지 대기한다. 생략되면 모든 키에 대한 반응을 기다린다.

7. 실습 과제

 화면 중앙에 박스를 그리고 박스가 상하, 좌우 방향키에 의해 움직이는 프로그램을 작성하여 보시오.

프로그램을 해결하는 방법

① BOX를 중앙에 그린다. 이때, BOX의 좌표 x1, y1, x2, y2를 모두 변수로 변환하여 그리도록 한다.
② BOX를 그릴 때는 연산방식 인수를 'XOR'로 설정한다.
③ READKEY key 명령으로 키값을 입력받는다.
④ key값에 따라 x1, y1, x2, y2의 값을 증감한다.
⑤ 증감된 x1, y1, x2, y2를 이용하여 BOX를 다시 그린다.
⑥ 계속해서 READKEY 명령으로 분기시킨다.

10. 사다리 프로그램을 만들어 봅시다

1. 프로그램 개요

TIP

사다리 게임과 같이 PIXEL{} 함수를 활용 하면 키보드를 이용한 미 로 찾기 등에도 적용할 수 있다.

학습개요

이 프로그램은 게임 인원수를 입력하면 입력한 인원수만큼의 사다리가 그려진다. 게임이 시작되면 사다리를 따라 붉은색 선으로 그려주게 되어 마지막 사람까지 진행된다.

게임이 시작되면 아래 방향으로 진행하며 오른쪽 또는 왼쪽에 라인이 있는지를 Pixel{} 함수로 체크하여 좌, 우로 진행 방향을 바꾸며 계속해서 좌, 우, 하를 체크하여 라인이 있으면 그 방향으로 진행하도록 한다.

미리보기

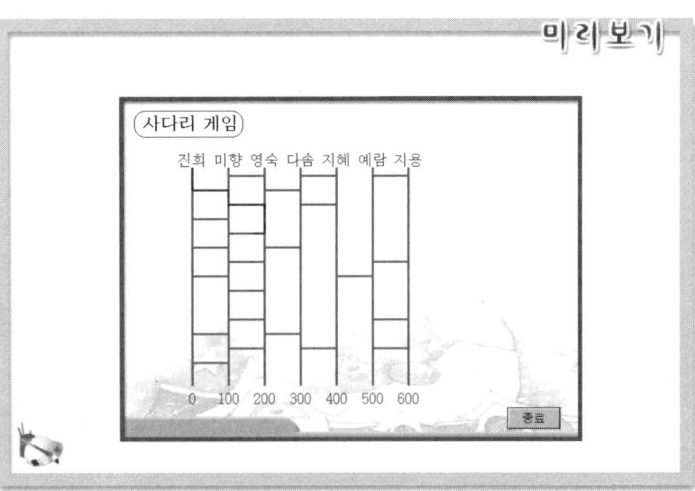

IV. 활용예제 만들기

2. 실행화면 알아보기

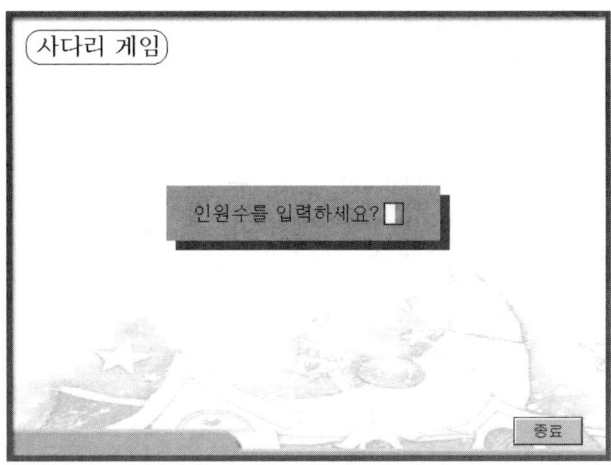

게임에 참여하고자 하는 인원수를 입력하는 부분이다. 인원수는 1부터 9까지 입력이 가능하다.

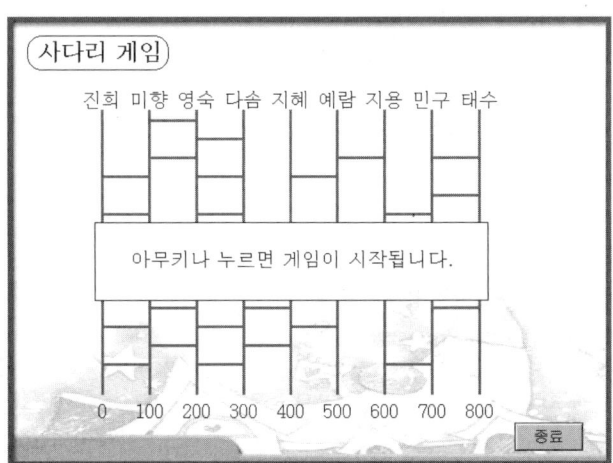

입력한 인원수에 따라 사다리를 그려주고 아무 키나 치면 사다리를 그리도록 한다. 사다리 타기는 첫 번째 사람부터 마지막 사람까지 차례대로 실행된다.

3. 프로그램 선수학습

 박스 모양의 검은색 라인을 흰색으로 라인을 그리도록 하는 프로그램을 만들어 봅시다.

```
SCREEN 0,1,,,640,480,"사다리기초 프로그램",2
DSHAPE "back.jpg",0,0,640,480  '배경이미지
BUTTONSET 1,"종료",,,,537,433,72,29,,,,,,,,,서브종료,1
x=100, y=100
BOX x,y,x+400,y+300,0,,15,1,0
LINE x+1,y,x+30,y,15,1,0
그리기:
IF pixel{x+1,y}=0  '1픽셀 오른쪽 색을 체크함
  LINE x,y,x+1,y,15,1,0,10
  x=x+2  'x를 증가시킴
ENDIF
IF pixel{x-1,y}=0  '1픽셀 왼쪽 색을 체크함
  LINE x,y,x-1,y,15,1,0,10
  x=x-2  'x를 감소시킴
ENDIF
IF pixel{x,y+1}=0  '1픽셀 아래쪽 색을 체크함
  LINE x,y,x,y+1,15,1,0,10
  y=y+2  'y를 증가시킴
ENDIF
IF pixel{x,y-1}=0  '1픽셀 위쪽 색을 체크함
  LINE x,y,x,y-1,15,1,0,10
  y=y-2  'y를 증가시킴
ENDIF
goto 그리기
goto 그리기
SUB 서브종료
  MESSAGEBOX "프로그램을 종료할까요?","종료",2,1,2,종료
  IF 종료=1
```

IV. 활용예제 만들기

```
    END
    ENDIF
    ENDSUB
```

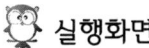 실행화면

위의 프로그램은 BOX 모양의 검은색 선을 따라 흰색 선으로 그려주는 프로그램이다. 이 프로그램에서 선을 그리는 주요 로직은 검은색 선의 위치를 PIXEL{} 함수로 찾아 그 부분을 흰색으로 그리도록 하는 것이다. 즉, 검은색이 위치한 방향에 따라 x, y의 값을 증감시키고 선을 그려주는 것이다.

 프로그램 소스

```
SCREEN 0,1,,,640,480,"사다리 프로그램",2
DSHAPE "back.jpg",0,0,640,480  '배경이미지
BUTTONSET 1,"종료",,,537,433,72,29,,,,,,,,서브종료,1
```

```
시작:
이름$="",6
돈=0
DATA 진희, 미향, 영숙, 다솜, 지혜, 예람, 지용, 민구, 태수
PRINT 24,26,333,"ⓩⓥ25, 사다리 게임"
ROUNDBOX 21,20,170,56,30,30,0,,15,1,0
DBOX 169,186,459,244,10,10
PRINT 191,206,500,"ⓩⓥ20, 인원수를 입력하세요? ⓐ1,20,1"

입력:
INPUT ans{1,0},ans{1,1},인원,1,1,,,20  '기능문자a의 위치에 입력
IFGOTO 인원=0,입력  '0을 입력하면 입력 레이블로
CLS ,,,,159,173,491,263
FOR i,1,인원  '세로선 그리기
    LINE 100+(i-1)*50,100,100+(i-1)*50,400,2,3,0,,  '최초좌표 X,Y(100,100)
    READ 이름$  'data의 자료를 입력한 수만큼 차례대로 읽어 저장함
    TEXT 100+(i-1)*50,79,이름$,2,20,0,,0,0,0,0,5  '이름 출력
    TEXT 100+(i-1)*50,411,돈,2,20,0,,0,0,0,0,5  '초기값은 0
    돈=돈+100  '사람 수에 따라 100원씩 증가
NEXT
IF y>=400 & 인원수>=인원-1  '게임 인원수대로 사다리를 모두 탔으면
    MESSAGEBOX "게임을 계속할까요?","게임종료선택",2,3,1,계속
    IF 계속=1
        RESTORE 시작,1  'data를 처음부터 다시 읽음
        GOTO 시작
    ELSE
        END
    ENDIF
ENDIF
IF y>=400 & 인원수<인원  '아직 인원수만큼 타지 못했으면
    SWAPCOLOR 4,2,67,91,585,414  '화면내의 빨간색을 모두 녹색으로 변경
    인원수=인원수+1  '사다리를 탄 인원수의 증가
    GOTO 다음사람
ENDIF
GOTO 그리기
```

```
SUB 서브종료
    MESSAGEBOX "프로그램을 종료할까요?","종료",2,1,2,종료
    IF 종료=1
        END
    ENDIF
ENDSUB
```

5. 주요 로직 다루기

사다리 그리기

```
FOR i,1,인원  '세로선 그리기
    LINE 100+(i-1)*50,100,100+(i-1)*50,400,2,3,0,,  '최초좌표 X,Y(100,100)
    READ 이름$  'data의 자료를 입력한 수만큼 차례대로 읽어 저장함
    TEXT 100+(i-1)*50,79,이름$,2,20,0,,0,0,0,5  '이름 출력
    TEXT 100+(i-1)*50,411,돈,2,20,0,,0,0,0,5  '초기값은 0
    돈=돈+100  '사람 수에 따라 100원씩 증가
NEXT
세로=0
FOR i,1,(인원-1)  '인원수보다 1적은만큼의 가로선이 필요함
    세로=1*(세로=0)+0*(세로=1)  '바로 옆 가로선의 높이가 틀리도록 함
    FOR j,1,7  '총 7개의 가로선이 나올 수 있음
        IF RND{0,1}  '난수로 1로 발생할 경우만 가로선을 그려줌.
        LINE 100+(i-1)*50,110+(j-1)*40+세로*20,149+(i-1)*50,110+(j-1)*40+세
            로*20,2,3,0
        ENDIF
    NEXT
NEXT
```

'READ 이름$'은 DATA 문의 데이터를 '이름$' 이라는 변수명로 하나씩 읽어 오는 것을 의미한다.

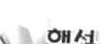 FOR-NEXT문을 이용하여 사다리의 세로선과 가로선을 그리

는 로직이다. 세로선의 경우는 입력된 인원수만큼 그리고 나서 Read문으로 사람명과 돈 액수를 출력하면 된다.

```
세로=0
FOR i,1,(인원-1)   '인원수보다 1적은만큼의 가로선이 필요함
 세로=1*(세로=0)+0*(세로=1)   '바로 옆 가로선의 높이가 틀리도록 함
 FOR j,1,7   '총 7개의 가로선이 나올 수 있음
  IF RND{0,1}   '난수로 1로 발생할 경우만 가로선을 그려줌.
   LINE   100+(i-1)*50,110+(j-1)*40+세로*20,149+(i-1)*50,110+(j-1)*40+
          세로*20,2,3,0
  ENDIF
 NEXT
NEXT
```

'세로=1*(세로=0)+0*(세로=1)'는 바로 옆의 가로선의 높이가 틀리도록 하기 위한 로직이다. 즉, '세로'가 '0'이면 '세로'를 '1'로, '세로'가 '1'이면 '세로'를 '0'으로 대입한다. 아래 그림에서 가로선을 절대 겹치지 않게 설정되는 것은 바로 위의 로직 때문이다. 결국 세로줄이 홀수와 짝수일 때의 가로선의 위치가 틀리도록 한 것이다.

```
IF RND{0,1}   '난수로 1로 발생할 경우만 가로선을 그려줌.
 LINE   100+(i-1)*50,110+(j-1)*40+세로*20,149+(i-1)*50,110+(j-1)*40+
        세로*20,2,3,0
ENDIF
```

각 세로줄 사이의 가로선은 난수 발생에 따라 그려질 수도 그려지지 않을 수도 있다. 즉, 가로선의 수는 모두 같지 않고 난수가 '1'을 발생할 때만 그려진다.

사다리 타기 ②

```
IF pixel{x+3,y}=2  '3픽셀만큼 오른쪽이 녹색인지 체크함
  LINE x,y,x+1,y,4,3,0,10
  x=x+2  'x를 증가시킴
ENDIF
IF pixel{x-3,y}=2  '3픽셀만큼 왼쪽이 녹색인지 체크함
  LINE x,y,x-1,y,4,3,0,10
  x=x-2  'x를 감소시킴
ENDIF
IF pixel{x,y+3}=2  '3픽셀만큼 아래쪽이 녹색인지 체크함
  LINE x,y,x,y+1,4,3,0,10
  y=y+2  'y를 증가시킴
ENDIF
```

 해설 선의 두께가 3이므로 오른쪽, 왼쪽, 아래쪽의 3pixel의 색이 녹색(2번 색)인지를 체크하여 라인을 붉은색으로 그리고 x 또는 y의 값을 2씩 증감한다.

게임 종료 유무 ③

```
IF y>=400 & 인원수>=인원-1  '게임 인원수대로 사다리를 탔으면
  MESSAGEBOX "게임을 계속할까요?","게임종료선택",2,3,1,계속
  IF 계속=1
    RESTORE 시작,1  'data를 처음부터 다시 읽음
    GOTO 시작
  ELSE
    END
  ENDIF
ENDIF
IF y>=400 & 인원수<인원  '아직 인원수만큼 타지 못했으면
  SWAPCOLOR 4,2,67,91,585,414  '빨간색을 모두 녹색으로 변경
```

```
    SWAPCOLOR 4,2,67,91,585,414   '빨간색을 모두 녹색으로 변경
    인원수=인원수+1   '사다리를 탄 인원수의 증가
    GOTO 다음사람
  ENDIF
```

해설 입력한 인원수만큼 사다리를 탔는지를 체크하여 게임 종료 유무를 묻는 로직이다. 아직 인원수만큼 사다리를 탄 것이 아니라면 화면의 모든 빨간색을 녹색으로 변경하고 게임을 계속 진행시키게 된다.

```
  IF y>=400 & 인원수>=인원-1   '게임 인원수대로 사다리를 탔으면
    MESSAGEBOX "게임을 계속할까요?","게임종료선택",2,3,1,계속
    IF 계속=1
      RESTORE 시작,1   'data를 처음부터 다시 읽음
      GOTO 시작
    ELSE
      END
    ENDIF
  ENDIF
```

인원수대로 모두 사다리를 탔거나 한 사람에 대해 계속해서 증가하는 y좌표가 400 이상이면 게임을 종료할지 여부를 묻는 로직이다.

6. 관련 명령어 및 함수

명령어 - SWAPCOLOR

```
SWAPCOLOR [화면색],[변경색],[영역x1],[영역y1],[영역x2],[영역y2]
```

기능 화면의 지정된 영역의 색을 바꾼다.

인수
- 화면색(정수) : 화면에서 변경시킬 색. 생략하면 15.
- 변경색(정수) : 화면에 있는 색을 바꿀색. 생략하면 15.
- 영역x1,y1,x2,y2(정수) : 색을 변경할 영역좌표. 생략하면 화면 전체 영역.

함수 - PIXEL{ }

PIXEL	{[위치x], [위치y], [정보종류]}

기능 지정된 위치에 있는 화면의 색을 구한다.

결과 정수

인수
- 위치x,y(정수) : 색의 정보를 구할 위치. 생략하면 최종 그래픽 좌표값.
- 정보종류(코드) : 색의 정보의 종류. 생략하면 0.

코드	색정보 종류
0	색코드
1	적색(R)값
2	녹색(G)값
3	청색(B)값
4	RGB 24비트값

설명 색 정보에서 색코드(0)를 구할 때 결과값이 -1로 나오면 현재 색코드 팔레트에 없는 색이다. 시스템의 색상이 트루 컬러가 아닐 때, 그래픽 명령으로 화면에 색을 칠한 후에 색코드를 검사할 경우 칠한 색코드가 나오지 않고 -1로 돌려질 수도 있다. 이것은 윈도우즈의 팔레트 매니저가 화면에 출력시킬 색을 조정시키기 때문이다.

7. 실습 과제

사다리 프로그램을 이번에는 가로로 진행하도록 프로그램을 작성하여 보시오.

프로그램을 해결하는 방법

① 인원수에 따라 가로선을 먼저 그리고 세로선을 그린다.
② 세로 선의 시작위치는 사람마다 다르도록 하기 위해 서로 엇갈리게 출력되도록 한다.
③ 세로선의 개수도 사람에 따라 틀리도록 하여 변화를 준다.
④ FOR-NEXT문으로 사다리타기를 하도록 한다. 이때 PIXEL{}함수로 오른쪽, 위쪽, 아래쪽으로 진행하도록 x, y값 등을 변경한다.

V. 인터넷으로 연결하기

1. 웹에서 소스 프로그램 실행하기
2. HTML 문서로 소스 프로그램 실행하기

1. 웹에서 소스 프로그램 실행하기

 프로그램 개요

PASS2000은 버전 2.0부터 ActiveX 방식의 웹 실행기(KasRun.ocx)를 통해 프로그램을 웹 브라우저(인터넷 익스플로러)에서 실행되도록 하고 있다.

학습개요

PASS2000 저작도구는 ActiveX 방식의 웹 실행기를 통하여 저작된 프로그램을 변환 없이 웹 환경에서 운영되도록 함으로서 웹 확장 기술 없이도 멀티미디어 자료의 표현이나 상호작용 처리를 쉽게 구현할 수 있다. 또한 기존의 웹 환경에서 사용되는 기술을 저작 프로그램에 연동시켜 그대로 사용하게 하며, 웹 연동을 위한 특별한 기능이 제공되고 있어 컨텐츠와 웹 서버 간에 이루어지는 프로그래밍을 다양한 방식으로 쉽게 구현할 수 있다.

미리보기

2. 프로그램 소스

화면 설정 및 버튼처리 소스

```
SCREEN 0,1,,,800,600,"3학년 수학",2
FONTSET "HY헤드라인M","H2HDRM.TTF",1,0

SHAPELOAD 1,"for_back1.gif",4,4,1,3,2,36,36,3,0, ' 하단메뉴
SHAPELOAD 2,"sg1_1508.gif",2,2,1,0,0,80,80,0,0,15  '이동시킬 그림
SHAPELOAD 3,"idol.gif",1,1,1,0,0,36,36,0,0,15  '이동시킬 그림
SHAPELOAD 6,"0000p004.gif",8*2,2,8,,,,28,28,,,0

BUTTONSET 1,,,,15,430,30,18,,,,,2  '학습문제
BUTTONSET 2,,,,15,458,32,18,,,,,2  '기본학습
BUTTONSET 3,,,,16,486,29,18,,,,,2  '학습정리
BUTTONSET 4,,,,16,514,29,18,,,,,2  '형성평가
BUTTONSET 5,,,,15,543,31,18,,,,,2  '심화학습
BUTTONSET 6,,,,15,570,30,18,,,,,2  '보충학습
BUTTONSET 10,,,,637,553,36,36,2,1,1,1,2,4  '차례
BUTTONSET 11,,,,678,553,36,36,2,2,2,2,2,4  '이전
BUTTONSET 12,,,,719,553,36,36,2,3,3,3,2,4  '다음
BUTTONSET 13,,,,760,553,36,36,2,4,4,4,2,4  '종료
```

사용된 이미지 자료 살펴보기

❏ for_back1.gif

❏ sg1_1508.gif

❏ sticker.gif

❏ tacgong.gif

TIP

웹에서 실행되는 그림파일은 용량이 적은 GIF, JPG 이미지 파일을 사용하는 적이 적당하며 버튼, 그림자료 설정은 프로그램의 처음 부분에 해 주는 것이 바람직하다.

♣ 0000p004.gif　　　　　♣ 나눗셈.swf(에듀넷 멀티자료)

실행화면 소스 ❶　　

학습문제:
CALL 화면초기화　'왼쪽 메뉴 버튼 활성화
CALL 버튼처리,"학습문제","","기본학습1_1","종료"
BOX 88,20,794,547,15,1,15,1,0
PRINT 112,80,436,"ⓏⒸ8,,Ⓥ20,4. 나눗셈"
ROUNDBOX 103,237,741,351,30,30,185,0,81,2,0
TEXT 184,275,"똑같이 나누어 봅시다.(1)",,40,171,,9,0,0,0,0
DSHAPE "person.gif",673,463,60,59
DSHAPE "title_1.gif",660,54,100,77
PAUSE ,1

V. 인터넷으로 연결하기

실행화면 소스 ❷

기본학습1_1:
BOX 89,25,777,533,15,1,15,1,0
CALL 화면초기화 '왼쪽 메뉴 버튼 활성화'
CALL 버튼처리,"학습문제","학습문제","기본학습1_2","종료"
ROUNDBOX 74,55,789,546,30,30,81,0,15,2,0
PRINT 81,27,405,"ⓩⓒ185,,ⓥ20,◆ 똑같이 나누어 보기(1)"
PRINT 436,172,760,"ⓩⓒ104,,ⓥ29,ⓨ15,영민이는 사과 8개를 한 봉지에
           2개씩 넣어 선물하려고 합니다. 모두 몇 봉지를 만들 수 있는
           지 알아봅시다."
DSHAPE "title_life.gif",109,96,146,21
DSHAPE "na_4_1.gif",117,173,290,180
PAUSE ,1

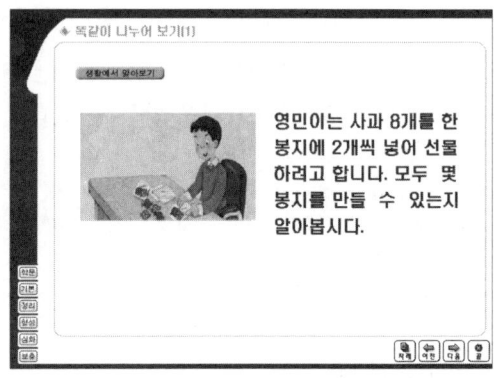

실행화면 소스 ❸

기본학습1_2:
BOX 89,25,777,533,15,1,15,1,0
CALL 화면초기화 '왼쪽 메뉴 버튼 활성화'
CALL 버튼처리,"학습문제","기본학습1_1","기본학습1_3","종료"
BROWSER "나눗셈.swf",70,50,780,550
PAUSE ,1

🦉 실행화면 소스 ❸ 분석

일반적으로 웹 환경에서 운영되는 프로그램들은 웹 브라우저에서 실행되도록 작성하지만 필요에 따라서는 독립적인 실행창에서 웹 컨텐츠들을 실행할 경우도 발생된다.

PASS2000에서는 BROWSER 명령을 사용하여 독립 실행창 속에 웹브라우저를 포함할 수 있다. 이러한 방법을 사용하면 CD-ROM으로 만든 프로그램을 통해 인터넷과 연결하여 다양한 서비스를 제공할 수 있어 온라인과 오프라인의 장점이 반영된 프로그램을 만들 수 있다.

실행화면 소스 ❹

```
기본학습1_3:
BOX 89,25,777,533,15,1,15,1,0
CALL 화면초기화  '왼쪽 메뉴 버튼 활성화
CALL 버튼처리,"학습문제","기본학습1_2","기본학습1_4","종료"
ROUNDBOX 74,55,789,546,30,30,81,0,15,2,0
PRINT 81,27,405,"ⓩⓒ185,,ⓥ20,◆ 똑같이 나누어 보기(1)"
BOX 172,141,781,523,15,1,15,1,0
CELLBOX 4,1,179,100,121,165,7,10,43,,15,2,0,,34
tan_x=239
tan_y=382
FOR j,0,3
   FOR i,0,1
```

```
    DSHAPE "sg1_1508.gif",tan_x-40+j*128,tan_y-277+i*70,,,1,,15
  NEXT
 NEXT
PRINT 173,295,758,"ⓩⓒ0,,ⓥ30,사과가 들어있는 봉지를 세어 봅시다"
BOX 293,351,509,406,121,,15,2,0
CALL _진행대기,GXY{0}-120,GXY{1}-40,0
PRINT 306,363,891,"ⓩⓒ4,,ⓥ30,ⓢ10,1 - 2 - 3 - 4"
PAUSE ,1
```

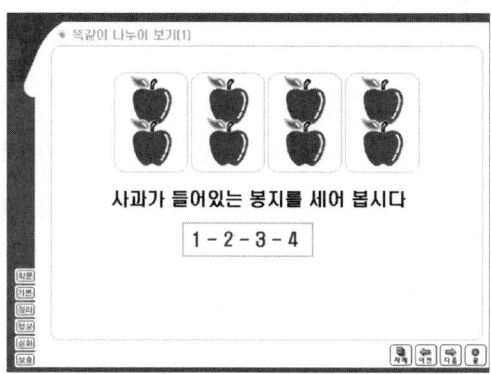

실행화면 소스 ❺

```
기본학습1_4:
BOX 89,25,777,533,15,1,15,1,0
CALL 화면초기화
CALL 버튼처리,"학습문제","기본학습1_3","학습정리","종료"
BROWSER "http://mi.edunet4u.net/mullib/index.jsp",80,30,780,530
PAUSE ,1
```

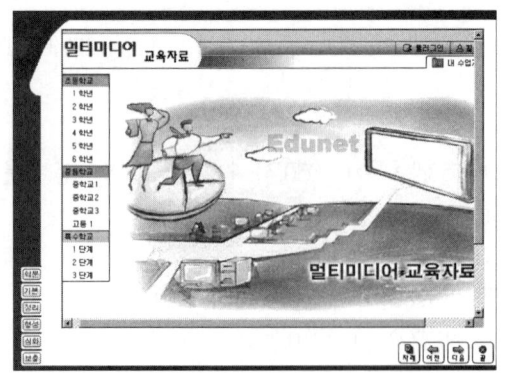

🦉 실행화면 ❺ 명령어

BROWER

기능 실행창 내부에 웹 브라우저 창을 만든다.
BROWSER URL 주소, x1, y1, x2, y2, 열기/닫기, 브라우저 ID

인수
- ⦿ URL주소(문자열) : 웹 브라우저 창에 출력할 URL 주소
- ⦿ x1, y1, x2, y2(좌표) : 웹 브라우저창의 영역 좌표
- ⦿ 열기/닫기(코드) : 생략하면 0. (0 : 브라우저 열기, 1 : 브라우저 닫기)
- ⦿ 브라우저 ID(숫자, 숫자포인터 변수) : 생성할 브라우저의 ID 또는 닫을 브라우저의 ID.

설명 실행창 내부에 마이크로소프트 인터넷 익스플로러 창을 띄어주는 명령어이다.

실행화면 소스 ❻ ❼

```
학습정리:
CALL 화면초기화
CALL 버튼처리,"학습문제","기본학습1_5","형성평가","종료"
DSHAPE "person.gif",717,464,60,59
ROUNDBOX 74,55,789,546,30,30,81,0,15,2,0
PRINT 81,27,405,"ⓩⓒ185,,ⓥ20,◆ 학습정리하기"
ROUNDBOX 109,87,209,119,30,30,49,0,44,2,0
```

```
PRINT 137,92,461,"ⓩⓒ185,,ⓥ25,정리"
CELLBOX 7,1,130,170,80,180,10,10,180,0,187,2,0,,31
FOR j,0,6
  FOR i,0,3
    DSHAPE "sticker.gif",130+20+j*90,170+10+i*40,36,36,1,,15
  NEXT
NEXT
DSHAPE "arrow.gif",139,409,20,20
PRINT 170,405,716,"ⓩⓒ0,,ⓥ30,ⓨ10,7개 칸에 4장씩 있습니다"
PAUSE ,1
```

서브루틴 소스 ⑧

형성평가:
```
CALL 화면초기화
CALL 버튼처리,"학습문제","학습정리","형성평가2","종료"
DSHAPE "person.gif",717,464,60,59
ROUNDBOX 74,55,789,546,30,30,81,0,15,2,0
FOR j,0,4
  FOR i,0,5
    DSHAPE "tacgong.gif",120+i*45,90+j*50,45,45,1,,0
  NEXT
NEXT
```

PRINT 81,27,405,"ⓏⒸ185,,Ⓥ20,◆ 형성평가"
PRINT 427,98,762,"ⓏⒸ104,,Ⓥ30,Ⓨ17,탁구공이 30개 있습니다. 한 상자
　　　　에 6개씩 담아서 정리하려고 합니다. 상자는 모두 몇 개가 필
　　　　요합니까?"

BOX 110,447,758,505,58,0,RGB(255,247,255),2,0
PRINT 358,455,949,"ⓏⒸ0,,Ⓥ35,30 ÷ 6 = "
BOX 526,452,566,493,0,0,15,1,0
CALL _진행대기,GXY{0}-33,GXY{1}-33,0
TEXT 538,457,"5",,30,4,,0,0,0,0,5
PAUSE ,1

SUB 버튼처리,차례$,이전$,다음$,종료$
　BOX 677,552,754,590,15,0,15,1,0
　IF 차례$<>""
　　BUTTONON 10,Label{차례$},0
　ENDIF
　IF 이전$<>""
　　BUTTONON 11,Label{이전$},0
　ENDIF
　IF 다음$<>""
　　BUTTONON 12,Label{다음$},0
　ENDIF
　IF 종료$<>""
　　BUTTONON 13,Label{종료$},1
　ENDIF
ENDSUB

SUB 화면초기화
　BOX 84,23,319,48,15,1,15,1,0
　BUTTONOFF
　DSHAPE "left_bck.gif",0,0,92,600
　DSHAPE "le_menu.gif",8,425,39,170
　BOX 70,-1,810,14,RGB(0,103,95),0,RGB(0,103,95),1,0
　BOX 44,592,804,607,RGB(0,103,95),0,RGB(0,103,95),1,0
　BUTTONON 1,학습문제,0

```
   BUTTONON 2,기본학습1_1,0
   BUTTONON 3,학습정리,0
   BUTTONON 4,형성평가,0
   BUTTONON 5,심화학습,0
   BUTTONON 6,보충학습,0
ENDSUB

SUB _진행대기,x,y,Mode
  IF Mode=1
    CALL _MUSIC_3
  ENDIF
  GET 54,x,y,x+28,y+28
  BUTTONSET 33,,,13,x,y,28,28,6,1,2,1,3,4
  BUTTONON 33,_Rtn,1
  _RtnCode=0
  WHILE _RtnCode=0
  WEND
  _RtnCode=0
  BUTTONOFF 33,1
  PUT 54,x,y
ENDSUB

SUB _Rtn
  _RtnCode=1
ENDSUB
```

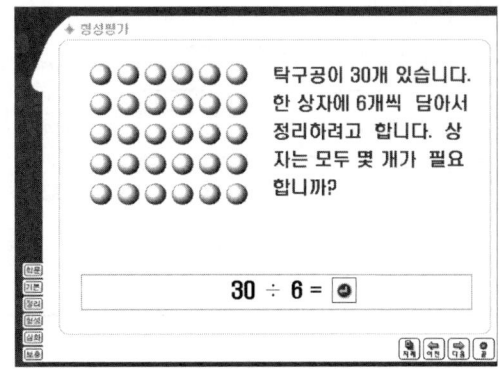

3. 소스를 웹으로 실행해 보기

웹 지원센터 연결하기

① 사용자 지원실에 접속한다.(http://www.pass2000.co.kr)

웹 실행 인증코드 발급

② [웹 실행 인증코드 발급]에서 보안 인증코드를 발급 받은 다음 메일에서 인증번호를 확인한다.

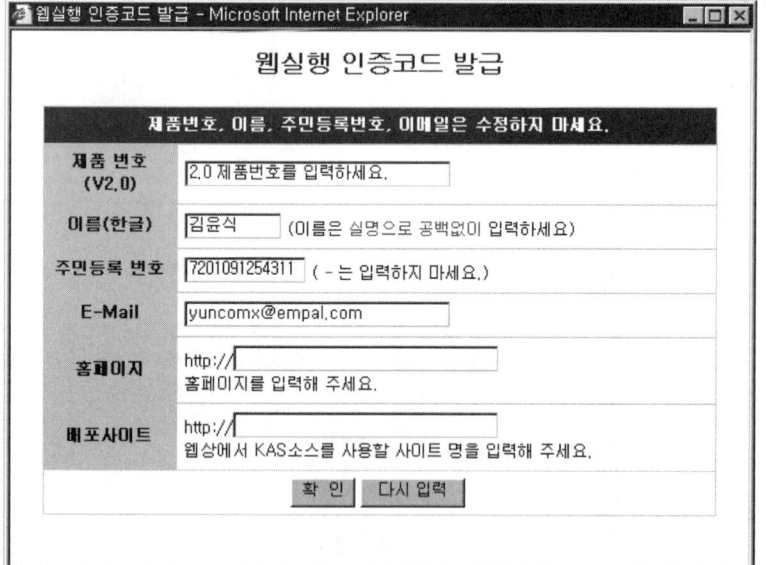

V. 인터넷으로 연결하기

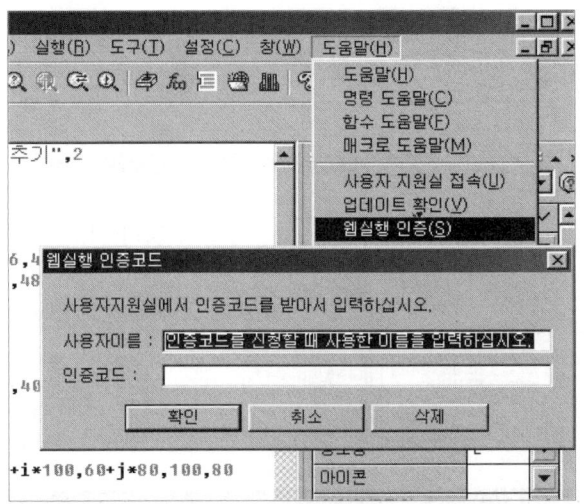

실행형으로 저장하기

③ PASS2000이 설치되어 있는 시스템에서 PASS 2000을 실행시킨 뒤 [도움말] 메뉴의 [웹 실행 인증]에서 발급 받은 웹실행 인증코드를 입력하여 인증을 받는다.

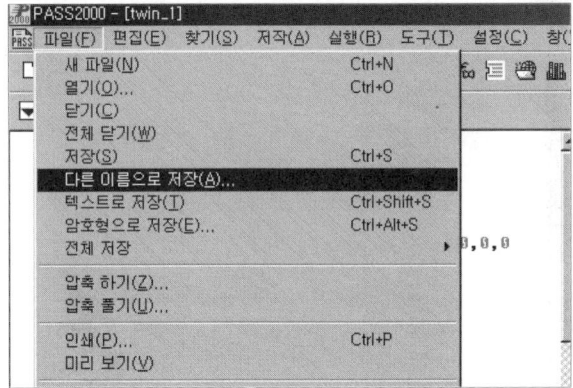

다른 이름으로 저장하기

④ [파일] 메뉴를 선택한 다음 [다른 이름으로 저장]을 선택한다.

실행형으로 저장하기

⑤ 폴더를 지정하고 실행형으로 저장한다.

FTP로 서버에 올리기

⑥ FTP를 이용하여 서버에 프로그램을 올린다.

웹 브라우저로 실행하기

⑦ 웹 브라우저에 주소를 입력한 다음 프로그램을 실행시켜 보자.

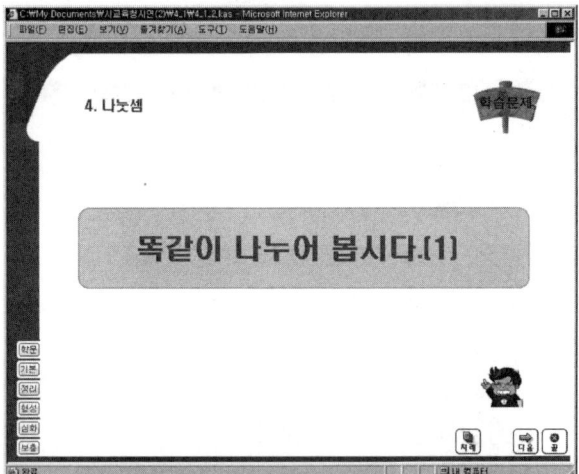

4. 실습 과제

응용 과제

에듀넷의 멀티미디어 교육 자료에서 플래시 파일을 다운 받아 PASS 2000에 연결하여 봅시다.

```
에듀넷 멀티미디어 교육 자료실 주소
   http://mi.edunet4u.net/mullib/index.jsp
```

응용 과제

웹 교수용 자료를 제공하는 사이트를 찾아 PASS2000에 연결하여 봅시다.

```
웹 교수용 자료 제공 사이트
```

2. HTML 문서로 소스 프로그램 실행하기

1. 프로그램 개요

웹실행 환경 대화상자에서 설정된 내용은 작성 중인 프로그램이 웹 실행될 때 <object> 태그가 포함된 HTML파일로 생성된다.

학습개요

HTML 문서에서 프로그램을 연결하여 실행하는 방법으로써 HTML로는 구현하기 어려운 내용을 PASS2000으로 만들고 이것을 HTML 문서에서 실행하는 것이다. 이러한 방법을 사용하면 기존에 작성된 HTML에 다른 웹 확장 기능을 사용하지 않더라도 필요한 기능을 쉽게 구현할 수 있으며 특히 PASS2000의 특별한 기능까지도 웹으로 활용할 수 있어 보다 좋은 컨텐츠를 만들 수 있다.

미리보기

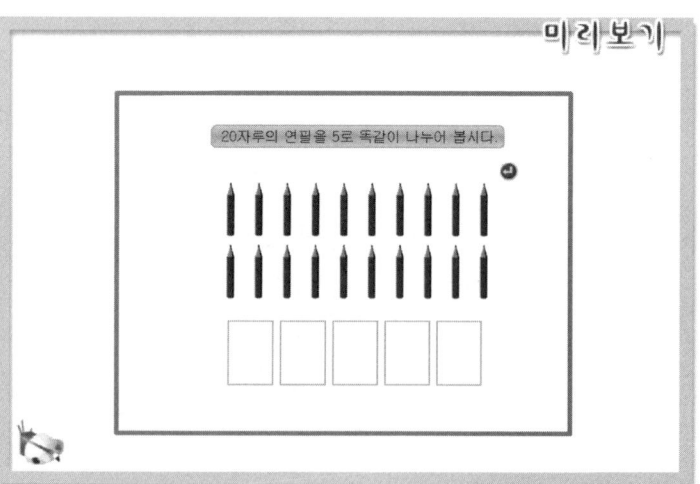

V. 인터넷으로 연결하기

2. 프로그램 소스 알아보기

화면 설정 및 버튼처리 소스 ①

```
SCREEN 1,1,,,640,480
FONTSET "굴림"
DIM pen[25,2]
DIM pem[25,2]
SHAPELOAD 6,"0000p004.gif",8*2,2,8,,,28,28,,,0
SHAPELOAD 22,"pencil.gif",2,2,1,0,0,20,78,0,0,15
FOR j,0,1
  FOR i,0,9
    DSHAPE "pencil.gif",100+i*40+50,165+j*89-40,20,78,1,,15
  NEXT
NEXT
CELLBOX 5,1,157,323,63,91,11,15,124,,43,2,0
ROUNDBOX 132,43,548,74,15,15,185,"^G11,185,81,256",81,2,0
PRINT 146,49,754,"ⓩⓒ0,,ⓥ20,20자루의 연필을 5로 똑같이 나누어 봅시다."
CALL _진행대기,GXY{0},GXY{1}+45

p=1,k=1
FOR j,0,1 '그림출력 위치 값(출발지)을 배열에 저장
  FOR i,0,9
    pen[p,1]=150+i*40
    pen[p,2]=125+j*89
    p=p+1
  NEXT
NEXT
FOR j,0,3 '그림이동할 위치 값(도착지)을 배열에 저장
  FOR i,0,4
    pem[k,1]=169+i*74+j*14
    pem[k,2]=369
```

```
   k=k+1
  NEXT
 NEXT
```

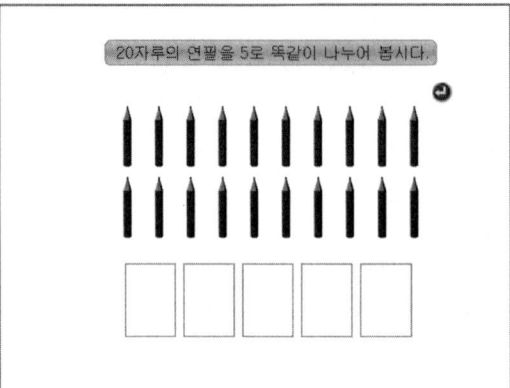

소스 분석

```
pen[p,1]=150+i*40,pen[p,2]=165+j*89-40
```

반복문에 의하여 처음 출력위치(출발지)를 pen 배열변수에 저장함.

```
pem[k,1]=295+i*74+j*13-200+74,pem[k,2]=299+70
```

반복문에 의하여 그림 이동할 위치(도착지)를 pem 배열변수에 저장함.

실행 화면 소스 ❶ ❷

```
FOR i,1,20 '사용하여 5개씩 이동
 BOX pen[i,1],pen[i,2],pen[i,1]+20,pen[i,2]+78,15,1
  ANIMATE 22,1,1,,,,10,10,2,pen[i,1],pen[i,2],pem[i,1],pem[i,2]
```

```
   ANIMATE
   SOUND "a031.wav"
   WAIT 200
   IF i%5=0  '5로 나누어 떨어질(나머지가 0) 때마다
     CALL _진행대기,GXY{0},GXY{1}+55 '엔터아이콘출력
   ENDIF
NEXT

SUB _진행대기,x,y '엔터버튼 출력 서브루틴
  GET 54,x,y,x+28,y+28
  BUTTONSET 33,,,13,x,y,28,28,6,1,2,1,3,4
  BUTTONON 33,_Rtn,1
  _RtnCode=0
  WHILE _RtnCode=0
  WEND
  _RtnCode=0
  BUTTONOFF 33,1
  PUT 54,x,y
ENDSUB

SUB _Rtn
  _RtnCode=1
ENDSUB
```

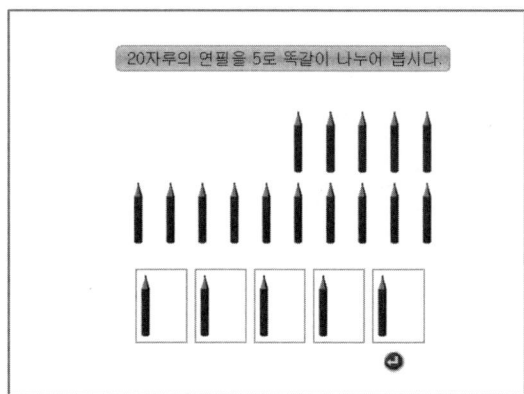

 소스 분석

```
BOX pen[i,1],pen[i,2],pen[i,1]+20,pen[i,2]+78,15,1
```

위 명령문의 역할은 한 번씩 에니매이트가 될 때마다 이동 그림(출발지)에 있는 그림을 지워주는 기능을 하게 된다. pen 배열변수는 전에 설명하였듯이 처음 그림 출력위치 나타내는 배열변수값에 해당된다.

```
ANIMATE 22,1,1,,,,10,10,2,pen[i,1],pen[i,2],pem[i,1],pem[i,2]
```

pen[i,1],pen[i,2]은 x1,y1좌표(출발지)를 나타내는 인수에 해당되며 pem[i,1], pem[i,2]는 x2,y2(도착지)를 나타내는 인수이다. 따라서 x1,y1에서 x2,y2로 직선 이동하는 명령문에 해당된다.

```
IF i%5=0
  CALL _진행대기,GXY{0},GXY{1}+55,0
ENDIF
```

i%5는 i값이 5로 나누어 떨어질 때마다를 나타낸다. 따라서 5번 에니매이트될 때마다 _진행대기(엔터버튼) 서브루틴을 실행하라는 의미이다.

V. 인터넷으로 연결하기

3. 소스 파일을 HTML에 삽입하기

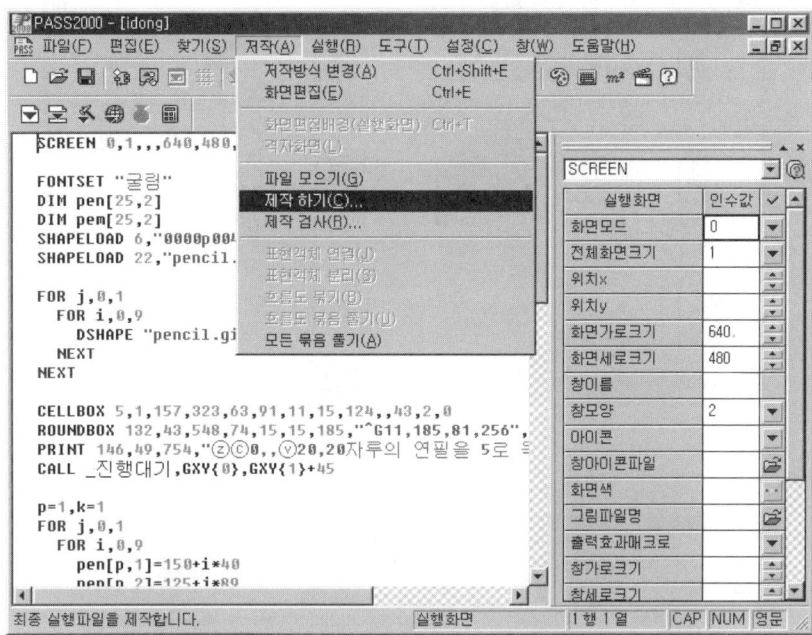

HTML 파일 만들기

① [저작]-[제작하기]를 선택한다.

HTML 파일 만들기

② 웹 실행파일 만들기를 선택한 시작파일명과 웹 파일명을 입력하고 실행화면 크기를 설정한다.

HTML 파일 확인하기

③ 탐색기를 실행하여 원본 소스가 있는 폴더를 열어보면 HTML 파일이 생성된 것을 볼 수 있다.

HTML 파일 실행 화면

④ HTML 파일을 더블 클릭하여 웹 브라우저에 실행하면 오른쪽과 같은 화면이 출력된다.

※ 프로그램이 실행될 때 브라우저의 흰색바탕과 소스배경의 청녹색을 같은 색으로 편집해 보도록 하겠음.

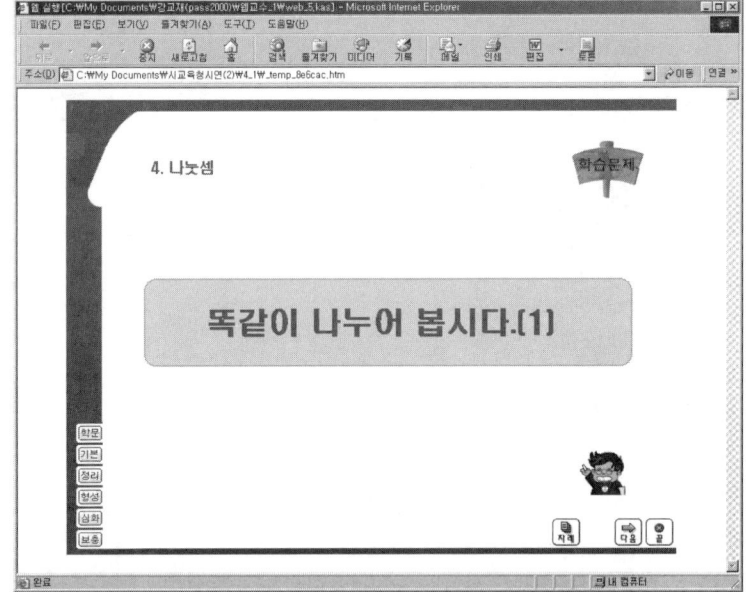

V. 인터넷으로 연결하기

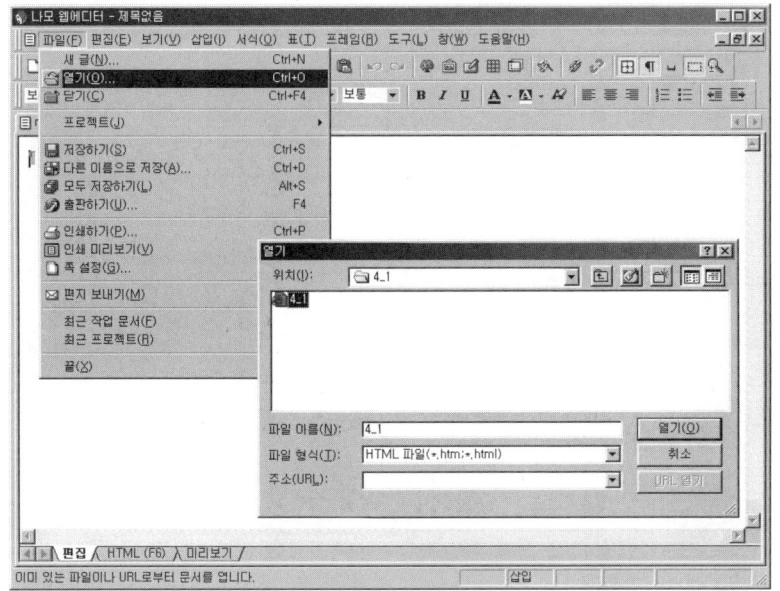

HTML 파일 편집하기

⑤ 나모 웹 에디터를 실행한 다음에 [파일]-[열기]하여 HTML 파일을 저장한 폴더 위치를 찾아가 불러온다.

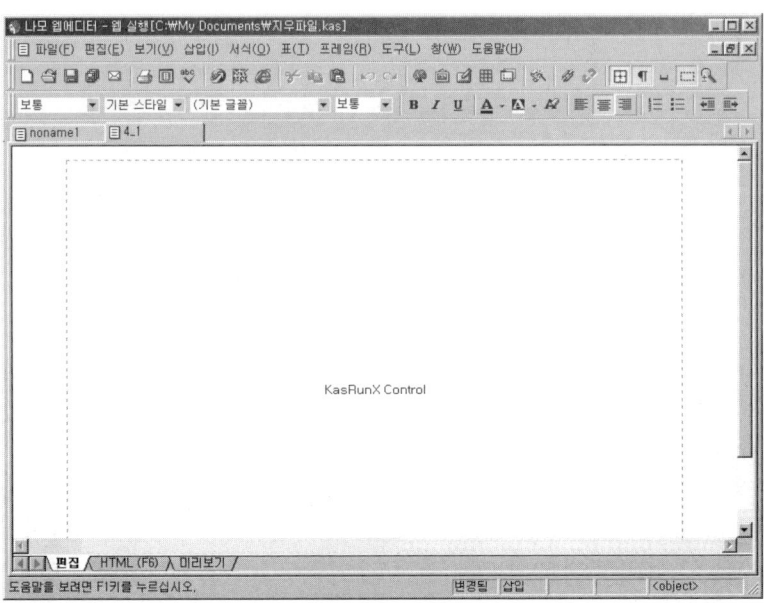

HTML 파일 편집하기

⑥ 오른쪽과 같은 화면이 나타난다.

그래픽 툴로 색상정보 알아내기

⑦ 그래픽 툴에서 스포이드 아이콘을 이용하여 배경 색상 정보(RGB)를 알아낸다.
(R: 16 G:119 B: 111)

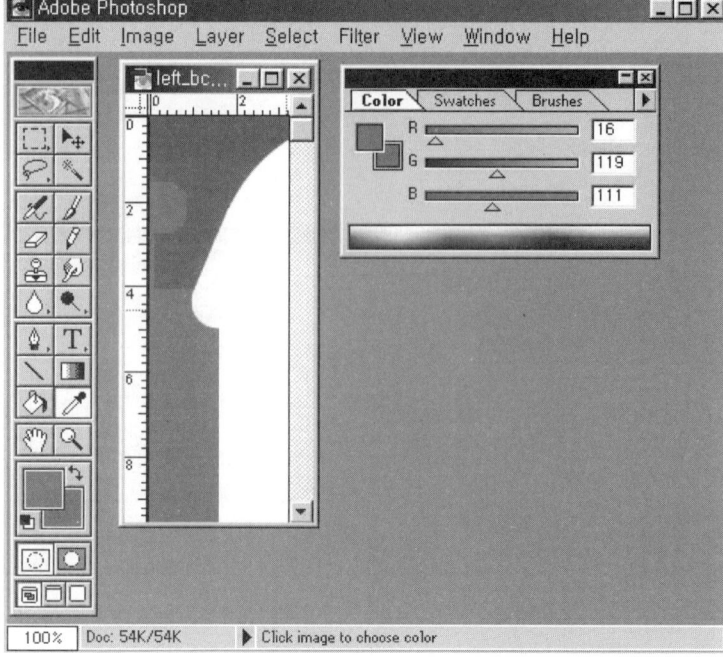

HTML 파일 배경색 지정하기

⑧ [서식]-[문서속성]을 클릭한다.

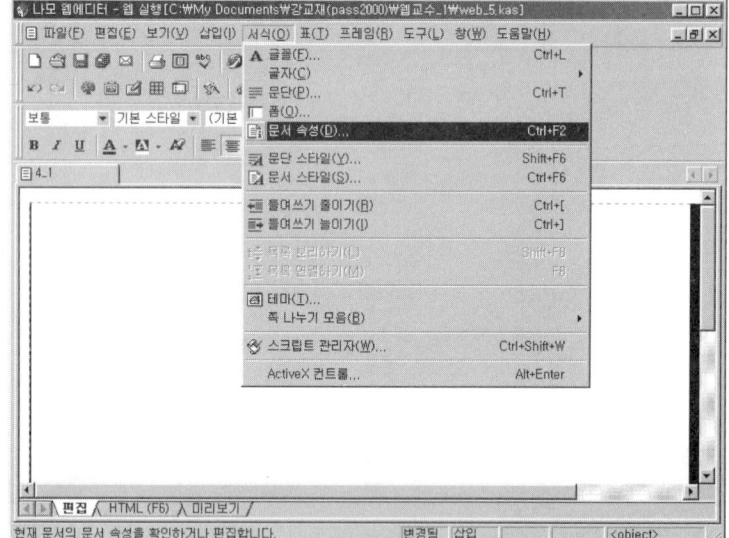

V. 인터넷으로 연결하기

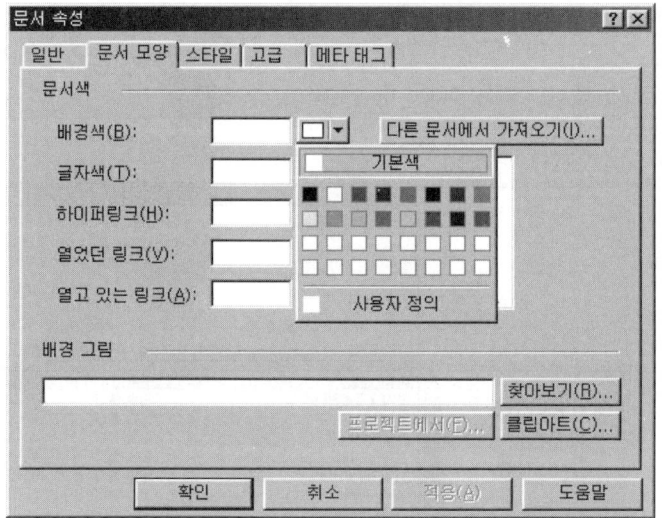

HTML 파일 배경색 지정하기

⑨ 배경색을 선택한 다음 사용자 정의를 선택한다.

색상 지정하기

⑩ 빨강, 노랑, 파랑색에 값 (R: 16 G: 119 B: 111)을 입력한 다음 확인버튼을 클릭한다.

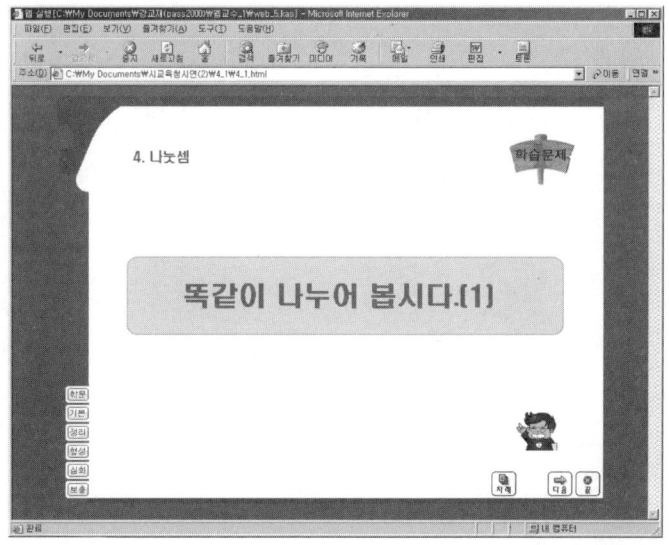

색상 지정하기

⑪ 저장한 다음 웹 브라우저 상에서 실행하면 오른쪽과 같이 배경색이 변한 것을 볼 수 있다.

ICT 활용 교육을 위한 PASS 2000 2.0의 실제

색상 지정하기

⑫ 전과 동일하게 FTP를 이용하여 서버에 프로그램을 올린 다음 웹 브라우저로 주소를 입력하고 프로그램을 실행시켜 본다.

4. 실습 과제

교수용 파일을 제작한 다음 HTML 파일을 편집하여 예쁘게 꾸며 봅시다.

VI. 공모전 입상작 분석해보기

◆ 교육용 s/w 공모전 프로그램 소스 분석
  - 알기 쉬운 점대칭 도형(초등 수학 5학년)

 교육용 S/W 공모전 프로그램 소스 분석

1. 프로그램 실행화면 및 구조

 **TIP**

교육용 S/W 공모전 프로그램을 소스를 학습화면별로 알아보고 서브루틴에 대하여 알아보자.

프로그램 실행 화면

학습로고 화면

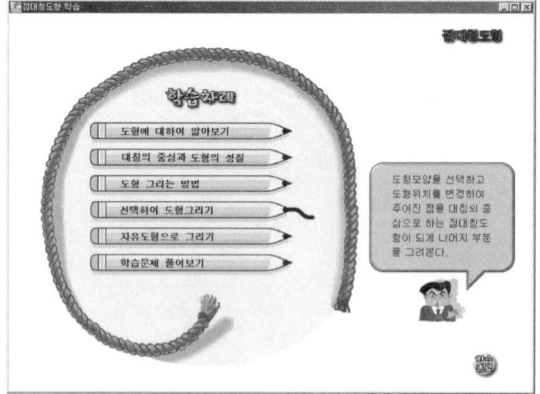

학습차례 화면

VI. 공모전 입상작 분석해보기

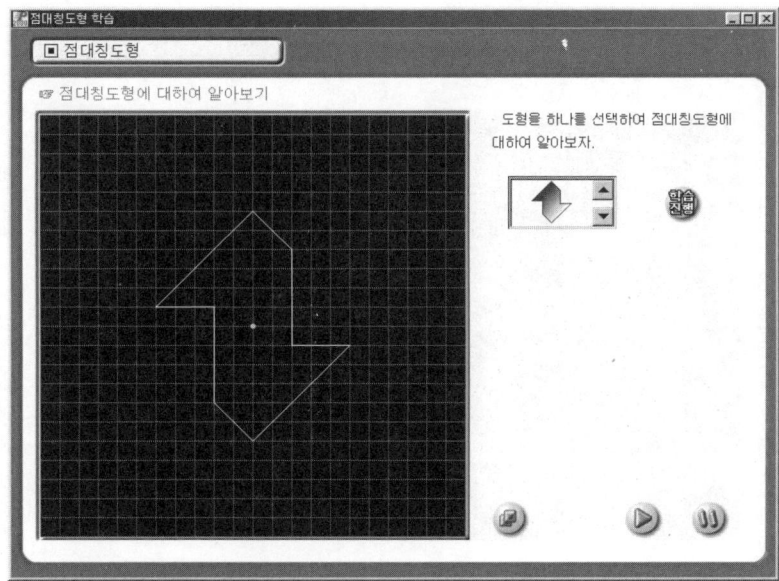

점대칭 도형에 대하여 알아보기(학습1 화면)

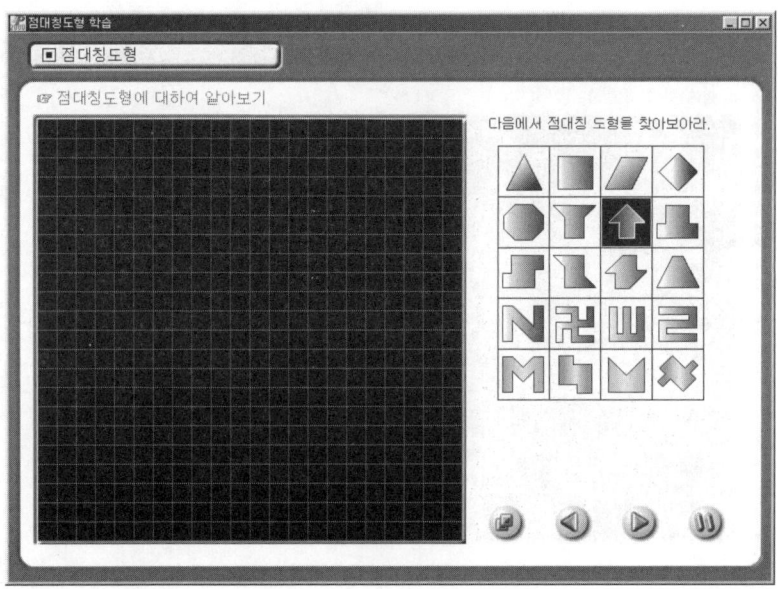

점대칭 도형에 대하여 알아보기(학습2 화면)

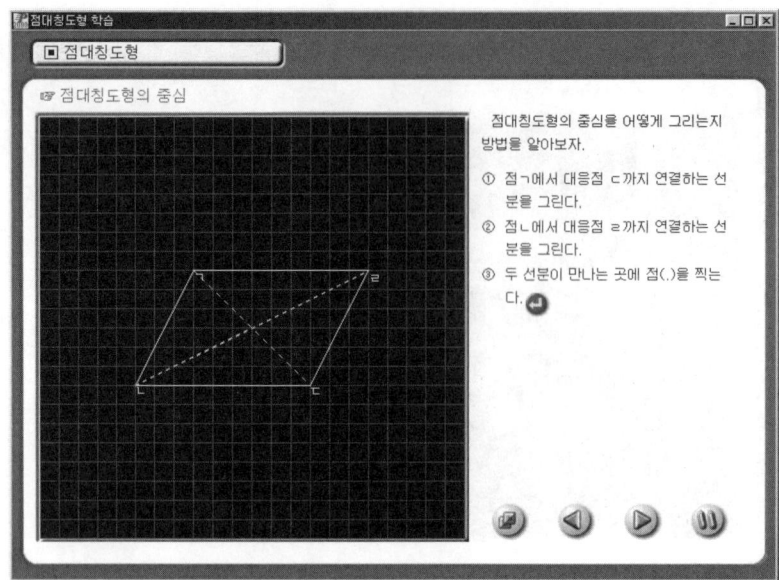

점대칭 도형의 중심(학습3 화면)

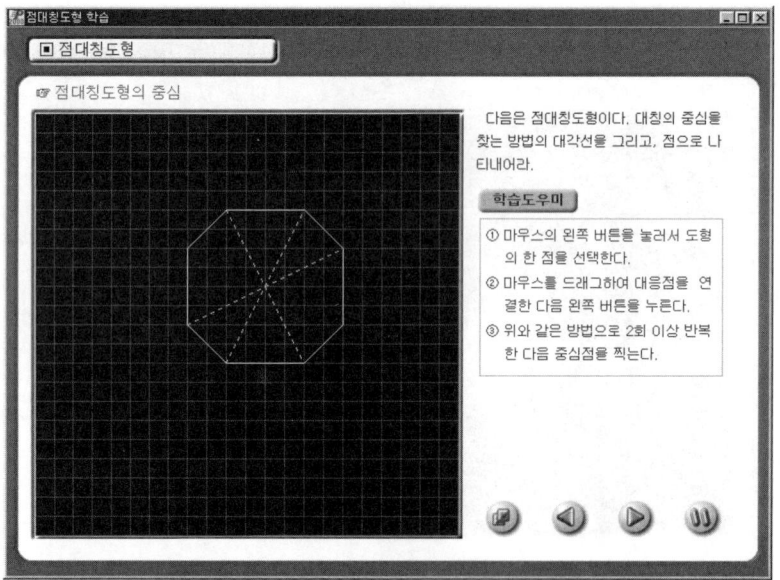

점대칭 도형의 중심(학습4 화면)

VI. 공모전 입상작 분석해보기

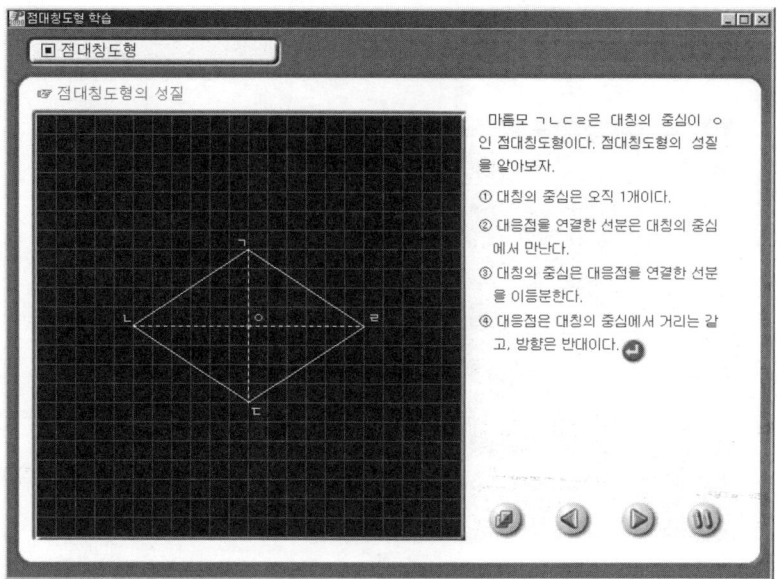

점대칭 도형의 성질(학습5 화면)

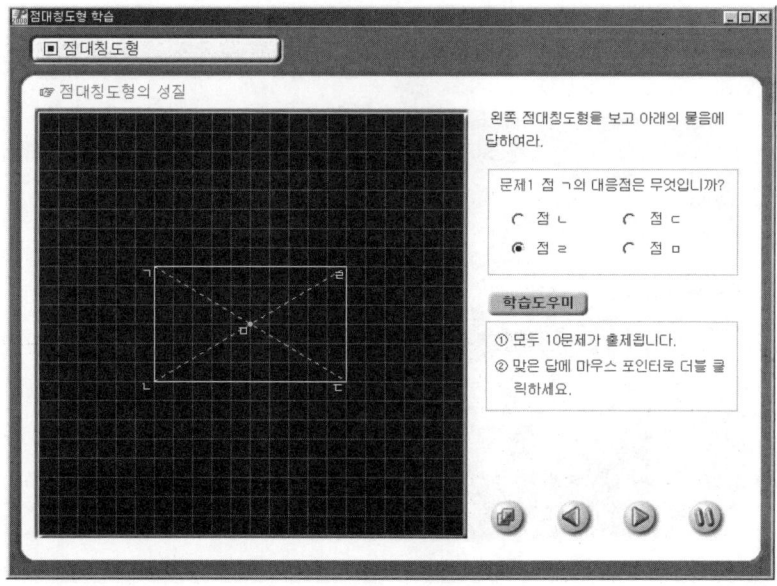

점대칭 도형의 성질(학습6 화면)

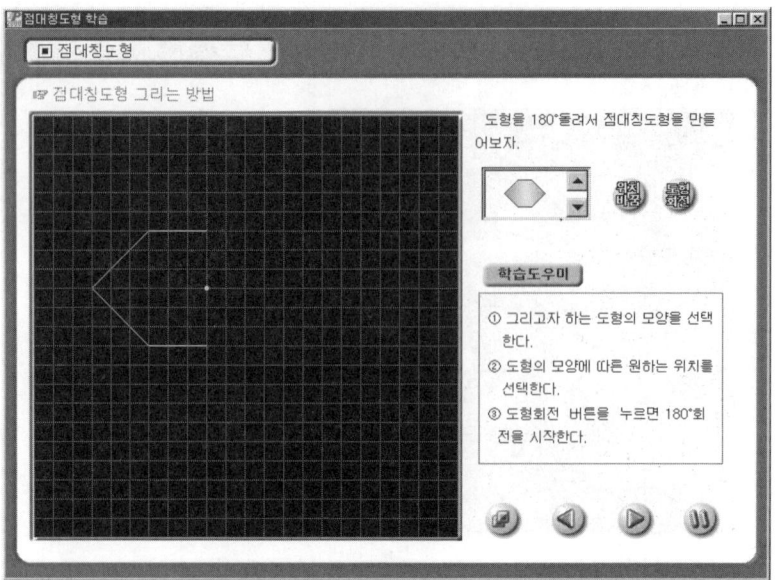

점대칭 도형 그리는 방법(학습7 화면)

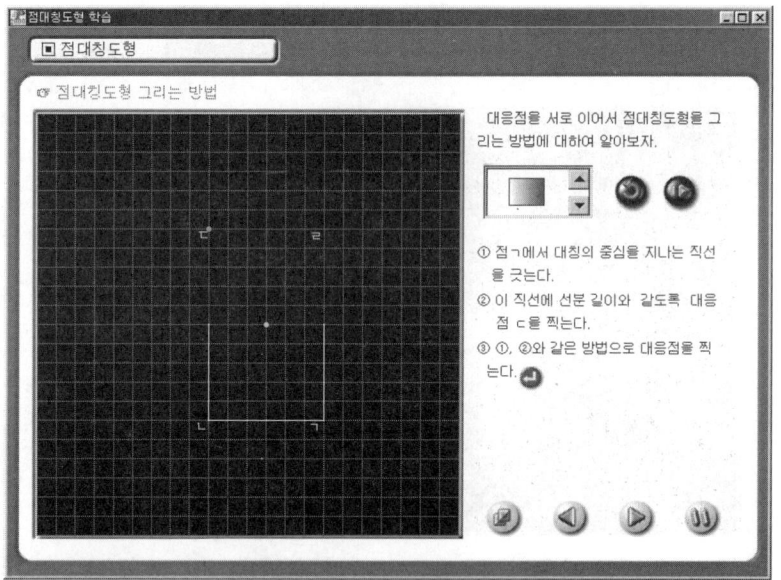

점대칭 도형 그리는 방법(학습8 화면)

VI. 공모전 입상작 분석해보기

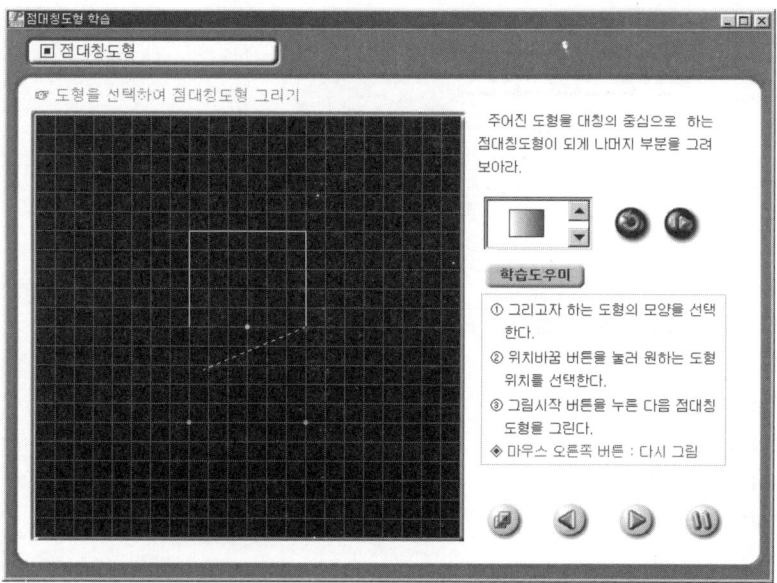

점대칭 도형 그리기(학습9 화면)

프로그램 구조 ②

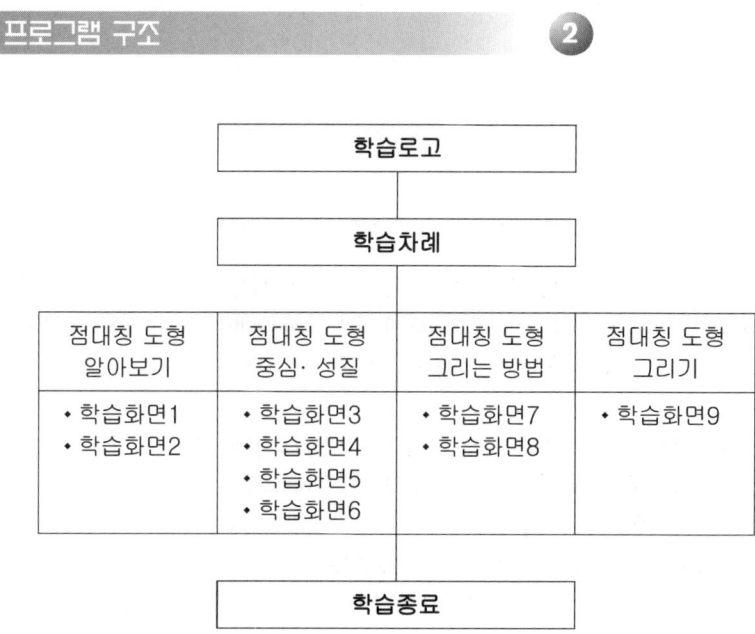

ICT 활용 교육을 위한 PASS 2000 2.0의 실제

2. 프로그램 소스

화면 설정 및 버튼처리 소스

기초 환경 및 변수 설정하기
- 배열변수 선언
- 그림자료 설정
- 버튼 설정

```
SCREEN ,,,,800,600,"점대칭도형 학습"
FONTSET "굴림"
DIM bum[25,2]
DIM cum[25,2]
DIM gak[25]
DIM gac[25]
DIM hyt[25]
DIM cyt[25]
DIM nom[25]
DIM pxy[22,22]
DIM txy[22,22]
DIM mun$[24]
DIM gw[20]
DIM wic[4,2]
DIM dap$[10]

mun$[1]="ㄱ",mun$[2]="ㄴ",mun$[3]="ㄷ",mun$[4]="ㄹ",mun$[5]="ㅁ"
mun$[6]="ㅂ",mun$[7]="ㅅ",mun$[8]="ㅇ",mun$[9]="ㅈ",mun$[10]="ㅊ"
mun$[11]="ㅋ",mun$[12]="ㅌ",mun$[13]="ㅍ",mun$[14]="ㅎ"

mun$[15]="1",mun$[16]="2",mun$[17]="3",mun$[18]="4"
mun$[19]="5",mun$[20]="6",mun$[21]="7",mun$[22]="8"
mun$[23]="9",mun$[24]="10"
SHAPELOAD 1,"pic_2.JPG",16,4,4,2,4,51,47,2,6,0  '도형모양_2
SHAPELOAD 2,"_btn_base.bmp",40,10,4,5,3,41,44,0,3 '진행버튼
SHAPELOAD 4,"0000p004.bmp",8*2,2,8,,,28,28,,,0 '엔터-느낌표
SHAPELOAD 5,"img_1.JPG",16,4,4,2,4,51,47,2,6,0  '위치도형모양_2
BUTTONSET 1,,,,496,490,41,43,2,1,11,21,2
BUTTONSET 2,,,,565,490,41,43,2,2,12,22,2
```

```
BUTTONSET 3,,,,634,490,41,43,2,3,13,23,2
BUTTONSET 4,,,,703,490,41,43,2,7,14,27,2
BUTTONSET 5,,,,644,512,41,43,2,33,6,26,2
BUTTONSET 6,,,,703,512,41,43,2,14,7,27,2
BUTTONSET 11,,,294,501+20*4,178,25,21,4,,,,2,4
BUTTONSET 12,,,294,502+20*4,205,23,20,4,,,,2,4
BUTTONSET 13,,,294,502+20*4,146,25,21,4,,,,2,4
BUTTONSET 14,,,294,502+20*4,175,23,20,4,,,,2,4
BUTTONSET 15,,,294,601,158,25,21,4,,,,2,4
BUTTONSET 16,,,294,602,186,23,20,4,,,,2,4
BUTTONSET 21,,,,549+20*4,180,41,44,2,19,5,25,2
BUTTONSET 22,,,,600+20*4,180,41,44,2,18,8,28,2
BUTTONSET 23,,,,549+20*4,150,41,44,2,19,5,25,2
BUTTONSET 24,,,,600+20*4,150,41,44,2,17,8,28,2
BUTTONSET 25,,,,675,159,41,44,2,15,8,28,2
BUTTONSET 46,,,,603,410,41,44,2,18,8,28,2
BUTTONSET 29,,,,600+20*4,150,41,44,2,15,8,28,2
jum=2,SUN=1,C=14,CURSOR=1,끝=0
```

실행 화면 소스 ②

```
로고화면:
DSHAPE "logo_10.JPG",-4,0,800,590,0,0,0
jum=2,SUN=1,C=14,CURSOR=1

IF 끝=1
  DSHAPE "end.JPG",381,345,70,86,0,0,0
  PAUSE 5
  END
ENDIF
PAUSE 3
```

학습 로고 화면
로고 화면 제작하기

학습차례 화면 만들기

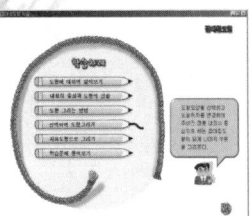

```
학습메뉴:
EWINDOW 0
MOUSESET
FOR i,0,50
  BUTTONOFF i
NEXT
CLS 0,,4
DSHAPE "menu_n.JPG",0,0,800,590,0,0,0
DSHAPE "jum01.JPG",652,20,100,28,0,0,0
SOUND "clock.wav"
BUTTONON 6,학습종료,1,700,510

메뉴:
SELECT 선택,3,0,선택,0,보조1,6,1,6,138,167,263,23,10,17,0,4
ONGOTO 선택,점대칭1_11,점대칭1_13,점대칭1_17,점대칭1_19,점대칭1_20,점대칭1_21
GOTO 메뉴

SUB 보조1
  BEEP 1000,50
  EWINDOW
  WINDOW 397,146,744,402,0
  DSHAPE "pensim.JPG",sel(1)+284,sel(2)+5,44,22,0,0,0
  IF sel()=1
    PRINT 580,264,733,"ⓩⓒ0,,ⓥ15,ⓨ7,180°회전시키면 두 도형이 겹쳐
          지게 됨을 학습하여 점대칭도형에 대하여 알아본다."
  ENDIF
  IF sel()=2
    PRINT 580,264,733,"ⓩⓒ0,,ⓥ15,ⓨ7,점대칭도형의 중심이 무엇인  지
          알아보고 중심을 찾아보며 점대칭도형의 성질을 알아본다."
  ENDIF
        ⋮
ENDSUB
```

	학습화면 1
	점대칭 도형에 대하여 알아보기

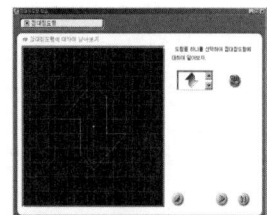

```
점대칭1_11:

CALL 초기화
BUTTONON 1,학습메뉴,0
BUTTONON 3,점대칭1_12,0
BUTTONON 4,학습종료,1
cx=210+20*2,cy=270+20*2,po=1,soc=0
점대1_11:
BUTTONON 15,단추증1_11,1
BUTTONON 16,단추감1_11,1
BUTTONON 25,대칭1_11,0
CALL 중심좌표
CALL 점좌표   '점대칭위치의 좌표계산
CALL 각구하기  '각도 구하기
CALL 대각선    '대각선 길이 구하기
CELLBOX 22,22,30,90,20,20,0,0,8,0,0,1,0,0
DOT cx,cy,1,184,0
PRINT 418+20*4,88,676+20*4,"ⓩⓒ0,15,ⓥ14,ⓨ10, 도형을 하나를 선택
       하여 점대칭도형에 대하여 알아보자."
TEXT 141,60," ☞점대칭도형에 대하여 알아보기",2,16,9,,1,0,0,0,6
DSHAPE "momenu.bmp",435+20*4,154,113,55,0,0,0
SHAPE 1,po,455+20*4,158
PAUSE ,1

대칭1_11:
FOR i,10,50
  BUTTONOFF i
NEXT
FOR i,1,ct
  LINE bum[i,1],bum[i,2],bum[i+1,1],bum[i+1,2],15,1
  LINE cum[i,1],cum[i,2],cum[i+1,1],cum[i+1,2],15,1
NEXT
FOR i,1,ct-1
  LINE bum[i+1,1],bum[i+1,2],cum[i+1,1],cum[i+1,2],11,1,1
NEXT
FOR i,1,ct-1
```

```
    x2=cx+cos(rad(gak[i+1]))*hyt[i+1]
    y2=cy-sin(rad(gak[i+1]))*hyt[i+1]'
     TEXT x2,y2,mun$[i],1,14,14,,0,0,0,0,5
   NEXT
   FOR j,1,ct-1
    x2=cx+cos(rad(gac[j+1]))*cyt[j+1]
    y2=cy-sin(rad(gac[j+1]))*cyt[j+1]
     TEXT x2,y2,mun$[i+j-1],0,14,14,,0,0,0,0,5
   NEXT
   TEXT cx,cy,mun$[ct*2+1],0,14,14,,0,0,0,0,5
   PRINT 408+20*4,188+50,666+20*4,"ⓩⓒ0,,ⓥ14,ⓨ10, 평행사변형 위에
          투명 종이를 놓고 본을 떠서 점 %mun$[ct*2+1],에 핀을 꽂은 다
          음, 투명 종이를 이용하여 180°돌렸다. 어느 점끼리 완전히 겹
          쳐지는 지 알아보아라."
   CALL _진행대기,GXY{0},GXY{1},0
   CALL 회전
   PRINT 408+20*4,358+20,666+20*4,"ⓩⓒ0,,ⓥ14,ⓨ10, 이와 같이 한 점을
          중심으로 180°완전히 돌렸을 때, 처음 도형과 완전히 겹쳐지
          는 도형을 ⓒ4,,점대칭 도형ⓒ0,,이라 하고, 그 점을 ⓒ4,,대칭
          의 중심ⓒ0,,이라 한다."
   CALL _진행대기,GXY{0},GXY{1},0
   MOUSECURSOR 0
   BOX 487,232,768,482,15,1,15,1,0,0
   GOTO 점대1_11
   PAUSE ,1

   SUB 단추증1_11
    po=po+1*(po<16)
     CELLBOX 22,22,30,90,20,20,0,0,8,0,0,1,0,0
     SHAPE 1,po,455+20*4,158
     CALL 중심좌표
     CALL 점좌표   '점대칭위치의 좌표계산
     CALL 각구하기  '각도 구하기
     CALL 대각선   '대각선 길이 구하기
     FOR i,1,ct
       LINE bum[i,1],bum[i,2],bum[i+1,1],bum[i+1,2],15,1
```

서브루틴(단추증1_11)

버튼을 눌렀을 때 도형의
모양이 바뀌도록 함(증가)

```
    LINE cum[i,1],cum[i,2],cum[i+1,1],cum[i+1,2],15,1
  NEXT
  CIRCLE cx,cy,2,2,,,11,1
  SOUND "clock.wav"
  WAIT 200
ENDSUB

SUB 단추감1_11
  po=po-1*(po>1)
  CELLBOX 22,22,30,90,20,20,0,0,8,0,0,1,0,0
  SHAPE 1,po,455+20*4,158
  CALL 중심좌표
  CALL 점좌표   '점대칭위치의 좌표계산
  CALL 각구하기  '각도 구하기
  CALL 대각선   '대각선 길이 구하기
  FOR i,1,ct
    LINE bum[i,1],bum[i,2],bum[i+1,1],bum[i+1,2],15,1
    LINE cum[i,1],cum[i,2],cum[i+1,1],cum[i+1,2],15,1
  NEXT
  CIRCLE cx,cy,2,2,,,11,1
  SOUND "clock.wav"
  WAIT 200
ENDSUB

SUB 초기화
  SOUND "clock.wav"
  MOUSESET
  BUTTONOFF -2
  EWINDOW 0
  DSHAPE "mainback.JPG",-4,-5,,,0,0,0
  TEXT 34,15,"■ 점대칭도형",0,16,0,,1,0,0,0,6
  CELLBOX 22,22,30,90,20,20,0,0,8,0,0,1,0,0
ENDSUB
```

> **서브루틴(단추감1_11)**
> 버튼을 눌렀을 때 도형의 모양이 바뀌도록 함(감소)

> **서브루틴(초기화)**
> 화면 설정을 초기화하기 위한 서브루틴임.

학습화면 2

점대칭 도형 찾아보기

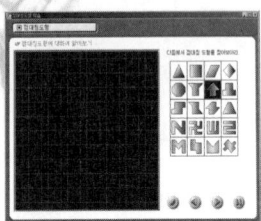

```
점대칭1_12:
CALL 초기화
BUTTONON 1,학습메뉴,0
BUTTONON 2,점대칭1_11,0
BUTTONON 3,점대칭1_13,0
BUTTONON 4,학습종료,1
TEXT 141,60," ☞ 점대칭도형에 대하여 알아보기",2,16,9,,1,0,0,0,6
PRINT 408+20*4,88,666+20*4,"ⓩⓒ0,,ⓥ14,ⓨ10,  다음에서 점대칭 도형
      을 찾아보아라."
DSHAPE "pic_1.JPG",428+20*4,118,213,266,0,0,0

점1_12:
CELLBOX 22,22,30,90,20,20,0,0,8,0,0,1,0,0
SELECT po,4,0,po,0,소리1,20,4,5,428+20*4,118,53,53,0,0,0,4
cx=210+20*2,cy=270+20*2
CALL 도형좌표  '도형좌표 설정
CALL 점좌표   '점대칭위치의 좌표계산
CALL 각구하기  '각도 구하기
CALL 대각선   '대각선 길이 구하기
FOR i,1,ct
  LINE bum[i,1],bum[i,2],bum[i+1,1],bum[i+1,2],15,1
  IF soc=1
    LINE cum[i,1],cum[i,2],cum[i+1,1],cum[i+1,2],15,1
  ENDIF
NEXT
IF nom[po]=0
  IF (po=2 | po=3 | po=4 | po=5 | po=9 | po=10 | po=11 | po=13 |
po=14 | po=16 | po=18 | po=20)
    nom[po]=-1
    DSHAPE "baby.JPG",sel(1)+4,sel(2)+4
    CALL 회전
    PAINT cx,cy,71,14,,15,0
    MESSAGEBOX "점대칭 도형을 잘 찾았습니다","도형찾기",0,1,1
  ELSE
    CALL 회전
    PAINT cx,cy,9,14,,15,0
```

```
    MESSAGEBOX "점대칭도형이 아니군요","도형찾기",0,1,1
  ENDIF
ELSE
  MESSAGEBOX "이미 찾은 도형입니다","도형찾기",0,1,1
ENDIF

MOUSECURSOR 0
GOTO 점1_12
PAUSE ,1

SUB 소리1
  BEEP 500,50
ENDSUB

점대칭1_13:
CALL 초기화
BUTTONON 1,학습메뉴,0
BUTTONON 2,점대칭1_12,0
BUTTONON 3,점대칭1_14,0
BUTTONON 4,학습종료,1
cx=210+20*2,cy=270+20*2,soc=1,po=1
점반복1_13:
CALL 중심좌표
CALL 점좌표    '점대칭위치의 좌표계산
CALL 각구하기  '각도 구하기
CALL 대각선   '대각선 길이 구하기
CELLBOX 22,22,30,90,20,20,0,0,8,0,0,1,0,0
TEXT 99,60,"   ☞점대칭도형의 중심",2,16,9,,1,0,0,0,6
FOR i,1,ct
  LINE bum[i,1],bum[i,2],bum[i+1,1],bum[i+1,2],15,1
  LINE cum[i,1],cum[i,2],cum[i+1,1],cum[i+1,2],15,1
NEXT
FOR i,1,ct-1
  x2=cx+cos(rad(gak[i+1]))*hyt[i+1]
  y2=cy-sin(rad(gak[i+1]))*hyt[i+1]'
```

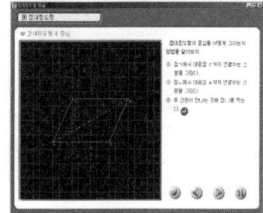

학습화면 3

점대칭 도형의 중심을 그리는 방법 알아보기

```
    TEXT x2,y2,mun$[i],,14,14,,0,0,0,0,5
NEXT
FOR j,1,ct-1
  x2=cx+cos(rad(gac[j+1]))*cyt[j+1]
  y2=cy-sin(rad(gac[j+1]))*cyt[j+1]'
  TEXT x2,y2,mun$[i+j-1],,14,14,,0,0,0,0,5
NEXT
PRINT 408+20*4,88,666+20*4,"ⓩⓒ0,,ⓥ14,ⓨ10, 점대칭도형의 중심을 어떻게 그리는지 방법을 알아보자."
CALL _진행대기,GXY{0},GXY{1},0
PRINT 408+20*4,148,666+20*4,"ⓩⓒ1,,ⓥ14,ⓨ10,① 점ㄱ에서 대응점 %mun$[ct],까지 연결하는 선분을 그린다."
CALL _진행대기,GXY{0},GXY{1},0
LINE bum[2,1],bum[2,2],cum[2,1],cum[2,2],43,1,1,10,0
num=rnd(3,ct)
PRINT 408+20*4,198,666+20*4,"ⓩⓒ1,,ⓥ14,ⓨ10,② 점%mun$[num-1],에서 대응점 %mun$[ct+num-2],까지 연결하는 선분을 그린다."
CALL _진행대기,GXY{0},GXY{1},0
LINE bum[num,1],bum[num,2],cum[num,1],cum[num,2],43,1,1,10,0
PRINT 408+20*4,248,666+20*4,"ⓩⓒ1,,ⓥ14,ⓨ10,③ 두 선분이 만나는 곳에 점(.)을 찍는다."
CALL _진행대기,GXY{0},GXY{1},0
DOT cx,cy,3,13,0
PAUSE 1
MESSAGEBOX "다른 도형으로 더 공부해 봅시다","도형찾기",0,1,1
IF po<6
  po=po+1
ELSE
  MESSAGEBOX "점대칭 도형의 중심을 그려 봅시다","도형찾기",0,1,1
  GOTO 점대칭1_14
ENDIF
BOX 404+20*4,145,663+20*4,294,15,1,15,1,0,0
GOTO 점반복1_13
PAUSE ,1
```

학습화면 4
점대칭 도형의 중심 그리기

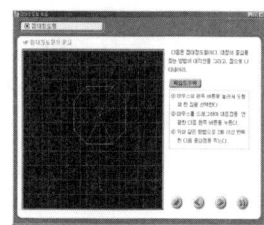

```
점대칭1_14:
CALL 초기화
BUTTONON 1,학습메뉴,0
BUTTONON 2,점대칭1_13,0
BUTTONON 3,점대칭1_15,0
BUTTONON 4,학습종료,1
BOX 412+20*4,199,663+20*4,363,7,,15,1,0,0
DSHAPE "help.JPG",410+20*4,168,104,25,0,0,0
PRINT 418+20*4,210,666+20*4,"ⓩⓒ1,,ⓥ14,ⓨ10,① 마우스의 왼쪽 버튼
        을 눌러서 도형의 한 점을 선택한다."
PRINT 418+20*4,260,666+20*4,"ⓩⓒ1,,ⓥ14,ⓨ10,② 마우스를 드래그하
        여 대응점을 연결한 다음 왼쪽 버튼을 누른다."
PRINT 418+20*4,310,666+20*4,"ⓩⓒ1,,ⓥ14,ⓨ10,③ 위와 같은 방법으로
        2회 이상 반복한 다음 중심점을 찍는다."

점대1_14:
cx=210+20*2+rnd(-2,2)*20,cy=270+20*2+rnd(-2,2)*20
po=rnd(1,16)

CALL 중심좌표
CALL 점좌표    '점대칭위치의 좌표계산
CALL 각구하기   '각도 구하기
CALL 대각선    '대각선 길이 구하기
CELLBOX 22,22,30,90,20,20,0,0,8,0,0,1,0,0
TEXT 99,60," ☞ 점대칭도형의 중심",2,16,9,,1,0,0,0,6
PRINT 408+20*4,88,666+20*4,"ⓩⓒ0,,ⓥ14,ⓨ10, 다음은 점대칭도형이
        다. 대칭의 중심을 찾는 방법의 대각선을 그리고, 점으로 나타내
        어라." '도형그리기========================================
bun=0
FOR i,1,ct
  LINE bum[i,1],bum[i,2],bum[i+1,1],bum[i+1,2],15,1
  LINE cum[i,1],cum[i,2],cum[i+1,1],cum[i+1,2],15,1
NEXT

시작점1_14: '마우스로 시작점찍기
FOR I,0,0,0
```

```
   MOUSECHK 0
  M=MCHK{}
   IF M=1
    FOR i,1,ct
      IF mpos{bum[i,1]-5,bum[i,2]-5,bum[i,1]+5,bum[i,2]+5}
       X1=bum[i,1],Y1=bum[i,2],um=0
       EXIT FOR,대각선1_14
      ENDIF
      IF mpos{cum[i,1]-5,cum[i,2]-5,cum[i,1]+5,cum[i,2]+5}
       X1=cum[i,1],Y1=cum[i,2],um=1
       EXIT FOR,대각선1_14
      ENDIF
      IFGOTO mpos{cx-5,cy-5,cx+5,cy+5} & bun>1,점1_14
    NEXT
   ENDIF
NEXT

대각선1_14:
CALL 선편집1_14,*X1,*Y1,*X2,*Y2
LINE X1,Y1,X2,Y2,C,,1,,1
IF mpos{cum[i,1]-5,cum[i,2]-5,cum[i,1]+5,cum[i,2]+5} & um=0
  EXIT FOR,선그리기1_14
ENDIF
IF mpos{bum[i,1]-5,bum[i,2]-5,bum[i,1]+5,bum[i,2]+5} & um=1
  EXIT FOR,선그리기1_14
ENDIF
GOTO 대각선1_14

선그리기1_14:
IF um=0
  LINE X1,Y1,cum[i,1],cum[i,2],C,,1
ELSE
  LINE X1,Y1,bum[i,1],bum[i,2],C,,1
ENDIF
bun=bun+1
bum[i,1]=-1,bum[i,2]=-1
```

```
cum[i,1]=-1,cum[i,2]=-1
GOTO 시작점1_14

점1_14:
CIRCLE cx,cy,3,3,,,13,1
PAUSE 1
MESSAGEBOX "점대칭의 중심을 잘 찾았습니다","중심 찾기",0,1,1
GOTO 점대1_14
PAUSE ,1

SUB 선편집1_14,*X1,*Y1,*X2,*Y2
  X2=MXY{0}
  Y2=MXY{1}
  LINE X1,Y1,X2,Y2,C,,1,,1
  MOUSECURSOR 0
  FOR I,0,0,0
    MOUSECHK 0
    M=MCHK{}
    IF M=1
      WAIT 50
      I=1
    ELSE
      LINE X1,Y1,X2,Y2,C,,1,,1
      X2=MXY{0}
      Y2=MXY{1}
      LINE X1,Y1,X2,Y2,C,,1,,1
    ENDIF
  NEXT
  MOUSECURSOR 0
ENDSUB
```

서브루틴(선편집1_14)

선을 그리기 위한 루틴임

학습화면 5

점대칭 도형의 성질 알아보기

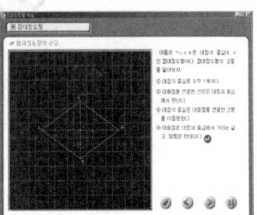

```
점대칭1_15:
CALL 초기화
BUTTONON 1,학습메뉴,0
BUTTONON 2,점대칭1_14,0
BUTTONON 3,점대칭1_16,0
BUTTONON 4,학습종료,1
cx=210+20*2,cy=270+20*2,po=rnd(1,16)
CALL 중심좌표
ct=2,soc=1
bum[1,1]=cx-20*0,bum[1,2]=cy-20*4
bum[2,1]=cx-20*6,bum[2,2]=cy-20*0
bum[3,1]=cx-20*0,bum[3,2]=cy+20*4
bun=0
CALL 점좌표  '점대칭위치의 좌표계산
CALL 각구하기  '각도 구하기
CALL 대각선  '대각선 길이 구하기
CELLBOX 22,22,30,90,20,20,0,0,8,0,0,1,0,0
TEXT 99,60,"☞ 점대칭도형의 성질",2,16,9,,1,0,0,0,6
FOR i,1,ct
  LINE bum[i,1],bum[i,2],bum[i+1,1],bum[i+1,2],15,1
  LINE cum[i,1],cum[i,2],cum[i+1,1],cum[i+1,2],15,1
NEXT
PRINT 408+20*4,88,666+20*4,"ⓩⓒ0,,ⓥ14,ⓨ10, 마름모 ㄱㄴㄷㄹ은 대
     칭의 중심이 ㅇ인 점대칭도형이다. 점대칭도형의 성질을 알아
     보자."
TEXT 237,216,"ㄱ",,14,14,,0,0,0,0,5
TEXT 117,295,"ㄴ",,14,14,,0,0,0,0,5
TEXT 252,392,"ㄷ",,14,14,,0,0,0,0,5
TEXT 374,294,"ㄹ",,14,14,,0,0,0,0,5
TEXT 254,294,"ㅇ",,14,10,,0,0,0,0,5
PRINT 408+20*4,168,666+20*4,"ⓩⓒ1,,ⓥ14,ⓨ10,① 대칭의 중심은 오직
     1개이다."
CALL _진행대기,GXY{0},GXY{1},0
FOR j,1,6
  CIRCLE cx,cy,2,2,,,0,1
  WAIT 200
```

```
  CIRCLE cx,cy,2,2,,,9,1
  WAIT 200
NEXT
PRINT 408+20*4,198,666+20*4,"ⓏⒸ1,,Ⓥ14,Ⓨ10,② 대응점을 연결한 선
    분은 대칭의 중심에서 만난다."
CALL _진행대기,GXY{0},GXY{1},0
LINE bum[1,1],bum[1,2],bum[3,1],bum[3,2],42,1,1,10
LINE bum[2,1],bum[2,2],cum[2,1],cum[2,2],42,1,1,10
PRINT 408+20*4,248,666+20*4,"ⓏⒸ1,,Ⓥ14,Ⓨ10,③ 대칭의 중심은 대응
    점을 연결한 선분을 이등분한다."
CALL _진행대기,GXY{0},GXY{1},0
i=1
CALL 대각선회전
PAUSE 1
i=0
CALL 대각선회전
PRINT 408+20*4,298,666+20*4,"ⓏⒸ1,,Ⓥ14,Ⓨ10,④ 대응점은 대칭의 중
    심에서 거리는 같고, 방향은 반대이다."
PAUSE ,1

점대칭1_16:
CALL 초기화
BUTTONON 1,학습메뉴,0
BUTTONON 2,점대칭1_15,0
BUTTONON 3,점대칭1_17,0
BUTTONON 4,학습종료,1
PRINT 408+20*4,88,666+20*4,"ⓏⒸ0,,Ⓥ14,Ⓨ10, 왼쪽 점대칭도형을 보
    고 아래의 물음에 답하여라."
cyc=1,soc=0,no=1

점칭1_16:
po=1

점1_16:
BOX 404+20*4,206,667+20*4,377,15,1,15,1,0,0
CELLBOX 22,22,30,90,20,20,0,0,8,0,0,1,0,0
```

학습화면 6

점대칭 도형의 성질 알아 보기

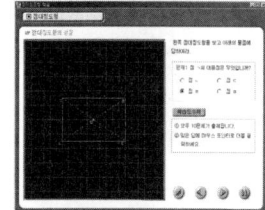

```
cx=210+20*2,cy=270+20*2
CALL 중심좌표
CALL 점좌표  '점대칭위치의 좌표계산
CALL 각구하기  '각도 구하기
CALL 대각선  '대각선 길이 구하기

BOX 494,307,755,400,7,,15,1,0,0
DSHAPE "help.JPG",496,276,104,25,0,0,0
PRINT 503,320,741,"ⓩⓒ1,,ⓥ14,ⓨ10,① 모두 10문제가 출제됩니다."
PRINT 503,347,745,"ⓩⓒ1,,ⓥ14,ⓨ10,② 맞은 답에 마우스 포인터로 더
        블 클릭하세요."
CIRCLE cx,cy,2,2,,,11,1
TEXT 99,60," ☞ 점대칭도형의 성질",2,16,9,,1,0,0,0,6  '도형그리기========
FOR i,1,ct
  LINE bum[i,1],bum[i,2],bum[i+1,1],bum[i+1,2],15,1
  LINE cum[i,1],cum[i,2],cum[i+1,1],cum[i+1,2],15,1
NEXT
FOR i,2,ct
  LINE bum[i,1],bum[i,2],cum[i,1],cum[i,2],11,1,1
NEXT

FOR i,10,50
  BUTTONOFF i
NEXT
CALL 점좌표  '점대칭위치의 좌표계산
CALL 각구하기  '각도 구하기
CALL 대각선  '대각선 길이 구하기
FOR i,1,ct-1
  x2=cx+cos(rad(gak[i+1]))*hyt[i+1]
  y2=cy-sin(rad(gak[i+1]))*hyt[i+1]'
  TEXT x2,y2,mun$[i],1,14,14,,0,0,0,0,5
NEXT

자료읽기1_16:
RESTORE 문제1_16,1,0
READ munje$
```

```
TEXT cx,cy,mun$[i+j-1],1,14,14,,0,0,0,0,5
BOX 496,148,755,258,7,0,15,1,0,0
PRINT 428+20*4,158,676+20*4,munje$
PRINT 428+20*4,158,676+20*4,"ⓩⓒ4,15,,ⓥ14,ⓨ10,문제%no"

wic[1,1]=546,wic[1,2]=192
wic[2,1]=664,wic[2,2]=192
wic[3,1]=546,wic[3,2]=223
wic[4,1]=664,wic[4,2]=223

FOR i,1,4
  PRINT wic[i,1],wic[i,2],800,"ⓩⓒ1,,ⓥ15,ⓒ1,,점 %mun$[i+1]"
NEXT

dap$[1]="02",dap$[2]="02",dap$[3]="03",dap$[4]="04",dap$[5]="03"
dap$[6]="03",dap$[7]="03",dap$[8]="04",dap$[9]="03",dap$[10]="03"

CALL 선다형문제,*TF,1,dap$[po],4,2,2,520,193,15,15,100,15
IF TF=1
  MESSAGEBOX "공부를 열심히 잘 했습니다","정답판정",0,1
ELSE
  MESSAGEBOX "다시 한번 곰곰히 생각해 보세요","정답판정",0,1
ENDIF
IF po=10
  MESSAGEBOX "문제를 다 풀었습니다","정답판정",0,1
  no=1
  GOTO 학습메뉴
ENDIF

no=no+1
po=po+1
GOTO 점1_16
PAUSE ,1
문제1_16:
DATA "ⓩⓒ4,,ⓥ14,ⓨ10,문제 , ⓒ0,,점 ㄱ의 대응점은 무엇입니까?"
```

학습화면 7

점대칭 도형의 그리는 방법 알아보기

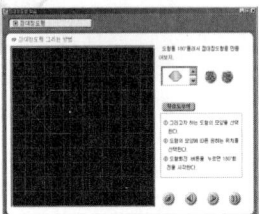

```
점대칭1_17:
CALL 초기화
BUTTONON 1,학습메뉴,0
BUTTONON 2,점대칭1_16,0
BUTTONON 3,점대칭1_18,0
BUTTONON 4,학습종료,1

BUTTONON 13,_단추증,1
BUTTONON 14,_단추감,1
BUTTONON 23,도형회전,1
BUTTONON 24,_회전,1
PRINT 408+20*4,88,666+20*4"ⓩⓒ0,,ⓥ14,ⓨ10, 도형을 180° 돌려서 점
        대칭도형을 만들어보자."
po=1,cyc=1,soc=0
점1_17:
BOX 486,212,749,383,15,1,15,1,0,0
CELLBOX 22,22,30,90,20,20,0,0,8,0,0,1,0,0
DSHAPE "momenu.bmp",415+20*4,144,113,55,0,0,0
SHAPE 1,po,435+20*4,178-30
cx=210+rnd(-2,2)*20,cy=270+rnd(-2,2)*20
CALL 중심좌표
CALL 점좌표 '점대칭위치의 좌표계산
CIRCLE cx,cy,2,2,,,11,1
TEXT 124,60,"☞ 점대칭도형 그리는 방법",2,16,9,,1,0,0,0,6
FOR i,1,ct
  LINE bum[i,1],bum[i,2],bum[i+1,1],bum[i+1,2],15,1
NEXT
BOX 492,275,745,453,8,,15,1,0,0
DSHAPE "help.JPG",416+20*4,244,104,25,0,0,0
PRINT 421+20*4,295,665+20*4,"ⓩⓒ0,,ⓥ14,ⓨ10,① 그리고자 하는 도형
        의 모양을 선택한다."
PRINT 421+20*4,345,665+20*4,"ⓩⓒ0,,ⓥ14,ⓨ10,② 도형의 모양에 따른
        원하는 위치를 선택한다."
PRINT 421+20*4,395,665+20*4,"ⓩⓒ0,,ⓥ14,ⓨ10,③ 도형회전 버튼을 누
        르면 180°회전을 시작한다."
PAUSE ,1
```

```
SUB _단추증
  po=po+1*(po<16)
  CELLBOX 22,22,30,90,20,20,0,0,8,0,0,1,0,0

  SHAPE 1,po,435+20*4,178-30
  CALL 중심좌표
  CALL 점좌표   '점대칭위치의 좌표계산
  FOR i,1,ct
    LINE bum[i,1],bum[i,2],bum[i+1,1],bum[i+1,2],15,1
  NEXT
  CIRCLE cx,cy,2,2,,,11,1
  soc=0
  SOUND "clock.wav"
  WAIT 200
ENDSUB

SUB _단추감
  po=po-1*(po>1)
  CELLBOX 22,22,30,90,20,20,0,0,8,0,0,1,0,0
  SHAPE 1,po,435+20*4,178-30
  CALL 중심좌표
  CALL 점좌표   '점대칭위치의 좌표계산
  FOR i,1,ct
    LINE bum[i,1],bum[i,2],bum[i+1,1],bum[i+1,2],15,1
  NEXT
  CIRCLE cx,cy,2,2,,,11,1
  soc=0
  SOUND "clock.wav"
  WAIT 200
ENDSUB

SUB _회전
  FOR i,10,50
    BUTTONOFF i
  NEXT
  CALL 각구하기   '각도 구하기
```

서브루틴(_단추증)
버튼을 눌렀을 때 도형의 모양이 바뀌도록 함(증가)

서브루틴(_단추감)
버튼을 눌렀을 때 도형의 모양이 바뀌도록 함(감소)

서브루틴(_회전)
도형의 모양을 한 점을 중심으로 5도씩 증가하여 180도를 회전하도록 함.

```
    CALL 대각선  '대각선 길이 구하기
    soc=0
    FOR j,1,180,5
      FOR i,1,ct
        CALL _xp
      NEXT
      BEEP 500,30
      FOR i,1,ct
        CALL _xp
      NEXT
    NEXT
    CALL 점좌표  '점대칭위치의 좌표계산
    FOR i,1,ct
      LINE cum[i,1],cum[i,2],cum[i+1,1],cum[i+1,2],14,1,,,0
      IF soc=1
        LINE bum[i,1],bum[i,2],bum[i+1,1],bum[i+1,2],14,1,,,0
      ENDIF
    NEXT
    BUTTONON 13,_단추증,1
    BUTTONON 14,_단추감,1
    BUTTONON 23,도형회전,1
    BUTTONON 24,_회전,1
ENDSUB

점대칭1_18:
CALL 초기화
BUTTONON 1,학습메뉴,0
BUTTONON 2,점대칭1_17,0
BUTTONON 3,점대칭1_19,0
BUTTONON 4,학습종료,1
BUTTONON 13,_단추증,1
BUTTONON 14,_단추감,1
BUTTONON 23,도형회전,1
BUTTONON 29,직선그림1_18,1
PRINT 408+20*4,88,666+20*4,"ⓩⓒ0,,ⓥ14,ⓨ10, 대응점을 서로 이어서
    점대칭도형을 그리는 방법에 대하여 알아보자."
```

학습화면 8

점대칭 도형의 그리는 방법 알아보기

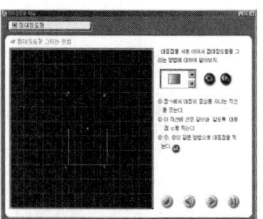

```
po=1,cyc=1,soc=0

점1_18:
BOX 404+20*4,206,667+20*4,377,15,1,15,1,0,0
CELLBOX 22,22,30,90,20,20,0,0,8,0,0,1,0,0
DSHAPE "momenu.bmp",415+20*4,144,113,55,0,0,0
SHAPE 1,po,435+20*4,178-30
cx=210+20*2+rnd(-2,2)*20,cy=270+20*2+rnd(-2,2)*20
CALL 중심좌표
CALL 점좌표   '점대칭위치의 좌표계산
CALL 각구하기  '각도 구하기
CALL 대각선   '대각선 길이 구하기

CIRCLE cx,cy,2,2,,,11,1
TEXT 124,60," ☞ 점대칭도형 그리는 방법",2,16,9,,1,0,0,0,6
      '도형그리기==============================================
bun=0
FOR i,1,ct
  LINE bum[i,1],bum[i,2],bum[i+1,1],bum[i+1,2],15,1
NEXT
PAUSE ,1

SUB 직선그림1_18
  FOR i,10,50
    BUTTONOFF i
  NEXT
  CALL 점좌표   '점대칭위치의 좌표계산
  CALL 각구하기  '각도 구하기
  CALL 대각선   '대각선 길이 구하기
  FOR i,1,ct-1
    x2=cx+cos(rad(gak[i+1]))*hyt[i+1]
    y2=cy-sin(rad(gak[i+1]))*hyt[i+1]'
    TEXT x2,y2,mun$[i],1,14,14,,0,0,0,0,5
  NEXT
  FOR j,1,ct-1
    x2=cx+cos(rad(gac[j+1]))*cyt[j+1]
```

```
    y2=cy-sin(rad(gac[j+1]))*cyt[j+1]'
    TEXT x2,y2,mun$[i+j-1],1,14,14,,0,0,0,0,5
  NEXT
  soc=0
  PRINT 408+20*4,148+80,666+20*4,"ⓩⓒ1,,ⓥ14,ⓨ10,① 점ㄱ에서 대칭
      의 중심을 지나는 직선  을 긋는다."
  CALL _진행대기,GXY{0},GXY{1},0
  WINDOW 31,90,393,454,0
  LINE bum[2,1],bum[2,2],cx,cy,43,1,1,10
  PRINT 408+20*4,198+80,666+20*4,"ⓩⓒ1,,ⓥ14,ⓨ10,② 이 직선에 선
      분 길이와 같도록 대응점 %mun$[ct],을 찍는다."
  CALL _진행대기,GXY{0},GXY{1},0
  LINE cx,cy,cum[2,1],cum[2,2],43,1,1,10
  i=2
  ARC cx,cy,bum[i,1],bum[i,2],20,77,1,1
  ARC cx,cy,cum[i,1],cum[i,2],20,77,1,1
  PAUSE 1
  ARC cx,cy,bum[i,1],bum[i,2],20,77,1,1
  ARC cx,cy,cum[i,1],cum[i,2],20,77,1,1
  EWINDOW
  CIRCLE cum[2,1],cum[2,2],2,2,,,13,1
  PAUSE 1
  PRINT 408+20*4,248+80,666+20*4,"ⓩⓒ1,,ⓥ14,ⓨ10,③ ①, ②와 같은
      방법으로 대응점을 찍는다."
  CALL _진행대기,GXY{0},GXY{1},0
  FOR i,3,ct
    LINE bum[i,1],bum[i,2],cum[i,1],cum[i,2],14,1,1,,1
    WAIT 500
    LINE bum[i,1],bum[i,2],cum[i,1],cum[i,2],14,1,1,,1
    CIRCLE cum[i,1],cum[i,2],2,2,,,13,1
    PAUSE 1
  NEXT
  PRINT 408+20*4,298+80,666+20*4,"ⓩⓒ1,,ⓥ14,ⓨ10,④ 점을 각각 이
      어 점대칭을 완성한다."
  CALL _진행대기,GXY{0},GXY{1},0
  FOR i,1,ct
```

```
      LINE cum[i,1],cum[i,2],cum[i+1,1],cum[i+1,2],15,1,0
    PAUSE 1
  NEXT
  BUTTONON 13,_단추증,1
  BUTTONON 14,_단추감,1
  BUTTONON 23,도형회전,1
  BUTTONON 29,직선그림1_18,1
  BOX 406+20*4,224,662+20*4,455,15,1,15,1,0,0
ENDSUB

SUB 단추증
  po=po+1*(po<16)
  CELLBOX 22,22,30,90,20,20,0,0,8,0,0,1,0,0
  SHAPE 1,po,435+20*4,178
  CALL 중심좌표
  CALL 점좌표   '점대칭위치의 좌표계산
  FOR i,1,ct
    LINE bum[i,1],bum[i,2],bum[i+1,1],bum[i+1,2],15,1
  NEXT
  CIRCLE cx,cy,2,2,,,11,1
  SOUND "clock.wav"
  WAIT 200
ENDSUB

SUB 단추감
  po=po-1*(po>1)
  CELLBOX 22,22,30,90,20,20,0,0,8,0,0,1,0,0
  SHAPE 1,po,435+20*4,178
  CALL 중심좌표
  CALL 점좌표   '점대칭위치의 좌표계산
  FOR i,1,ct
    LINE bum[i,1],bum[i,2],bum[i+1,1],bum[i+1,2],15,1
  NEXT
  CIRCLE cx,cy,2,2,,,11,1
  SOUND "clock.wav"
  WAIT 200
```

```
ENDSUB
SUB 도형회전
  CELLBOX 22,22,30,90,20,20,0,0,8,0,0,1,0,0
  IF cyc=3
    cyc=1
  ENDIF
  cyc=cyc+1
  IF cyc=1 '
    FOR i,1,ct+1
      xp=(bum[i,1]-cx)/20
      yp=(bum[i,2]-cy)/20
      SWAP xp,yp
      bum[i,1]=cx-xp*20
      bum[i,2]=cy+yp*20
    NEXT
  ENDIF
  IF cyc=2 '점대칭이동
    FOR i,1,ct+1
      xp=(bum[i,1]-cx)/20
      yp=(bum[i,2]-cy)/20
      SWAP xp,yp
      bum[i,1]=cx+xp*20
      bum[i,2]=cy+yp*20
    NEXT
  ENDIF
  IF cyc=3 '선대칭이동
    FOR i,1,ct+1
      xp=(bum[i,1]-cx)/20
      yp=(bum[i,2]-cy)/20
      bum[i,1]=cx-xp*20
      bum[i,2]=cy-yp*20
    NEXT
  ENDIF
  FOR i,1,ct
    LINE bum[i,1],bum[i,2],bum[i+1,1],bum[i+1,2],15,1
  NEXT
```

```
        CIRCLE cx,cy,2,2,,,11,1
        CALL 점좌표  '점대칭위치의 좌표계산
        SOUND "clock.wav"
        WAIT 200
ENDSUB

점대칭1_19:
CALL 초기화
BUTTONON 1,학습메뉴,0
BUTTONON 2,점대칭1_18,0
BUTTONON 4,학습종료,1

BUTTONON 11,단추증,1
BUTTONON 12,단추감,1
BUTTONON 21,도형회전,1
BUTTONON 22,시작점1_19,0
cx=210+20*2,cy=270+20*2,po=1,cyc=1,nox=0,um=1

점다시1_19:
MOUSESET
CELLBOX 22,22,30,90,20,20,0,0,8,0,0,1,0,0
CIRCLE cx,cy,2,2,,,11,1
TEXT 167,61,"☞ 도형을 선택하여 점대칭도형 그리기",2,16,9,, 1,0,0,0,6
PRINT 408+20*4,88,666+20*4,"ⓩⓒ0,,ⓥ14,ⓨ10,  주어진 도형을 대칭의
       중심으로 하는 점대칭도형이 되게 나머지 부분을 그려 보아라."
DSHAPE "momenu.bmp",415+20*4,174,113,55,0,0,0
SHAPE 1,po,435+20*4,178
BOX 412+20*4,275,665+20*4,453,7,,15,1,0,0
DSHAPE "help.JPG",416+20*4,244,104,25,0,0,0
PRINT 421+20*4,285,665+20*4,"ⓩⓒ0,,ⓥ14,ⓨ10,① 그리고자 하는 도형
       의 모양을 선택한다."
PRINT 421+20*4,335,665+20*4,"ⓩⓒ0,,ⓥ14,ⓨ10,② 위치바꿈 버튼을 눌
       러 원하는 도형 위치를 선택한다."
PRINT 421+20*4,385,665+20*4,"ⓩⓒ0,,ⓥ14,ⓨ10,③ 그림시작 버튼을 누
       른 다음 점대칭 도형을 그린다."
PRINT 421+20*4,433,665+20*4,"ⓩⓒ4,,ⓥ14,ⓨ10,◆ 마우스 오른쪽 버튼
```

학습화면 9

점대칭 도형 그리기

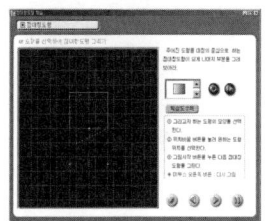

         : 다시 그림"
CALL 중심좌표
CALL 점좌표 '점대칭위치의 좌표계산
bun=0,no=1,btn=0
FOR i,1,ct
  LINE bum[i,1],bum[i,2],bum[i+1,1],bum[i+1,2],15,1
NEXT
PAUSE ,1

시작점1_19: '마우스로 시작 점찍기
MOUSESET ,,27,87,474,534,1,1
X1=bum[no+1,1],Y1=bum[no+1,2],um=0

대각선1_19:
FOR i,10,50
  BUTTONOFF i
NEXT
CALL 선편집1_19,*X1,*Y1,*X2,*Y2
LINE X1,Y1,X2,Y2,C,,1,,1
IF mpos{cum[no+1,1]-5,cum[no+1,2]-5,cum[no+1,1]+5,cum[no+1,2]+5} & um=0
  btn=0
  EXIT FOR,선그리기1_19
ENDIF
IF mpos{cum[bun+1,1]-5,cum[bun+1,2]-5,cum[bun+1,1]+5,cum[bun+1,2]+5} & um=1
  EXIT FOR,선그리기1_19
ENDIF
IF btn=0 & um=0
  MESSAGEBOX "다시 한번 잘 생각해 보세요","도움 설명",0,1,1
ENDIF
IF btn=1 & um=0
  MESSAGEBOX "중심점에서 대응점까지의 거리는 같습니다","도움 설명",0,1,1
ENDIF
IF btn=2 & um=0

```
  LINE bum[no+1,1],bum[no+1,2],cum[no+1,1],cum[no+1,2],43,1,1,,1
  CIRCLE cum[no+1,1],cum[no+1,2],3,3,,,13,0,13,,,,,1
  PAUSE 1
  LINE bum[no+1,1],bum[no+1,2],cum[no+1,1],cum[no+1,2],43,1,1,,1
  CIRCLE cum[no+1,1],cum[no+1,2],3,3,,,13,0,13,,,,,1
ENDIF
IF btn=3 & um=0
  LINE bum[no+1,1],bum[no+1,2],cum[no+1,1],cum[no+1,2],43,1,1,,1
  CIRCLE cum[no+1,1],cum[no+1,2],2,2,,,10,1
  PAUSE 1
  LINE bum[no+1,1],bum[no+1,2],cum[no+1,1],cum[no+1,2],43,1,1,,1
ENDIF
btn=btn+1
GOTO 대각선1_19

선그리기1_19:
IF um=0
  CIRCLE cum[no+1,1],cum[no+1,2],2,2,,,13,1
ENDIF
IF um=1
  LINE cum[bun,1],cum[bun,2],cum[bun+1,1],cum[bun+1,2],C,1,0
  bun=bun+1
  X1=cum[bun,1],Y1=cum[bun,2]
  IF bun=ct+1
    MESSAGEBOX "점대칭도형을 잘 그렸습니다","도형그리기",0,1,1
    CALL 버튼1_19
    nox=0,um=1,bun=1
    GOTO 점다시1_19
  ENDIF
  GOTO 대각선1_19
ENDIF
nox=nox+1
no=no+1
IF nox=ct-1
  MESSAGEBOX "각각의 점을 선으로 잘 이어보세요","대응점 찍기",0,1,1
```

```
  CALL 버튼1_19
  nox=0,um=1,bun=1
  X1=cum[1,1],Y1=cum[1,2]
  GOTO 대각선1_19
ENDIF
GOTO 시작점1_19
PAUSE ,1

SUB 버튼1_19
  BUTTONON 11,단추증,1
  BUTTONON 12,단추감,1
  BUTTONON 21,도형회전,1
  BUTTONON 22,시작점1_19,0
ENDSUB

SUB 선편집1_19,*X1,*Y1,*X2,*Y2
  X2=MXY{0}
  Y2=MXY{1}
  LINE X1,Y1,X2,Y2,C,,1,,1
  MOUSECURSOR 0
  FOR I,0,0,0
    MOUSECHK 0
    M=MCHK{}
    IF M=2
      CELLBOX 18,18,30,90,20,20,0,0,8,0,0,1,0,0
      CALL 버튼1_19
      nox=0
      EXIT SUB,점다시1_19
    ENDIF
    IF M=1
      WAIT 40
      I=1
    ELSE
      LINE X1,Y1,X2,Y2,C,,1,,1
      X2=MXY{0}
      Y2=MXY{1}
```

서브루틴(버튼1_19)
버튼이 활성화될 수 있도록 함.

서브루틴(선편집1_19)
선을 그리기 위한 루틴임.

```
    LINE X1,Y1,X2,Y2,C,,1,,1
  ENDIF
 NEXT
 MOUSECURSOR 0
ENDSUB

SUB 각구하기
 FOR i,1,ct+1
   LINE cx,cy,bum[i,1],bum[i,2],,1,0,,1
   IF bum[i,1]>=cx & bum[i,2]<cy
     gak[i]=angle()
       ENDIF
   IF bum[i,1]<cx & bum[i,2]<cy
     gak[i]=180+angle()
   ENDIF
   IF bum[i,1]<cx & bum[i,2]>=cy
     gak[i]=180+angle()
   ENDIF
   IF bum[i,1]>=cx & bum[i,2]>=cy
     gak[i]=360+angle()
   ENDIF
   LINE cx,cy,bum[i,1],bum[i,2],,1,0,,1
 NEXT
 FOR i,1,ct+1
   LINE cx,cy,cum[i,1],cum[i,2],,1,0,,1
   IF cum[i,1]>=cx & cum[i,2]<cy
     gac[i]=angle()
   ENDIF
   IF cum[i,1]<cx & cum[i,2]<cy
     gac[i]=180+angle()
   ENDIF
   IF cum[i,1]<cx & cum[i,2]>=cy
     gac[i]=180+angle()
   ENDIF
   IF cum[i,1]>=cx & cum[i,2]>=cy
     gac[i]=360+angle()
```

> **서브루틴(각 구하기)**
>
> 점대칭 도형의 중심에서 각 꼭지점을 연결하는 선의 각을 구함.

서브루틴(대각선)
점대칭 도형의 중심점에서 꼭지점까지의 대각선 길이값을 알아냄.

서브루틴(대각선 회전)
SIN( ), COS( ) 함수를 이용하여 선을 회전함.

서브루틴(도형좌표)
여러 가지 도형의 모양을 배열에 미리 저장해 놓음 (모양1)

```
      ENDIF
      LINE cx,cy,cum[i,1],cum[i,2],,1,0,,1
    NEXT
  ENDSUB

  SUB 대각선
    FOR i,1,ct+1
      x_hyt=abs(cx-bum[i,1]),y_hyt=abs(cy-bum[i,2])
      hyt[i]=hypot(x_hyt,y_hyt)
    NEXT
    FOR i,1,ct+1
      x_cyt=abs(cx-cum[i,1]),y_cyt=abs(cy-cum[i,2])
      cyt[i]=hypot(x_cyt,y_cyt)
    NEXT
  ENDSUB

  SUB 점좌표
    FOR i,1,ct+1
      cum[i,1]=cx+(cx-bum[i,1]),cum[i,2]=cy+(cy-bum[i,2])
    NEXT
  ENDSUB

  SUB 대각선회전
    FOR j,1,180,5
      x2=cx+cos(rad(gak[i+1]+j))*hyt[i+1]
      y2=cy-sin(rad(gak[i+1]+j))*hyt[i+1]'
      LINE cx,cy,x2,y2,15,1,1,,1
      BEEP 500,30
      LINE cx,cy,x2,y2,15,1,1,,1
    NEXT
    LINE cx,cy,cum[i+1,1],cum[i+1,2],15,1,1
  ENDSUB

  SUB 도형좌표
    IF po=1 '삼각형모양
      ct=3,soc=0
```

```
  bum[1,1]=cx-20*0,bum[1,2]=cy-20*3
  bum[2,1]=cx-20*6,bum[2,2]=cy+20*3
  bum[3,1]=cx+20*6,bum[3,2]=cy+20*3
  bum[4,1]=cx+20*0,bum[4,2]=cy-20*3
ENDIF
IF po=2 '직사각형
  ct=3,soc=1
  bum[1,1]=cx-20*0,bum[1,2]=cy-20*3
  bum[2,1]=cx-20*5,bum[2,2]=cy-20*3
  bum[3,1]=cx-20*5,bum[3,2]=cy+20*3
  bum[4,1]=cx+20*0,bum[4,2]=cy+20*3
ENDIF
IF po=3 '평행사변형
   ct=3,soc=1
  bum[1,1]=cx-20*0,bum[1,2]=cy-20*3
  bum[2,1]=cx-20*3,bum[2,2]=cy-20*3
  bum[3,1]=cx-20*6,bum[3,2]=cy+20*3
  bum[4,1]=cx+20*0,bum[4,2]=cy+20*3
ENDIF
IF po=4 '마름모
  ct=2,soc=1
  bum[1,1]=cx-20*0,bum[1,2]=cy-20*5
  bum[2,1]=cx-20*5,bum[2,2]=cy-20*0
  bum[3,1]=cx-20*0,bum[3,2]=cy+20*5
ENDIF
IF po=5 '팔각형
  ct=5,soc=1
  bum[1,1]=cx-20*0,bum[1,2]=cy-20*4
  bum[2,1]=cx-20*2,bum[2,2]=cy-20*4
  bum[3,1]=cx-20*4,bum[3,2]=cy-20*2
  bum[4,1]=cx-20*4,bum[4,2]=cy+20*2
  bum[5,1]=cx-20*2,bum[5,2]=cy+20*4
  bum[6,1]=cx-20*0,bum[6,2]=cy+20*4
ENDIF

ENDSUB
```

서브루틴(중심 좌표)

여러 가지 도형의 모양을 배열에 미리 저장해 놓음 (모양 2)

```
SUB 중심좌표
  IF po=1 '직사각형
    ct=3,soc=1
    bum[1,1]=cx-20*0,bum[1,2]=cy-20*3
    bum[2,1]=cx-20*5,bum[2,2]=cy-20*3
    bum[3,1]=cx-20*5,bum[3,2]=cy+20*3
    bum[4,1]=cx+20*0,bum[4,2]=cy+20*3
  ENDIF
  IF po=2 '평행사변형
    ct=3,soc=1
    bum[1,1]=cx-20*0,bum[1,2]=cy-20*3
    bum[2,1]=cx-20*3,bum[2,2]=cy-20*3
    bum[3,1]=cx-20*6,bum[3,2]=cy+20*3
    bum[4,1]=cx+20*0,bum[4,2]=cy+20*3
  ENDIF
  IF po=3 '육각형
    ct=4,soc=1
    bum[1,1]=cx-20*0,bum[1,2]=cy-20*3
    bum[2,1]=cx-20*3,bum[2,2]=cy-20*3
    bum[3,1]=cx-20*6,bum[3,2]=cy+20*0
    bum[4,1]=cx-20*3,bum[4,2]=cy+20*3
    bum[5,1]=cx-20*0,bum[5,2]=cy+20*3
  ENDIF
  IF po=4 '팔각형
    ct=5,soc=1
    bum[1,1]=cx-20*0,bum[1,2]=cy-20*4
    bum[2,1]=cx-20*2,bum[2,2]=cy-20*4
    bum[3,1]=cx-20*4,bum[3,2]=cy-20*2
    bum[4,1]=cx-20*4,bum[4,2]=cy+20*2
    bum[5,1]=cx-20*2,bum[5,2]=cy+20*4
    bum[6,1]=cx-20*0,bum[6,2]=cy+20*4
  ENDIF
  IF po=5 '장구모양
    ct=4,soc=1
    bum[1,1]=cx-20*0,bum[1,2]=cy-20*3
    bum[2,1]=cx-20*6,bum[2,2]=cy-20*3
```

```
    bum[3,1]=cx-20*3,bum[3,2]=cy+20*0
    bum[4,1]=cx-20*6,bum[4,2]=cy+20*3
    bum[5,1]=cx+20*0,bum[5,2]=cy+20*3
  ENDIF
  IF po=6 '화분
    ct=4,soc=1
    bum[1,1]=cx+20*0,bum[1,2]=cy-20*5
    bum[2,1]=cx-20*3,bum[2,2]=cy-20*2
    bum[3,1]=cx-20*3,bum[3,2]=cy+20*2
    bum[4,1]=cx-20*6,bum[4,2]=cy+20*5
    bum[5,1]=cx+20*0,bum[5,2]=cy+20*5
  ENDIF

ENDSUB

SUB 회전
  FOR j,1,180,5
    FOR i,1,ct
      CALL _xp
    NEXT
    BEEP 500,30
    FOR i,1,ct
      CALL _xp
    NEXT
  NEXT
  FOR i,1,ct
    LINE cum[i,1],cum[i,2],cum[i+1,1],cum[i+1,2],14,1,,,0
    IF soc=1
      LINE bum[i,1],bum[i,2],bum[i+1,1],bum[i+1,2],14,1,,,0
    ENDIF
  NEXT
ENDSUB

SUB 학습종료
  MESSAGEBOX "프로그램을 종료할까요?","질문",2,3,1,종료
  IF 종료=1
```

서브루틴(회전)

도형의 모양을 180도 회전하도록 함.

서브루틴(학습종료)

MESSAGEBOX 명령어를 이용한 학습 종료임.

서브루틴(_진행대기)

BUTTONSET 명령어를 이용하여 해당 버튼을 누를 때까지 대기하도록 하는 루틴으로 학습 진행에 많이 사용됨.

```
    끝=1
    GOTO 로고화면
  ENDIF
ENDSUB


SUB _진행대기,x,y,Mode
  GET 54,x,y,x+28,y+28
  BUTTONSET 33,,,13,x,y,28,28,4,1,2,1,3,4,
  BUTTONON 33,_Rtn,1
  _RtnCode=0
  WHILE _RtnCode=0
  WEND
  _RtnCode=0
  BUTTONOFF 33,1
  PUT 54,x,y
ENDSUB
SUB _Rtn
  _RtnCode=1
ENDSUB
SUB _xp
  x1=cx+cos(rad(gak[i]+j))*hyt[i]
  y1=cy-sin(rad(gak[i]+j))*hyt[i]
  x2=cx+cos(rad(gak[i+1]+j))*hyt[i+1]
  y2=cy-sin(rad(gak[i+1]+j))*hyt[i+1]'
  LINE x1,y1,x2,y2,15,1,,,1
  IF soc=1
    cx1=cx+cos(rad(gac[i]+j))*cyt[i]
    cy1=cy-sin(rad(gac[i]+j))*cyt[i]
    cx2=cx+cos(rad(gac[i+1]+j))*cyt[i+1]
    cy2=cy-sin(rad(gac[i+1]+j))*cyt[i+1]'
    LINE cx1,cy1,cx2,cy2,15,1,,,1
  ENDIF
ENDSUB

SUB 선다형문제,*정답판정,정답개수,정답$,보기개수,가로개수,세로개수,X,Y,가로크기,세로크기,가로간격,세로간격
```

서브루틴(선다형 문제)

선다형 문제 소스로 아래와 같은 절차로 삽입한다.
[도구]-[라이브러리 관리기]를 클릭한 다음 상호작용.klb 파일(C:₩Program files-Pass2000 V2-라이브러리)을 불러오기 하여 선다형 문제를 보내기 버튼을 클릭하여 삽입함.

```
  LOCAL  I,N,X1,Y1,답=0,정답[80],답[80],버튼모양,가로단위길이,세로단위길이,보기크기

  보기크기=가로크기
  IF 가로크기>세로크기
    보기크기=세로크기
  ENDIF
  가로단위길이=보기크기+가로간격
  세로단위길이=보기크기+세로간격

  버튼모양=(정답개수=1)*2+(정답개수<>1)

    정답$=string(정답$+string(" ",정답개수),,1,정답개수*2)
  FOR I,1,보기개수
    정답[I]=0
    답[I]=0
  NEXT
  FOR I,1,정답개수
    N=VAL(STRING(정답$,,I*2-1,I*2))
    IF N<=보기개수
      정답[N]=1
    ENDIF
  NEXT
  정답판정=0
  FOR I,0,세로개수-1
    FOR J,0,가로개수-1
      IF I*가로개수+J<보기개수
        X1=X+J*가로단위길이
        Y1=Y+I*세로단위길이
        BUTTONDRAW X1,Y1,보기크기,보기크기,버튼모양,0
      ENDIF
    NEXT
  NEXT

  WHILE 1 '답입력
    N=답
```

```
    SELECT 답,3,,,,,보기개수,가로개수,세로개수,X,Y,보기크기,보기크기,
가로간격,세로간격
  IF 정답개수=1
   FOR I,0,세로개수-1
    FOR J,0,가로개수-1
     IF I*가로개수+J<보기개수
      X1=X+J*가로단위길이
      Y1=Y+I*세로단위길이
      BUTTONDRAW X1,Y1,보기크기,보기크기,버튼모양,0
      답[I*가로개수+J+1]=0
     ENDIF
       NEXT
    NEXT
BUTTONDRAW  X+((답-1)%가로개수)*가로단위길이,Y+INT((답-1)/가
로개수)*세로단위길이,보기크기,보기크기,버튼모양,2
    답[답]=1
   ELSE '정답개수가 여러개
    IF 답[답]=1
      BUTTONDRAW   X+((답-1)%가로개수)*가로단위길이,Y+INT((답
-1)/가로개수)*세로단위길이,보기크기,보기크기,버튼모양,0
     답[답]=0
    ELSE
      BUTTONDRAW   X+((답-1)%가로개수)*가로단위길이,Y+INT((답
-1)/가로개수)*세로단위길이,보기크기,보기크기,버튼모양,2
     답[답]=1
    ENDIF
   ENDIF
   '정답판정
   정답판정=1
   FOR I,1,보기개수
    IF 답[I]<>정답[I]
      정답판정=0
      EXIT
    ENDIF
   NEXT
   IF 정답개수=1
```

```
    IF N=답
      EXIT
    ENDIF
  ELSE
    N=0
    FOR I,1,보기개수
      N=N+답[I]
      IF N>=정답개수
        EXIT WHILE
      ENDIF
    NEXT
      ENDIF
  WEND
ENDSUB
```

VII. 부록

◆ 명령어의 종류와 각종 인수에 대해 알아본다.

1. 명령어의 종류
2. 명령어 인수 일람표
3. 함수 인수 일람표
4. 기능문자 인수 일람표
5. 오류 코드 일람표

1. 명령어의 종류

로직 제어

영문명	한글명	기 능
END	실행종료	프로그램 실행을 종료한다.
GOTO	분기	실행할 위치를 변경한다.
IFGOTO	조건분기	조건에 따라 실행할 위치를 변경한다.
ONGOTO	다중분기	변수 값에 따라 실행 위치를 변경한다.
IF	조건	조건에 대한 참과 거짓을 판단한다.
ELSE	아니면	IF 구문에서 거짓일 경우 수행될 위치를 나타낸다.
ENDIF	조건끝	IF 구문의 끝을 나타낸다.
FOR	반복	일련된 구문을 반복 수행한다.
NEXT	반복끝	FOR 문으로 복귀한다.
WHILE	조건반복	조건이 참인 동안 반복 수행한다.
WEND	조건반복끝	WHILE 문으로 복귀한다.
SUB	서브루틴	서브루틴을 정의한다.
ENDSUB	서브루틴끝	서브루틴의 끝을 나타낸다.
CALL	서브루틴호출	서브루틴을 수행한다.
ONCALL	다중호출	변수 값에 따라 서브루틴을 수행한다.
EXIT	탈출	반복문이나 서브루틴을 탈출한다.

프로그램 자료 처리

영문명	한글명	기 능
DATA	자료	READ 명령으로 읽을 자료를 선언한다.
RESTORE	자료위치	READ 문으로 읽을 자료의 시작 위치를 지정한다.
READ	자료읽기	DATA 문으로 설정된 자료를 읽는다.

변수 관련

영문명	한글명	기 능
DIM	배열	배열 변수를 선언한다.
LOCAL	지역변수	서브루틴의 지역변수를 선언한다.
SORT	배열정렬	주어진 배열의 값을 정렬한다.
SWAP	변수교환	두 변수의 값을 서로 바꾼다.
VARMEM	변수영역	변수의 전체 영역을 설정한다.
함 수		
POINTER	포인터	변수값의 주소를 얻거나 지정된 주소의 값을 읽는다.

화면 설정

영문명	한글명	기 능
SCREEN	실행화면	프로그램이 실행될 화면을 만든다.
SCREENCREATE	화면생성	가상화면을 생성한다.
SCREENON	화면활성	출력할 화면을 지정한다.
SCREENCOPY	화면복사	화면의 내용을 다른 화면으로 복사한다
SCREENDELETE	화면삭제	생성한 가상화면을 삭제한다
SLIDESTART	슬라이드시작	슬라이드의 시작을 나타낸다.
SLIDEEND	슬라이드끝	슬라이드의 끝을 나타낸다.
함 수		
SCREENINFO	화면정보	화면에 대한 정보를 구한다

폰트 설정

영문명	한글명	기 능
FONTSET	글꼴설정	문자 출력에 사용되는 사용자 폰트를 변경한다.
USERFONT	문자정의	PRINT 문에서 사용될 사용자 문자를 정의한다.
USERFONTSET	입력문자설정	INPUT 문에서 사용될 사용자 문자를 설정한다.

그래픽 처리

영문명	한글명	기 능
DOT	점	점이나 정원을 그린다.
LINE	선	직선을 그린다.
ARROW	화살	화살표를 그린다.
ARC	호	호를 그린다.
CURVE	곡선	곡선을 그린다.
CIRCLE	원	타원, 부채꼴, 활을 그린다.
BOX	사각형	사각형을 그린다.
ROUNDBOX	둥근사각형	모서리가 둥근 사각형을 그린다.
CELLBOX	다중사각형	여러 개의 같은 사각형을 그린다.
DBOX	이중사각형	이중으로 겹친 사각형을 그린다.
BOARD	입체사각형	입체 모양의 사각형을 그린다.
BUTTONDRAW	단추그리기	단추 모양을 그린다.
FRAMEDRAW	창틀그리기	창틀 모양을 그린다.
HEXAD	육면체	육면체를 그린다.
POLYGON	다각형	다각형을 그린다.
DRAW	그리기	DRAW 매크로로 그림을 그린다.
VDRAW	벡터그리기	VDRAW 매크로를 사용하여 그림을 그린다.
EDIT	편집	문자열이나 텍스트파일을 입력, 출력한다.
PRINT	문자출력	문자를 출력한다.
TEXT	문자정렬출력	문자를 정렬하여 출력한다.
PAINT	칠	경계 영역 내부를 칠한다.
PALETTE	팔레트	팔레트의 색을 변경한다.
PATTERN	무늬	무늬를 새롭게 정의한다.

함 수		
ANGLE	기울기	직선에 대한 기울기 각도를 구한다.
ANS	입력위치정보	PRINT 기능문자 ⓐ의 영역정보를 구한다.
ARCXY	호중앙	호(ARC)의 중앙 위치를 구한다.
GXY	그래픽좌표	출력 최종 좌표에 대한 정보를 구한다.
PIXEL	색	화면에서 특정한 위치의 색을 구한다.
RGB	색상정보	색 코드에 대한 색상 정보를 구한다.
POINT	영역검사	위치나 영역이 중복되어 있는지 검사한다.

그래프 출력

영문명	한글명	기 능
GRAPHDEF	그래프정의	그래프의 조건을 정의한다.
GRAPHINDEX	그래프색인	그래프 자료에 대한 색인을 지정한다.
GRAPHITEM	그래프항목	그래프에 출력할 항목명을 지정한다.
GRAPHCOLOR	그래프색	그래프의 색을 변경한다.
GRAPHIN	그래프값	그래프 자료의 값을 넣는다.
GRAPH	그래프	그래프를 출력한다.

그림 출력

영문명	한글명	기 능
DSHAPE	그림출력	그림 파일을 읽어 직접 출력한다.
SHAPELOAD	그림읽기	그림 파일을 읽어 메모리에 저장한다.
SHAPE	읽은그림출력	SHAPELOAD 명령으로 읽은 그림을 출력한다.
ANIMATE	그림이동	SHAPELOAD 명령으로 읽은 그림을 이동한다.
함 수		
SHP	그림정보	SHAPELOAD와 DSHAPE 문의 실행 정보를 구한다.

소리 출력

영문명	한글명	기 능
BEEP	효과음	효과음을 출력한다.
SOUND	소리	소리 파일을 출력한다.
MUSIC	음악	음악 파일을 출력한다.
CDPLAY	음악판연주	CD의 음악을 연주한다.
PLAYDEF	연주정의	연주의 박자, 빠르기, 조표를 정의한다.
PLAYSET	연주설정	연주할 악기와 PLAY 매크로를 설정한다.
PLAY	연주	PLAY 매크로를 연주한다.
PLAYOFF	소리중지	출력되고 있는 소리를 중지한다.
함 수		
CDINFO	음악판정보	CD 음악 정보를 구한다.
PLAYING	소리검사	소리출력에 대한 정보를 구한다.

동영상 출력

영문명	한글명	기 능
VIDEOOPEN	동영상열기	출력할 동영상 파일을 연다.
VIDEO	동영상	동영상을 상영하거나 정지한다.
VIDEOCLOSE	동영상닫기	열린 동영상 파일을 닫는다.
함 수		
VIDEOINFO	동영상정보	동영상 정보를 구한다.

화면 효과

영문명	한글명	기 능
CLS	화면지우기	다양한 효과로 화면을 지운다.
EFFECT	효과	특정한 영역에 효과를 준다.
FLASH	점멸	특정한 영역을 점멸한다.
REVERSE	뒤집기	특정한 영역을 뒤집는다.
ROTATE	회전	특정한 영역을 회전한다.
ZOOM	확대축소	특정한 영역을 확대 또는 축소한다.
SWAPCOLOR	색변경	화면의 특정한 영역의 색을 다른 색으로 바꾼다.
VIEW	출력영역	클리핑되어 출력될 화면 영역을 설정한다.
SCRLRANGE	스크롤영역	스크롤할 영역을 설정한다.
SCROLL	스크롤	설정된 영역을 스크롤한다.
GET	화면저장	화면의 특정한 영역을 메모리에 저장한다.
PUT	화면재생	GET으로 저장된 화면을 특정한 위치에 출력한다.
WINDOW	창	화면에 창을 만든다.
EWINDOW	창지우기	WINDOW 명령으로 만든 창을 해제한다.
MOVE	위치이동	지정된 위치로 이동하면서 서브루틴을 수행한다.
함 수		
MOVEXY	위치이동좌표	MOVE 문의 현재 이동 좌표를 구한다.
SCROLLXY	스크롤정보	스크롤된 화면의 크기를 구한다.

상호작용

영문명	한글명	기 능
INPUT	입력	키보드로부터 자료를 입력받는다.
READKEY	키읽기	키를 입력받도록 대기한다.
PAUSE	실행정지	프로그램 실행을 일시 정지한다.
MOUSECHK	마우스검사	마우스의 상태에 따라 프로그램을 진행한다.
MOUSECURSOR	마우스커서	마우스 커서의 모양을 변경한다.
MOUSESET	마우스설정	마우스의 위치와 활동 영역을 설정한다.
RSELECT	불규칙선택	불규칙하게 나열된 항목을 선택한다.
SELECT	선택	규칙적으로 나열된 항목을 선택한다.
MESSAGEBOX	알림창	메시지 창을 출력한다.

		함 수
INPUTINFO	입력정보	INPUT 문에서 입력중인 문자열을 구한다.
MCHK	마우스정보	MOUSECHK 문으로 검사된 마우스의 정보를 구한다.
MPOS	마우스영역	마우스 커서가 특정한 영역 안에 있는지 검사한다.
MXY	마우스좌표	마우스 커서의 현재 위치와 단추 상태를 구한다.
SEL	선택정보	SELECT와 RSELECT의 실행 정보를 구한다.
DIR	파일선택창	파일 선택창으로 파일을 선택하게 한다.

이벤트

영문명	한글명	기 능
BUTTONSET	단추설정	단추 이벤트를 설정한다.
BUTTONON	단추가능	단추 이벤트를 가능하게 한다.
BUTTONOFF	단추불능	단추 이벤트를 불가능하게 한다.
CONTROLSET	제어창설정	윈도우즈 공통 컨트롤의 기능을 설정한다
CONTROLON	제어창생성	윈도우즈의 공통 컨트롤을 생성한다.
CONTROLOFF	제어창삭제	윈도우즈 공통 컨트롤을 삭제한다.
ERRORON	오류처리가능	오류 이벤트를 가능하게 한다.
ERROROFF	오류처리불능	오류 이벤트를 불가능하게 한다.
TIMERSET	반응시간설정	시간 이벤트를 설정한다.
TIMERON	반응시간가능	시간 이벤트를 가능하게 한다.
TIMEROFF	반응시간불능	시간 이벤트를 불가능하게 한다.
MESSAGEON	메시지설정	윈도우 메시지 처리 서브루틴을 설정한다.
		함 수
BUTTONINFO	단추정보	단추의 정보를 구한다.
CONTROLINFO	제어창정보	윈도우즈 공통 컨트롤에 대한 정보를 구한다.
ERR	오류번호	발생된 오류의 번호를 구한다.
GETMESSAGE	메시지정보	수신된 메시지 정보를 구한다.
SENDMESSAGE	메시지전송	윈도우 프로그램에 메시지를 전송한다.

프린터 처리

영문명	한글명	기 능
PRINTSET	출력설정	출력 장치의 원점 이동과 출력 배율을 설정한다.
PRINTON	인쇄켜기	프린터 출력을 준비한다.
PRINTOUT	인쇄출력	인쇄된 용지를 배출한다.
PRINTOFF	인쇄끄기	인쇄된 용지를 배출하고 인쇄작업을 종료한다.
HARDCOPY	화면인쇄	화면을 프린터로 출력한다.
LPRINT	문자인쇄	프린터로 문자열을 인쇄한다.

웹/통신 관련

영문명	한글명	기 능
HTMLSTART	웹언어시작	웹 언어의 시작을 나타낸다.
HTML	웹언어	웹 언어를 표시한다.
HTMLADD	웹언어추가	웹 언어를 추가한다.
HTMLEND	웹언어끝	웹 언어의 끝을 나타낸다.
BROWSER	브라우저	실행창 속에 웹 브라우저 창을 만든다.
LINKURL	웹주소연결	웹 사이트를 변경하거나 CGI를 연동한다.
함 수		
URLINFO	웹문서정보	연결된 웹 문서의 정보를 얻는다.
DOWNLOAD	내려받기	서버의 파일을 클라이언트로 가져온다.
UPLOAD	올려주기	클라이언트의 파일을 서버에 올린다.
SETCOM	통신설정	통신 포트를 설정한다.
COM	통신	통신 포트로 문자를 주고받는다.
SEND	문자전송	문자열을 통신 포트로 보낸다.
ENDCOM	통신종료	문자 통신을 종료한다.

파일 처리

영문명	한글명	기 능
FILE	파일처리	파일을 복사, 이동, 이름 변경, 삭제한다.
OPEN	파일열기	읽고 쓰기할 파일을 연다.
CLOSE	파일닫기	OPEN 명령으로 열려진 파일을 닫는다.
FSEEK	파일위치	파일의 읽고 쓰기할 위치를 변경한다.
BREAD	이진읽기	이진 파일의 자료를 읽는다.
BWRITE	이진쓰기	자료를 이진 파일에 기록한다.
FINPUT	순차파일읽기	순차파일에서 구분 단위로 자료를 읽는다.
LFINPUT	파일한줄읽기	순차파일에서 행단위로 자료를 읽는다.
WRITE	순차파일쓰기	자료를 구분단위로 순차파일에 기록한다.
PRINTF	파일한줄쓰기	자료를 행단위 형식으로 순차파일에 기록한다.
FIELD	랜덤파일필드	랜덤 파일에서 읽고 쓰기할 필드를 정의한다.
GETR	랜덤파일읽기	랜덤 파일에서 하나의 레코드를 읽는다.
SETR	필드정렬	랜덤 파일에 쓰기할 필드 자료를 정렬한다.
PUTR	랜덤파일쓰기	랜덤 파일에 레코드 자료를 기록한다.
함 수		
FEXIST	파일존재	파일의 존재 여부를 구한다.
FILEINFO	파일정보	파일에 대한 정보를 구한다.
FINDFILE	파일찾기	디스크에 있는 파일이나 디렉터리를 찾는다.
EOF	파일끝	파일의 읽기 위치가 파일의 끝인지 검사한다.
LOC	파일위치	파일의 읽고 쓰기할 현재 위치를 구한다.
LOF	파일크기	파일의 크기를 구한다.
PROFILE	프로파일	프로파일의 값을 읽거나 쓴다.

데이터베이스 처리

영문명	한글명	기 능
DB	데이터베이스	데이터베이스를 사용할 수 있도록 선언한다
DBOPEN	관계파일열기	데이터베이스의 파일을 연다.
DBCLOSE	관계파일닫기	데이터베이스의 열린 파일을 닫는다.
ADDR	관계자료추가	데이터베이스에 새로운 자료를 추가한다.
DELR	관계자료삭제	데이터베이스의 자료를 삭제한다
FINDR	관계자료찾기	데이터베이스에서 자료를 찾아 읽는다.
READR	관계자료읽기	데이터베이스의 자료를 읽는다
SETFLD	관계필드설정	데이터베이스에 쓰기 할 필드 값을 기록한다.
WRITER	관계자료쓰기	데이터베이스에 자료를 기록한다.
INDEXR	인덱스복구	데이터베이스의 인덱스 파일을 복구한다.
INITR	자료초기화	데이터베이스의 자료를 초기화 한다
함 수		
VERIFYR	관계자료확인	데이터베이스를 검색하여 자료가 있는지 확인한다.
GETFLD	관계필드읽기	데이터베이스에서 읽은 필드 값을 구한다.
FLDN	관계필드수	데이터베이스의 필드 개수를 구한다.
DBERR	관계자료검사	데이터베이스를 읽기 쓰기 한 성공 여부를 검사한다.
KEYERR	검색키검사	데이터베이스에서 오류 발생된 검색키를 구한다.

프로그램 파일 연동

영문명	한글명	기 능
RUN	프로그램실행	프로그램 파일을 실행한다.
CHAIN	프로그램연결	프로그램을 연결하거나 해제한다.
SHELL	외부파일실행	외부의 실행 파일이나 문서 파일을 실행한다.
DLL	동적연결	DLL 파일을 연결하여 실행한다.
OCX	객체연결	OCX 컨트롤을 실행한다.
함 수		
DLLMSG	동적연결알림	적재한 DLL과 메시지를 주고받는다.

시스템 관련

영문명	한글명	기 능
SETDAY	날짜시간변경	시스템의 날짜나 시간을 변경한다.
WAIT	시간대기	지정된 시간동안 실행을 멈춘다.
OUTPORT	포트쓰기	포트에 값을 쓴다.
KBWRITE	키쓰기	키보드 버퍼에 키 값을 넣는다.
CHDIR	경로변경	경로를 변경, 생성, 삭제한다.
함 수		
DATE	날짜시간	시스템의 날짜, 시간, 요일을 구한다.
TIMER	시각	시스템의 타이머 값을 구한다.
INPORT	포트읽기	포트의 값을 읽는다.
KBCHK	키검사	키보드로부터 눌려진 키 값을 구한다.
ARG	명령인수	실행 파일이 실행될 때 전달된 명령행 인수를 구한다.

VII. 부록

		함 수
SYSINFO	시스템정보	시스템의 각종 장치에 대한 정보를 구한다.
DRIVEINFO	드라이브정보	드라이브 장치에 대한 정보를 구한다.
GETENV	환경변수	시스템의 환경 변수 값을 구한다.
MEM	메모리	시스템의 메모리 크기를 구한다.
RATIO	종횡비	화면 출력 장치의 종횡 비율을 구한다.
REGISTRY	레지스트리	윈도우즈의 레지스트리 값을 처리한다
VERSION	판정보	시스템의 버전 정보를 구한다.

수학 함수

영문명	한글명	기 능
SIN	사인	사인 함수 값을 구한다.
SINH	쌍사인	쌍곡선 사인 함수의 값을 구한다.
ASIN	역사인	사인의 역함수 값을 구한다.
COS	코사인	코사인 값을 구한다.
COSH	쌍코사인	쌍곡선 코사인 함수의 값을 구한다.
ACOS	역코사인	코사인의 역함수 값을 구한다.
TAN	탄젠트	탄젠트 함수의 값을 구한다.
TANH	쌍탄젠트	쌍곡선 탄젠트 함수의 값을 구한다.
ATAN	역탄젠트	탄젠트의 역함수 값을 구한다.
HYPOT	빗변	직각 삼각형의 빗변의 길이를 구한다.
DEG	각도	라디안 값에 대한 각도를 구한다.
RAD	라디안	각도값에 대한 라디안 값을 구한다.
EXP	지수	지수 함수의 값을 구한다.
SQRT	제곱근	제곱근을 구한다.
LOG	로그	자연 대수의 값을 구한다.
LOG10	상용로그	상용 대수의 값을 구한다.
MAX	최대값	두 개의 값을 비교하여 최대값을 구한다.
MIN	최소값	두 개의 값을 비교하여 최소값을 구한다.
ABS	절대값	절대값을 구한다.
SGN	부호	수의 부호값을 구한다.
RADIX	진수	정수를 다른 진수로 변환한다.
ROUND	반올림	반올림한 값을 구한다.
RND	난수	난수를 발생한다.
BIT	비트	비트값을 설정한 정수값을 구한다.

형 변환 함수

영문명	한글명	기 능
ASC	아스키	문자의 아스키 코드를 구한다.
CHR	문자	아스키 코드에 대한 문자를 구한다.
STR	문자열	숫자를 문자열로 변환한다.
VAL	숫자	문자열을 숫자로 변환한다.
CALC	계산	수식을 계산한 값을 구한다.
INT	정수	정수로 변환한 값을 구한다.
LABEL	레이블	문자열을 레이블이나 서브루틴명으로 변경한다.
WHAT	조건값	조건식의 결과에 따른 값을 돌려준다.

문자열 처리 함수

영문명	한글명	기 능
CODE	코드변환	한글 코드를 변환한다.
FORMAT	형식	주어진 형식으로 문자열을 만든다.
INSTR	문자위치	특정 문자열의 위치를 구한다.
JONG	한글검사	한글의 자소 상태를 검사한다.
LEN	문자길이	문자열의 길이를 구한다.
STRING	부분문자열	문자열의 부분을 구한다.
STRLWR	소문자	대문자를 소문자로 변경한다.
STRUPR	대문자	소문자를 대문자로 변경한다.
TRIM	공백제거	문자열의 공백을 제거한다.

2. 명령어 인수 일람표

명 령	기능과 인수
ADDR 관계자료추가	데이터베이스에 새로운 자료를 추가시킨다.
	파일번호
ANIMATE 그림이동	그림을 애니메이션시킨다.
	[그림파일번호], [시작그림번호], [끝그림번호], [시작크기비율], [끝크기비율], [비율적용방식], [반복횟수], [지연시간], [이동방식], [시작x], [시작y], [직선끝x], [직선끝y], [곡선끝x], [곡선끝y], [내부화면번호]
ARC 호	호를 그린다.
	[시작x], [시작y], [끝x], [끝y], [호높이], [색], [선모양], [연산방식]
ARROW 화살	화살표를 그린다.
	[시작x], [시작y], [끝x], [끝y], [색], [선두께], [선모양], [촉모양], [촉크기], [연산방식]
BEEP 효과음	효과음을 출력한다.
	[주파수], [지속시간]
BOARD 입체사각형	입체 모양의 사각형을 그린다.
	[위치x], [위치y], [가로길이], [세로길이], [테두리두께], [면색], [좌상테두리색], [우하테두리색]
BOX 사각형	사각형을 그린다.
	[영역x1], [영역y1], [영역x2], [영역y2], [색], [무늬], [무늬바탕색], [선두께], [선모양], [연산방식]
BREAD 이진읽기	이진파일의 자료를 읽는다.
	파일번호, 저장변수, [읽을길이]
BROWSER 브라우저	실행창 내부에 웹브라우저 창을 만든다.
	URL주소, x1, y1, x2, y2, 열기/닫기, 브라우저ID
BUTTONDRAW 단추그리기	단추 모양을 그린다.
	[위치x], [위치y], [가로길이], [세로길이], [단추모양], [단추상태]
BUTTONOFF 단추불능	단추 이벤트를 불가능하게 한다.
	[단추번호], [단추해제], [단추해제모양]
BUTTONON 단추가능	단추 이벤트를 가능하게 한다.
	단추번호, 실행위치, [실행형식], [위치x], [위치y]
BUTTONSET 단추설정	단추 이벤트를 설정한다.
	단추번호, [단추이름], [키이름], [단축키], 위치x, 위치y, [가로길이], [세로길이], [그림파일번호], [비초점그림번호], [초점그림번호], [누름그림번호], [단추모양], [초점커서모양], [보조서브루틴], [실행위치], [실행형식], [단추도움말], [문자속성매크로], [해제그림번호]
BWRITE 이진쓰기	이진 파일에 자료를 쓴다.
	파일번호, 기록할값, [자료길이]

명령	기능과 인수
CALL 서브루틴호출	서브루틴을 실행시킨다.
	서브루틴, [전달값], [...]
CDPLAY 음악판연주	CD의 음악을 연주한다.
	[제어기능], [시작트랙], [종료트랙], [연주시간], [볼륨]
CELLBOX 다중사각형	여러 개의 같은 사각형을 그린다.
	[가로개수], [세로개수], [위치x], [위치y], [가로길이], [세로길이], [가로간격], [세로간격], [색], [무늬], [무늬바탕색], [선두께], [선모양], [연산방식], [둥글기]
CHAIN 프로그램연결	프로그램을 연결한다.
	[프로그램파일], [연결방식], [실행위치], [연결변수]
CHDIR 경로처리	경로를 변경,생성,삭제한다.
	경로, [처리방법]
CIRCLE 원	원을 그린다.
	[중심x], [중심y], [x반지름], [y반지름], [시작각도], [종료각도], [색], [무늬], [무늬바탕색], [선두께], [선모양], [원모양], [축회전각도], [연산방식]
CLOSE 파일닫기	열려진 파일을 닫는다.
	[파일번호], [...]
CLS 화면지우기	화면을 지운다.
	[색], [무늬], [출력효과매크로], [지연시간], [영역x1], [영역y1], [영역x2], [영역y2], [그림파일번호], [그림번호]
CONTROLOFF 제어창삭제	윈도우즈 공통 컨트롤을 삭제한다.
	[컨트롤번호]
CONTROLON 제어창생성	윈도우즈 공통 컨트롤을 생성한다.
	[컨트롤번호], [컨트롤종류], 위치x1, 위치y1, 위치x2, 위치y2, [컨트롤모양], [화면출력], [실행위치], [실행방식], [단추이름], [문자속성매크로]
CONTROLSET 제어창설정	윈도우즈 공통 컨트롤을 설정한다.
	컨트롤번호, [컨트롤종류], [화면출력], [컨트롤정보], [...]
CURVE 곡선	곡선을 그린다.
	[곡선종류], [선분수], [색], [선두께], [선모양], [연산방식], [점개수], [위치x], [위치y], [...]
DATA 자료	프로그램 내부에 자료를 둔다.
	자료, [...]
DB 데이터베이스	데이터베이스를 연다.
	데이터베이스파일명
DBCLOSE 관계파일닫기	데이터베이스의 파일을 닫는다.
DBOPEN 관계파일열기	데이터베이스의 파일을 연다.
	파일번호, [...]
FILE 파일처리	파일을 복사, 이동, 이름 변경, 삭제한다.
	처리방식, 원본파일, [대상파일], [결과변수]
FINDR 관계자료찾기	데이터베이스의 자료를 찾는다.
	파일번호, 인덱스번호, 찾을값
FINPUT 순차파일읽기	순차 파일에서 구분 단위로 자료를 읽는다.
	파일번호, 저장변수, [...]

명령	기능과 인수
FLASH 점멸	화면의 지정된 영역을 점멸시킨다.
	[영역x1], [영역y1], [영역x2], [영역y2], [점멸횟수], [점멸시간]
FONTSET 글꼴설정	글꼴을 설정한다.
	[글꼴이름], [글꼴파일], [등록여부], [글꼴번호]
FOR 반복	반복 실행한다.
	반복변수, 초기값, 종료값, [증감값]
FRAMEDRAW 창틀그리기	창틀을 그린다.
	[영역x1], [영역y1], [영역x2], [영역y2], [테두리위치], [테두리모양], [내부칠]
FSEEK 파일위치	파일의 입출력 위치를 변경한다.
	파일번호, 이동바이트, 기준위치
GET 화면저장	화면의 지정된 영역을 저장한다.
	[영역번호], [영역x1], [영역y1], [영역x2], [영역y2]
GETR 랜덤파일읽기	랜덤 파일에서 레코드를 읽는다.
	파일번호, [레코드번호]
GOTO 분기	실행할 위치를 변경한다.
	분기위치
GRAPH 그래프	그래프를 출력한다.
	[위치x], [위치y], [가로길이], [세로길이], [그래프종류], [눈금표시], [항목 표시], [간격], [그래프추가속성], [색인표시], [자료번호], [문자속성매크로]
GRAPHCOLOR 그래프색	그래프의 색을 설정한다.
	[항목명색], [자료명색], [외곽선색], [눈금색], [1번자료색], [2번자료색], [3번자료색], [4번자료색], [5번자료색], [6번자료색], [7번자료색], [8번자료색], [9번자료색], [10번자료색], [11번자료색], [12번자료색], [13번자료색], [14번자료색], [15번자료색]
GRAPHDEF 그래프정의	그래프를 정의한다.
	[항목수], [자료수], [하한값], [상한값], [등분]
GRAPHIN 그래프값	그래프의 자료값을 넣는다.
	[항목번호], [자료번호], [값]
GRAPHINDEX 그래프색인	그래프의 자료 색인을 설정한다.
	[색인위치x], [색인위치y], [출력형식], [자료명], [...]
GRAPHITEM 그래프항목	그래프의 항목을 설정한다.
	[출력형식], [항목명], [...]
HARDCOPY 화면인쇄	화면을 인쇄하거나 파일로 저장한다.
	[화면영역x1], [화면영역y1], [화면영역x2], [화면영역y2], [프린터영역x1], [프린터영역y1], [프린터영역x2], [프린터영역y2], [화면영역종류], [저장파일]
HEXAD 육면체	육면체를 그린다.
	[앞면x1], [앞면y1], [앞면x2], [앞면y2], [뒷면x1], [뒷면y1], [뒷면x2], [뒷면y2], [색], [면개수], [입체방향], [선모양], [연산방식]
HTML 웹언어	웹 언어를 나타낸다.
	HTML코드
HTMLADD 웹언어추가	웹 언어를 동적으로 추가한다.
	동적HTML코드

명령	기능과 인수
HTMLEND 웹언어끝	웹 언어의 끝을 나타낸다.
HTMLSTART 웹언어시작	웹 언어의 시작을 나타낸다. [창이름]
IF 조건	조건이 참인지 거짓인지를 판단한다. 조건
IFGOTO 조건분기	조건에 따라 실행할 위치를 변경한다. 조건, [참분기위치], [거짓분기위치]
INDEXR 인덱스복구	데이터베이스의 인덱스 파일을 복구한다. [파일번호]
INITR 자료초기화	데이터베이스의 자료를 초기화한다. [파일번호]
INPUT 입력	키보드로 문자열을 입력받는다. [위치x], [위치y], [저장변수], [입력최대문자수], [화면출력문자수], [초기값], [글꼴번호], [문자크기], [문자색], [배경색], [한/영시작], [입력문자플래그], [입력가능문자], [입력불가능문자], [자동종료바이트], [입력시작위치], [사용자문자입력], [입력창크기], [정답표시여부], [정답], [정답판정방법], [피드백서브루틴]
KBWRITE 키쓰기	키 버퍼에 키값을 넣는다. 키코드, [키종류]
LFINPUT 파일한줄읽기	순차 파일에서 행 단위로 자료를 읽는다. 파일번호, 저장변수
LINE 선	선을 그린다. [시작x], [시작y], [끝x], [끝y], [색], [선두께], [선모양], [지연시간], [연산방식]
LINKURL 웹주소연결	웹 사이트를 변경하거나 CGI를 연동시킨다. URL주소, [연결방식]
LOCAL 지역변수	지역변수를 정의한다. 지역변수, [...]
LPRINT 문자인쇄	문자열을 인쇄한다. [인쇄내용], [부가코드], [프린터이름], [결과변수]
MESSAGEBOX 알림창	메시지 창을 출력한다. [메시지], [제목], [단추표시], [아이콘표시], [초기단추번호], [결과변수]
MESSAGEON 메시지설정	윈도우 메시지가 왔을 때 실행할 서브루틴을 설정한다 [메시지ID], [메시지 서브루틴]
MOUSECHK 마우스검사	마우스의 상태 변화를 검사한다. [검사내용]
MOUSECURSOR 마우스커서	마우스 커서 모양을 변경한다. [커서번호], [커서파일], [시스템커서번호]
MOUSESET 마우스설정	마우스의 위치와 활동 영역을 설정한다. [커서위치x], [커서위치y], [영역x1], [영역y1], [영역x2], [영역y2], [키가로이동간격], [키세로이동간격], [창이동x1], [창이동y1], [창이동x2], [창이동y2], [창이동영역종류]
MOVE 위치이동	곡선을 따라 이동하면서 서브루틴을 실행한다. 호출서브루틴, [곡선종류], [이동횟수], [점개수], [위치x], [위치y], [...]

명 령	기능과 인수
MUSIC 음악	음악 파일을 출력한다.
	[음악파일], [볼륨], [템포], [반복출력]
NEXT 반복끝	반복문의 끝을 나타낸다.
OCX 객체연결	OCX 컨트롤을 실행한다.
	OCX등록ID, 영역x1, 영역y1, 영역x2, 영역y2
ONCALL 다중호출	조건식에 따라 서브루틴을 실행한다.
	조건식, [서브루틴], [...]
ONGOTO 다중분기	조건식에 따라 실행 위치를 변경한다.
	조건식, [분기위치], [...]
OPEN 파일열기	파일을 연다.
	파일명, 파일종류, 파일번호, [입출력방식]
OUTPORT 포트쓰기	하드웨어 포트에 값을 쓴다.
	포트번지, 보낼값, [값형식]
PAINT 칠	영역 내부를 칠한다.
	[위치x], [위치y], [칠할색], [경계색], [무늬], [무늬바탕색], [연산방식]
PALETTE 색변경	팔레트를 변경한다.
	[팔레트번호], [적색값], [녹색값], [청색값]
PATTERN 무늬	무늬를 변경한다.
	무늬번호, [무늬값1], [무늬값2], [무늬값3], [무늬값4], [무늬값5], [무늬값6],[무늬값7], [무늬값8]
PAUSE 실행정지	프로그램 실행을 일시 정지한다.
	[대기시간]
PLAY 연주	PLAY 매크로를 연주한다.
	[연주트랙], [볼륨], [반복연주]
PLAYDEF 연주정의	연주의 박자, 빠르기, 조표를 정의한다.
	[박자의분자], [박자의분모], [템포], [조표]
PLAYOFF 소리중지	소리를 중지시킨다.
	[소리종류]
PLAYSET 연주설정	PLAY 매크로와 악기를 설정한다.
	[트랙], [채널], [악기], [음악매크로]
POLYGON 다각형	다각형을 그린다.
	[변개수], [중심x], [중심y], [x반지름], [y반지름], [색], [무늬], [무늬바탕색], [선두께], [선모양], [축회전각도], [연산방식]
PRINT 문자출력	문자열을 출력한다.
	[위치x], [위치y], [행바꿈위치], [출력내용]
PRINTF 파일한줄쓰기	순차 파일에 행 단위로 자료를 쓴다.
	파일번호, 기록할값, [...]
PRINTOFF 인쇄끄기	인쇄를 종료한다.
PRINTON 인쇄켜기	인쇄를 시작한다.
	[프린터이름], [문서이름], [제어창열기], [인쇄방향], [용지종류], [용지가로크기], [용지세로크기], [용지가로여백], [용지세로여백], [인쇄매수], [인쇄품질], [컬러인쇄], [양면인쇄], [결과변수]
PRINTOUT 인쇄출력	인쇄된 용지를 배출한다.

명 령	기능과 인수
PRINTSET 출력설정	출력 장치의 원점 이동과 출력 배율을 설정한다. [원점x], [원점y], [배율], [매핑모드], [마우스좌표계]
PUT 화면재생	저장된 화면을 출력한다. 영역번호, [위치x], [위치y], [가로길이], [세로길이]
PUTR 랜덤파일쓰기	랜덤 파일에 자료를 쓴다. 파일번호, [레코드번호]
READ 자료읽기	프로그램의 내부 자료를 읽는다. 저장변수, [...]
READKEY 키입력	키를 입력받는다. [저장변수], [기다림키]
READR 관계자료읽기	데이터베이스의 자료를 읽는다. 파일번호, [인덱스번호], [읽기종류]
RESTORE 자료위치	프로그램의 내부 자료 위치를 지정한다. [읽을위치], [시작자료번호], [읽을위치종류]
REVERSE 뒤집기	화면의 지정된 영역을 뒤집는다. [영역x1], [영역y1], [영역x2], [영역y2], [뒤집기방향]
ROTATE 회전	화면의 지정된 영역을 회전시킨다. [영역x1], [영역y1], [영역x2], [영역y2], [회전각도]
ROUNDBOX 둥근사각형	둥근 사각형을 그린다. [영역x1], [영역y1], [영역x2], [영역y2], [x반지름], [y반지름], [색], [무늬], [무늬바탕색], [선두께], [선모양], [연산방식]
RSELECT 불규칙선택	불규칙하게 나열된 항목을 선택한다. 결과변수, [선택표시], [선택방법], [시작항목번호], [선택표시색], [보조서브루틴], 항목수, 항목영역x1, 항목영역y1, 항목영역x2, 항목영역y2, [...], [취소키사용], [선택커서번호], [정답표시여부], [정답], [피드백서브루틴]
RUN 프로그램실행	프로그램 파일을 실행시킨다. [프로그램파일], [실행위치]
SCREEN 실행화면	프로그램의 실행 화면을 만든다. [화면모드], [전체화면크기], [위치x], [위치y], [화면가로크기], [화면세로크기], [창이름], [창모양], [아이콘], [창아이콘파일], [화면색], [그림파일명], [출력효과매크로], [창가로크기], [창세로크기]
SCREENCOPY 화면복사	화면의 지정된 영역을 다른 화면으로 복사한다. [원본화면번호], [대상화면번호], [원본영역x1], [원본영역y1], [원본영역x2], [원본영역y2], [대상영역x1], [대상영역y1], [대상영역x2], [대상영역y2], [복사방법], [투명색]
SCREENCREATE 화면생성	가상 화면을 생성한다. 가상화면번호, [화면가로크기], [화면세로크기], [화면색]
SCREENDELETE 화면삭제	가상 화면을 삭제한다. [가상화면번호]
SCREENON 화면활성	화면을 활성화시킨다. 화면번호
SCRLRANGE 스크롤영역	스크롤 영역을 설정한다. [영역x1], [영역y1], [영역x2], [영역y2], [스크롤서브루틴], [화면분할좌표x], [화면분할좌표y], [스크롤부분]
SCROLL 스크롤	화면의 영역을 스크롤시킨다. [방향], [이동거리], [횟수], [색], [스크롤가로길이], [스크롤세로길이]

명령	기능과 인수
SELECT 선택	규칙적으로 나열된 항목을 선택한다.
	[결과변수], [선택표시], [선택방법], [시작항목번호], [선택표시색], [보조서브루틴], 총항목개수, 가로항목개수, 세로항목개수, 첫항목위치x, 첫항목위치y, 가로길이, 세로길이, 가로간격, 세로간격, [취소키사용], [선택커서번호], [정답표시여부], [정답], [피드백서브루틴]
SETDAY 날짜시간변경	시스템의 날짜나 시간을 변경한다.
	[년], [월], [일], [시], [분], [초], [1/1000초]
SETFLD 관계필드설정	데이터베이스의 필드에 값을 넣는다.
	파일번호, [필드번호], [값]
SETR 필드정렬	랜덤 파일의 필드 자료를 정렬한다.
	파일번호, 필드변수, [정렬방식], [...]
SHAPE 읽은그림출력	읽은 그림을 출력한다.
	[그림파일번호], [그림번호], [위치x], [위치y], [가로길이], [세로길이], [출력방식], [출력효과매크로], [내부화면번호]
SHAPELOAD 그림읽기	그림 파일을 메모리에 읽어들인다.
	그림파일번호, [그림파일], [그림전체개수], [가로개수], [세로개수], [첫그림위치x], [첫그림위치y], [가로길이], [세로길이], [가로간격], [세로간격], [투명색]
SHELL 외부파일실행	실행 파일이나 문서 파일을 실행시킨다.
	명령, [명령인수], [실행방식], [결과변수]
SLIDEEND 슬라이드끝	슬라이드의 끝을 나타낸다.
	[종료방법]
SLIDESTART 슬라이드시작	슬라이드의 시작을 나타낸다.
	[슬라이드명], [화면색], [배경그림], [출력효과매크로], [초기화종류], [기본단추종류], [단추위치x], [단추위치y], [단추가로크기], [단추세로크기]
SORT 배열정렬	배열의 값을 정렬한다.
	정렬할배열, [정렬방식], [시작원소], [마지막원소], [정렬위치]
SOUND 소리	소리 파일을 출력한다.
	[소리파일], [볼륨], [주파수], [반복출력], [시작위치], [종료위치]
SUB 서브루틴	서브루틴을 정의한다.
	서브루틴, [인수], [...]
SWAP 변수교환	두 변수의 값을 서로 바꾼다.
	교환변수1, 교환변수2
SWAPCOLOR 색변경	화면의 지정된 영역의 색을 바꾼다.
	[화면색], [변경색], [영역x1], [영역y1], [영역x2], [영역y2]
TEXT 문자정렬출력	문자열을 정렬하여 출력한다.
	[위치x], [위치y], [출력내용], [정렬방식], [문자크기], [문자색], [배경색], [볼드체], [이탤릭], [밑줄], [회전각], [글꼴번호]
TIMEROFF 반응시간불능	시간 이벤트를 불가능하게 한다.
	[시계번호]
TIMERON 반응시간가능	시간 이벤트를 가능하게 한다.
	[시계번호]
TIMERSET 반응시간설정	시간 이벤트를 설정한다.
	[시계번호], 동작시간, 실행위치

명 령	기능과 인수
USERFONT 문자정의	사용자 문자를 정의한다. [문자번호], [문자폭], [문자높이], [문자크기비율], [시작x이동], [시작y이동], [종료x이동], 문자매크로, [입력바이트]
USERFONTSET 입력문자설정	사용자 입력 문자를 설정한다. [위치x], [위치y], [문자크기], [문자번호], [...]
VARMEM 변수영역	변수 영역을 설정한다. 영역크기
VDRAW 벡터그리기	VDRAW 매크로로 그림을 그린다. [위치x], [위치y], [색], [모양매크로], [배율], [선굵기], [회전각도], [기울기각도], [뒤집기], [연산방식]
VIDEO 동영상	동영상을 출력한다. 동영상번호, [제어기능], [시작프레임번호], [끝프레임번호], [소리출력]
VIDEOCLOSE 동영상닫기	동영상 파일을 닫는다. [동영상번호]
VIDEOOPEN 동영상열기	동영상 파일을 연다. 동영상번호, 동영상파일, [위치x], [위치y], [가로길이], [세로길이], [팔레트설정], [출력방식], [제어판출력]
VIEW 출력화면	화면의 클리핑 영역을 설정한다. [영역x1], [영역y1], [영역x2], [영역y2], [문자출력처리]
WAIT 대기	지정된 시간동안 실행을 정지시킨다. 지연시간
WEND 조건반복끝	조건반복문의 끝을 나타낸다.
WHILE 조건반복	조건이 참인 동안 반복 실행한다. 조건
WINDOW 창	창을 만든다. 영역x1, 영역y1, 영역x2, 영역y2, [창모양]
WRITE 순차파일쓰기	순차 파일에 구분 단위로 자료를 쓴다. 파일번호, 기록할값, [...]
WRITER 관계자료쓰기	데이터베이스에 자료를 쓴다. 파일번호
ZOOM 확대축소	화면의 지정된 영역을 확대하거나 축소한다. [원본영역x1], [원본영역y1], [원본영역x2], [원본영역y2], [대상영역x1], [대상영역y1], [대상영역x2], [대상영역y2]

3. 함수 인수 일람표

명 령	기능과 인수
ABS() 절대값()	절대값을 구한다. n
ACOS() 역코사인()	코사인의 역함수의 값을 구한다. x
ANGLE() 기울기()	직선의 기울기 각도를 구한다.
ANS() 입력위치정보()	기능문자 @의 입력 위치를 구한다. 입력위치번호, [정보종류]
ARCXY() 호중앙()	호의 중앙 위치를 구한다. 정보종류
ARG() 명령인수()	실행된 파일에 전달된 명령 인수를 구한다. [정보종류]
ASC() 아스키()	문자에 대한 아스키 코드를 구한다. 문자열, [문자위치]
ASIN() 역사인()	사인의 역함수 값을 구한다. x
ATAN() 역탄젠트()	탄젠트의 역함수 값을 구한다. x, [y]
BIT() 비트	비트값을 설정한 정수값을 구한다. 비트번호, [...]
BUTTONINFO() 단추정보()	단추의 정보를 구한다. [정보종류], [검사단추종류]
CALC() 계산()	식을 계산한 값을 구한다. 식
CDINFO() 음악판정보()	CD 음악의 정보를 구한다. 정보종류
CHR() 문자()	아스키 코드에 대한 문자를 구한다. 아스키코드
CODE() 코드변환()	한글 코드를 변환시킨다. 문자열, [변환방법]
COM() 통신()	통신 포트로 문자를 주고 받는다. [기능], [반향], [버퍼지움]
CONTROLINFO 제어창정보()	윈도우즈 공통 컨트롤의 정보를 구한다. 정보종류, 컨트롤번호, [항목번호]
COS() 코사인()	코사인 값을 구한다. x

명 령	기능과 인수
COSH() 쌍코사인()	쌍곡선 코사인 함수값을 구한다.
	x
DATE() 날짜시간()	시스템의 날짜, 시간, 요일을 구한다.
	[정보종류]
DBERR() 관계자료검사()	데이터베이스의 입출력 성공 여부를 검사한다.
DEG() 각도()	라디안 값에 대한 각도를 구한다.
	라디안
DIR() 파일선택창()	파일 선택창으로 파일을 선택한다.
	[파일명], [파일형식], [확장자], [제목], [파일모드]
DLLMSG() 동적연결알림()	적재된 DLL과 메시지를 주고 받는다.
	DLL번호, [메시지문자열]
DOWNLOAD() 내려받기()	서버의 파일을 클라이언트로 내려 받는다.
	URL파일주소
DRIVEINFO() 드라이브정보()	드라이브 장치의 정보를 구한다.
	[정보종류], [검색드라이브]
ENDCOM() 통신종료()	통신을 종료한다.
EOF() 파일끝()	파일의 끝인지 검사한다.
	파일번호
ERR() 오류번호()	발생된 오류 번호를 구한다.
EXP() 지수()	지수 함수의 값을 구한다.
	x
FEXIST() 파일존재()	파일의 존재 여부를 구한다.
	파일이름, [찾는방법], [정보종류]
FILEINFO() 파일정보()	파일의 정보를 구한다.
	파일명, [정보종류]
FINDFILE() 파일찾기()	디스크에 있는 파일이나 디렉터리를 찾는다.
	ID, [파일이름], [파일종류], [파일명종류]
FLDN() 관계필드수()	데이터베이스의 필드 개수를 구한다.
	파일번호
FORMAT() 형식()	주어진 형식으로 문자열을 만든다.
	형식문자열, [값1], ..., [값n]
GETENV() 환경변수()	시스템의 환경변수 값을 구한다.
	환경변수명
GETFLD() 관계필드읽기()	데이터베이스의 필드 값을 구한다.
	파일번호, 필드번호, [정보종류]
GETMESSAGE() 메시지정보()	수신된 메시지 정보를 구한다.
	메시지ID, [메시지 종류], [메시지데이터형], [해제]

명 령	기능과 인수
GXY() 그래픽좌표()	최종 그래픽 좌표의 정보를 구한다.
	[정보종류]
HYPOT() 빗변()	직각삼각형의 빗변 길이를 구한다.
	밑변길이, 높이
INPORT() 포트읽기()	하드웨어 포트로부터 값을 읽는다.
	포트번지, [읽을길이]
INPUTINFO() 입력정보()	현재 입력중인 문자열을 구한다.
	[정보종류]
INSTR() 문자위치()	문자의 위치를 구한다.
	검색대상문자열, 검색문자열, [검색위치], [대소문자구별]
INT() 정수()	정수로 변환한다.
	n
JONG() 한글검사()	한글의 자소 상태를 검사한다.
	문자열, [자소]
KBCHK() 키검사()	눌려진 키 값을 구한다.
	[키버퍼처리]
KEYERR() 검색키검사()	데이터베이스에서 오류가 발생된 검색키를 구한다.
LABEL() 레이블()	문자열을 레이블이나 서브루틴이 되게 한다.
	문자열
LEN() 문자길이()	문자열의 길이를 구한다.
	문자열
LOC() 파일위치()	파일의 현재 입출력 위치를 구한다.
	파일번호
LOF() 파일크기()	파일의 크기를 구한다.
	파일번호
LOG() 로그()	자연대수의 값을 구한다.
	x
LOG10() 상용로그()	상용대수의 값을 구한다.
	x
MAX() 최대값()	최대값을 구한다.
	n1, n2
MCHK() 마우스정보()	마우스의 정보를 구한다.
	[정보종류]
MEM() 메모리()	시스템 메모리의 크기를 구한다.
	[정보종류]
MIN() 최소값()	최소값을 구한다.
	n1, n2
MOVEXY() 위치이동좌표()	곡선을 따라 이동되는 현재 좌표를 구한다.
	[정보종류]

명 령	기능과 인수
MPOS() 마우스영역()	마우스 커서가 지정된 영역 안에 있는지 검사한다.
	[영역x1], [영역y1], [영역x2], [영역y2]
MXY() 마우스좌표()	마우스 커서의 현재 위치와 단추 상태를 구한다.
	[정보종류]
PIXEL() 색()	화면에서 지정된 위치의 색을 구한다.
	[위치x], [위치y], [정보종류]
PLAYING() 소리검사()	소리가 출력 중인지를 검사한다.
	[정보종류]
POINT() 영역검사()	위치나 영역이 겹쳐져 있는지 검사한다.
	[영역x1], [영역y1], [영역x2], [영역y2], 영역x3, 영역y3, [영역x4], [영역y4]
POINTER() 포인터()	변수값의 주소를 얻거나 지정된 주소의 값을 읽는다.
	포인터, 데이터형
PROFILE() 프로파일()	프로파일의 값을 읽거나 쓴다.
	입출력종류, 섹션이름, 키이름. 값의 종류, [키값]
RAD() 라디안()	각도에 대한 라디안 값을 구한다.
	각도
RADIX() 진수()	진수를 변환시킨다.
	n, [진수]
RATIO() 종횡비()	화면 출력 장치의 종횡 비율을 구한다.
REGISTRY() 레지스트리	윈도우즈의 레지스트리 값을 읽거나 추가, 삭제한다.
	기능, 키, 하위키, 값이름, 값의종류, [쓸값]
RGB() 색정보()	색 정보를 구한다.
	적색, 녹색, 청색
RND() 난수()	난수를 구한다.
	[난수값1], [난수값2], [난수초기화값]
ROUND() 반올림()	반올림한 값을 구한다.
	n, [반올림자리수], [반올림방법]
SCREENINFO() 화면정보()	화면의 정보를 구한다.
	[정보종류], [화면번호]
SCROLLXY() 스크롤정보()	스크롤된 화면 크기를 구한다.
	[좌표종류]
SEL() 선택정보()	선택문의 정보를 구한다.
	[정보종류]
SEND() 문자전송()	문자열을 통신 포트로 보낸다.
	문자열, [CR추가], [NULL문자]
SENDMESSAGE() 메시지전송()	윈도우 프로그램에 메시지를 전송한다.
	[프로그램이름], 메시지ID, [메시지1], [메시지2], [전송방법], [대기시간]

명령	기능과 인수
SETCOM() 통신설정()	통신 포트를 설정한다.
	통신포트번호, 속도, [패리티], [데이터비트], [정지비트]
SGN() 부호()	숫자의 부호 값을 구한다.
	n
SHP() 그림정보()	그림의 정보를 구한다.
	[정보종류], [그림파일번호]
SIN() 사인()	사인 값을 구한다.
	x
SINH() 쌍사인()	쌍곡선 사인 값을 구한다.
	x
SQRT() 제곱근()	제곱근을 구한다.
	x
STR() 문자열()	숫자를 문자열로 변환한다.
	숫자, [유효자리수], [자리채움], [쉼표넣기]
STRING() 부문문자열()	문자열의 부분을 구한다.
	문자열, [반복횟수], [시작위치], [끝위치]
STRLWR() 소문자()	대문자를 소문자로 변경한다.
	문자열
STRUPR() 대문자()	소문자를 대문자로 변경한다.
	문자열
SYSINFO() 시스템정보()	시스템의 장치 정보를 구한다.
	[정보분류], [정보종류], [정보대상]
TAN() 탄젠트()	탄젠트 값을 구한다.
	x
TANH() 쌍탄젠트()	쌍곡선 탄젠트 값을 구한다.
	x
TIMER() 시각()	시스템의 클럭 값을 구한다.
	[시각종류]
TRIM() 공백제거()	문자열의 공백을 제거한다.
	문자열, [제거형태]
UPLOAD() 올려주기()	클라이언트의 파일을 서버에 올린다.
	서버이름, 사용자계정, 비밀번호, 지역파일명, [원격지파일명]
URLINFO() 웹문서정보()	웹문서의 정보를 구한다.
	정보분류, 정보종류, 문자열길이
VAL() 숫자()	문자열을 숫자로 변환한다.
	문자열
VERIFYR() 관계자료확인()	데이터베이스에 자료가 있는지 확인한다.
	파일번호, 인덱스번호, 찾을값

명 령	기능과 인수
VERSION()	시스템의 버전정보를 구한다
판정보()	버전종류
VIDEOINFO()	동영상 정보를 구한다.
동영상정보()	동영상번호, [정보종류]
WHAT()	조건식의 결과에 따른 값을 돌려준다.
조건값()	조건식, 참값, 거짓값

4. 기능문자 인수 일람표

명 령	기능과 인수
ⓐ 입력영역	입력시킬 영역을 설정한다. [입력번호], [입력길이], [색]
ⓑ 분수	분수를 출력한다. [분모], [분자]
ⓒ 문자색	문자색을 변경한다. [문자색], [바탕색]
ⓓ	사용 안됨
ⓔ 글꼴변경	글꼴을 변경한다. [글꼴번호]
ⓕ 정의문자	사용자 정의 문자를 출력한다. [사용자정의문자번호]
ⓖ 그림자문자	그림자 문자를 출력한다. [그림자색], [그림자가로거리], [그림자세로거리]
ⓗ 들여쓰기	들여쓰기의 시작 위치를 설정한다.
ⓘ 출력정지	문자 출력을 일시 정지시킨다.
ⓙ 이탤릭체	이탤릭체를 출력한다. [이탤릭체설정]
ⓚ	사용 안됨
ⓛ 하이퍼텍스트	하이퍼텍스트를 설정한다. [단추번호], [서브루틴], [하이퍼텍스트]
ⓜ	사용 안됨
ⓝ 행 바꿈	무조건 행을 바꾼다.
ⓞ 위치변경	출력 위치를 변경한다. [가로이동거리], [세로이동거리]
ⓟ 그림출력	그림을 출력한다. [그림파일번호], [그림번호]

명 령	기능과 인수
ⓠ 기능해제	기능문자를 해제한다.
ⓡ	사용 안 됨
ⓢ 속도	문자의 출력 속도를 변경한다. [지연시간]
ⓣ 회전	문자를 회전시킨다. [회전각도]
ⓤ 밑줄	밑줄문자를 출력한다. [밑줄설정]
ⓥ 문자크기	문자의 크기를 변경한다. [문자크기]
ⓦ 볼드체	볼드체 문자를 출력한다. [볼드체설정]
ⓧ 문자간격	문자간의 가로 간격을 변경한다. [문자간격]
ⓨ 행간격	행의 간격을 변경한다. [줄간격]
ⓩ 초기화	기능문자의 기능을 초기화한다.

VII. 부록

5. 오류 코드 일람표

번 호	오류 내용
1	문법이 잘못 되었습니다
2	논리 에러입니다
3	파일을 열 수 없습니다
4	메모리가 부족합니다
5	시스템 에러입니다
6	실행할 수 없는 명령어입니다
7	실행할 수 없는 함수입니다
8	생략할 수 없는 값이 생략되었습니다
9	명령어 인수의 수가 틀립니다
10	숫자값에 문자를 사용하였습니다
11	문자값에 숫자를 사용하였습니다
12	등호(=)가 필요합니다
13	쉼표(,)가 필요합니다
14	닫는 괄호 ')'가 부족합니다
15	함수에서 닫는 괄호')'가 부족합니다
16	매크로 사용이 잘못 되었습니다
17	값의 표현 형식이 틀렸습니다
18	같은 레이블이 있습니다
19	같은 서브루틴이 있습니다
20	레이블이 정의되지 않았습니다
21	서브루틴이 정의되지 않았습니다
22	값이 유효 범위를 넘었습니다
23	음수를 사용할 수 없습니다
24	정의되지 않은 번호를 사용하였습니다
25	선언된 문자열의 길이를 초과하였습니다
26	서브루틴문없이 서브루틴복귀문이 사용되었습니다
27	오류처리루틴에서 오류가 발생했습니다
28	읽을 자료가 부족합니다
29	중첩 제한 횟수가 넘쳤습니다
30	0으로 나눌 수 없습니다
31	비트 연산은 정수만 가능합니다
32	비교 연산자가 잘못 되었습니다
33	숫자와 문자를 서로 비교할 수 없습니다
34	문자는 덧셈 연산만 가능합니다
35	문자에 부호를 붙일 수 없습니다
36	수학함수 에러입니다
(37)	
38	변수의 형이 일치하지 않습니다
39	배열 변수에서 닫는 괄호(])가 부족합니다
40	배열 첨자의 범위를 넘었습니다
41	선언된 배열 첨자의 범위를 넘었습니다
42	배열의 크기가 너무 큽니다

번 호	오류 내용
43	배열의 차원수가 다릅니다
(44)	
45	선언되지 않은 배열 변수를 정의하였습니다
46	정의되지 않은 변수를 사용하였습니다
47	문자열의 길이가 너무 깁니다
(48)	
49	변수를 사용해야 합니다
50	숫자변수를 사용해야 합니다
51	문자변수를 사용해야 합니다
52	일반변수를 사용해야 합니다
53	포인터변수를 사용해야 합니다
54	배열변수를 사용할 수 없습니다
(55)	
56	파일이 존재하지 않습니다
57	파일을 열지 않았습니다
58	이미 열려진 파일입니다
59	경로 지정이 잘못 되었습니다
60	데이터베이스 오류입니다

※ 위 ( )안의 오류번호는 PASS2000 Ver2.0에서 삭제된 번호임.

기획 및 자문위원회

김영기 • 인천교육대학교 컴퓨터교육과 교수
하상철 • 인천광역시교육청 정보담당장학관
공덕환 • 인천광역시교육청 정보담당장학사
이기흠 • 인천상인천초등학교 교감
김성렬 • 인천북부교육청 장학사
서병태 • 인천교육과학연구원 연구사
최철호 • 인천교대부속초등학교 정보부장 교사
배장우 • 인천북부컴퓨터교과연구회 회장, 인천청라도분교 정보부장 교사

ICT 활용 교육을 위한 PASS2000 2.0의 실제

발 행	인천교육대학교 컴퓨터교육연구소 인천광역시 계양구 계산동 산59-12 ⓤ407-753 전화 (032) 540-1284 팩스 (032) 548-0288 홈페이지 http://www.celab.or.kr
발행일 인 쇄	2002년 7월 31일 2002년 7월 26일 한국문화사 서울시 성동구 성수 1가2동 13-156 2F ⓤ133-112 전화 (02) 464-7708 팩스 (02) 499-0846 홈페이지 http://www.hankookmunhwasa.co.kr/ 이메일 hkm77@korea.com

정가 **15,000원**

ISBN 89-7735-935-X 93000

이 교재에서 사용된 소스코드, 멀티미디어 자료, 참고 프로그램들 및 추가된 내용은 인천교육대학교 컴퓨터교육연구소 홈페이지(http://www.celab.or.kr/~pass2000)를 통해 참고하시기 바랍니다.